农业经济发展与农作物栽培技术探究

刘学军　李宣蓉　张　健◎著

吉林科学技术出版社

图书在版编目（CIP）数据

农业经济发展与农作物栽培技术探究 / 刘学军，李宣蓉，张健著. -- 长春 : 吉林科学技术出版社，2024. 8. -- ISBN 978-7-5744-1738-0

Ⅰ. F323；S31

中国国家版本馆 CIP 数据核字第 2024S22P11 号

农业经济发展与农作物栽培技术探究

著 刘学军 李宣蓉 张 健
出版人 宛 霞
责任编辑 赵海娇
封面设计 金熙腾达
制 版 金熙腾达
幅面尺寸 170mm × 240mm
开 本 16
字 数 215 千字
印 张 13.25
印 数 1~1500 册
版 次 2024年8月第1版
印 次 2024年12月第1次印刷

出 版 吉林科学技术出版社
发 行 吉林科学技术出版社
地 址 长春市福祉大路5788 号出版大厦A 座
邮 编 130118
发行部电话/传真 0431-81629529 81629530 81629531
81629532 81629533 81629534
储运部电话 0431-86059116
编辑部电话 0431-81629510
印 刷 三河市嵩川印刷有限公司

书 号 ISBN 978-7-5744-1738-0
定 价 80.00元

前　言

农业，作为人类文明的基石，自古以来就承载着社会稳定与进步的重要使命。它不仅关乎亿万人民的温饱问题，更是国家经济的压舱石和社会发展的稳定器。随着全球人口的增长和经济的快速发展，农业的可持续发展已成为全人类共同关注的焦点。

本书旨在深入探讨农业经济的发展规律，解析现代农业的微观经济组织形态，以及研究农作物栽培技术的应用与创新。我们认为，农业经济学的研究不仅具有深远的学术价值，更具有重要的社会实践意义。通过科学的农业管理和技术创新，可以有效提高农业生产效率，保障粮食安全，促进农民增收，进而推动社会经济的全面发展。

本书全面剖析了现代农业经济的多维发展与农作物栽培的先进技术。本书首章深入农业与农业经济学的内涵，阐释了农业在现代社会中的基础性作用及其经济学原理。随后，书中探讨了农业的微观经济组织，包括产权结构、家庭经营和产业化经营模式，为理解现代农业运作提供了框架。接下来，本书分析了农业市场化的各个方面，如农产品的供需关系、市场定价以及营销与物流策略，揭示了市场机制对农业发展的影响。在大数据时代背景下，书中特别强调了数据技术在农业经济中的应用，探索了智慧农业的发展前景。书中不仅预测了农业经济的未来趋势，包括土地资源保护、农业资源的可持续利用和农业循环经济的发展，还详细介绍了玉米、马铃薯、小麦等主要农作物的栽培技术，以及其他如向日葵、大麦、胡麻和甜高粱等作物的种植方法，为农业生产者和研究者提供了宝贵的知识资源。

在本书的写作过程中，我们广泛吸纳了国内外农业经济学和农作物栽培技术的最新研究成果，力求做到内容的前沿性和实用性兼具。然而，由于农业科学的博大精深，加之时间与能力的限制，本书难免存在不足之处。我们诚挚希望广大读者、专家学者能够提出宝贵的意见和建议，以便我们不断改进和完善。

最后，作者要感谢所有支持和帮助过我们的同人和朋友，没有他们的智慧与汗水，就没有这本书的问世。我们期待与广大读者一起为推动农业经济的繁荣和农作物栽培技术的进步，贡献自己的绵薄之力。

目　录

第一章　农业与农业经济学

第一节　农业的概念及重要作用

一、农业的概念

（一）农业的内涵

农业是人类充分利用土地、水分、光照、热量等自然资源和环境条件，依靠生物的生长发育功能并辅以人类劳动以获取物质产品的产业。农业生产的对象是生物体，人类则从中获取动植物产品。不过，受所处历史阶段不同和国家之间国民经济产业划分差异的影响，农业包括的内容、涉及的范围并非完全一致。在早些时候乃至今天，那些社会分工相对滞后的国家，植物栽培业和动物饲养业构成整个农业。其中，植物栽培业是指人类充分利用光、热、水、空气以及土壤中所富含的各种矿物质养分，借助绿色植物的加工合成功能获取植物性产品的生产部门，包括种植业、林果业以及园艺花卉业。动物饲养业是指人类将植物产品作为基本饲料，利用动物的生长发育功能与消化合成功能获取各种动物性产品或役用牲畜的生产部门，由畜牧业和渔业（即水产养殖业）两部分构成。随着社会经济的发展以及人类认知水平的逐步提高，一些发生于农村的非农生产活动都被定位成农业的副业，也包含在农业概念之中。

因此，也就出现了狭义农业与广义农业之分。其中，狭义农业主要指种植业，包括粮食作物、经济作物以及果林等的种植；广义农业除了涉及种植业（也称农业），还包括林业、畜牧业、副业和渔业。近年来，随着社会经济的进一步发展以及农业现代化步伐的加快，农业与工商业之间的联系也日趋紧密。为了便于农业经营管理，一些国家把为农业提供生产资料的上游部门以及从事农产品加工、储藏、运输、销售等活动的下游部门也划归农业部门，由此使得农业的概念

更加宽泛。

（二）农业的本质特征

基于农业内涵不难发现，农业生产不属于简单行为，而是一个由三类因素共同作用的过程：一是生物有机体，即植物、动物以及微生物必须存在；二是自然环境，如土地、水分、光照、热量等均需满足特定的条件；三是人类劳动，即整个农业生产活动过程均需人类参与其中。这三类因素相互关联、共同作用，使农业生产具有了自然再生产与经济再生产相交织的根本特性。

1. 农业生产是一种自然再生产过程

农业是利用生物有机体的生长发育过程所进行的生产，是生命物质的再延续，因而也是有机体的自然再生产过程。例如种植业和林业的生产过程也是绿色植物的生长、繁殖过程。在该过程中，绿色植物通过吸收土壤中的水分、矿物质和空气中的二氧化碳，利用光合作用制造出富含碳水化合物、蛋白质和脂肪等多种营养元素的植物产品。又如畜牧业和渔业的生产过程也是家畜和鱼类的生长、繁殖过程。在这一过程中，动物以植物或其他动物为食，通过新陈代谢功能将其转化为自身所需的营养物质以维持其正常的生命活动，植物性产品由此转化成动物性产品。与此同时，当动植物的残体和动物排泄物进入土壤或者渗入水体之后，经过微生物还原，会再次成为植物生长发育的重要养料来源，由此重新步入生物再生产的循环过程之中。总体而言，自然再生产一般通过生物自身的代谢活动实现，可看作农业再生产的自然基础。

2. 农业生产是一种经济再生产过程

所谓经济再生产，是指农业生产者在特定的环境下结成一定的生产关系，借助相应的生产工具对动植物进行具体的生产活动，以获取所需要的农产品。它是农业生产者遵循自然规律以生物体自身的代谢活动为基础，为了满足人类的需要而通过劳动对自然再生产进行作用与指导的过程。在这个过程中，所获取的农产品除了可供生产者自身消费之外，也可作为生产资料进入下一个农业生产环节，还可通过物质交换获取生产者所需的其他消费品和生产资料。

3. 农业是自然再生产与经济再生产相交织的过程

单纯的自然再生产是生物有机体与自然环境之间的物质、能量交换过程，如果缺少人类劳动参与，它就是自然界的生态循环而非农业生产。而经济再生产过程则是农业生产者对自然再生产过程进行有意识的干预，通过劳动改变动植物的生长发育过程和条件，从中获取自身所需动植物产品的过程。因此，此类干预不仅要符合动植物生长发育的自然规律，还必须与社会经济再生产的客观规律保持一致。

二、农业的地位和作用

（一）农业是国民经济的基础

农业的基础性地位主要表现在以下三个方面。

1. 农业是为人类提供生存必需品的物质生产部门

食物是维持人类生存最基本的生活资料，而它是由农业生产的动植物产品（准确地说，还包含微生物）来提供。迄今为止，利用工业方法合成食物的前景依旧遥远，可能永远也不会成为食物供给最为主要的途径。为此，我们可以大胆推测，不论是过去、现在还是将来，农业都是人类的衣食之源和生存之本。

2. 农业是国民经济其他物质生产部门赖以独立和进一步发展的基础

通常情况下，只有当农业生产者所提供的剩余产品较多时，其他经济部门才能独立，并安心从事工业、商业等其他经济活动。

在古代，农业是整个社会的决定性生产部门，为了生存，几乎所有劳动者都要从事农业生产，基本不存在社会分工。后来，随着农业生产力的不断发展，农业生产效率得到了极大提升，农业剩余产品快速增加，社会将日益增加的劳动力从农业生产中逐步分离出来，由此形成了人类社会的第一次、第二次和第三次大分工，该过程不仅实现了农业产业内部种养殖业的分离，还有力地促进了工业、商业和其他产业的有效分离，进而相继成为独立的国民经济部门。

3. 农业的基础性地位论断是普遍适用于各国且能长期发挥作用的规律

农业产值和劳动力占国民经济的比重逐年下降是世界各国在经济发展进程中所遇到的一个普遍规律。但是，无论是在农业所占比重较大的国家还是比重较小甚至农业相对缺失的国家，农业的基础性地位论断这一规律都将发挥作用。假如一个国家的农业生产无法满足本国经济发展需要，就必须依赖于其他国家，即以外国的农业为基础，这从长期来看，显然不利于该国的安全与稳定。

（二）农业是国民经济发展的重要推动力

农业对国民经济发展具有重要的推动作用，其贡献可以通过四种形式体现，

分别是产品贡献、要素贡献、市场贡献和外汇贡献。

1. 产品贡献

食品是人们生活中最基本的必需品，而农业则为包括非农产业部门从业人员在内的全体民众提供食品。一般而言，只有当农业从业者所生产的农产品满足自身需求且有剩余之时，其他国民经济生产部门才能得以顺利发展。虽然从理论上讲，可以通过进口缓解国内食品的供给不足，但在现实生活中大量进口食品会受到政治、社会和经济等多重因素的制约，甚至会让一个国家面临风险并陷入困境之中。因此，我国未来农业的发展之路必然是依靠本国农业满足广大消费者对食品日益增长的需求。除了食品贡献之外，农业还为工业尤其是轻工业提供了重要的原料来源，从而为推进我国工业化进程发挥了重要作用。作为第一发展中国家，大力发展以农业为原料的加工业可以充分发挥我国的比较优势，有助于工业化进程的加快和国民收入的增加。农业的产品贡献还表现在对国民经济增长的促进上，由于农产品尤其是谷物产品的需求收入弹性要小于非农产品，民众收入的增加通常意味着其用于食品消费的支出比重会不断下降，进而导致国民经济中农业的产值份额随之下降。但同时，以农产品为原料进行生产的工业品的需求弹性一般大于原料本身的收入弹性，这样使得农业的重要性相对提高，对国民经济发展的促进作用增大。

2. 要素贡献

其含义是指农业部门的生产要素转移到非农产业部门并推动其发展。主要表现在以下三个方面。

（1）土地要素贡献

国民经济其他产业部门的发展通常需要农业部门释放和转移更多的土地资源作为其生产和活动的场所，比如城区范围的扩大、道路交通设施的修建、工矿企业的建设等。一般而言，非农产业对土地的需求是社会经济发展的必然，其所需土地多位于城郊或者农业较为发达的地区。虽然从回报来看，农地非农化会使农民收益得到增加，对于他们而言无疑是理性的选择，但从整个国家和社会层面来看，市场机制的过度自由发挥将不利于农业乃至整个国民经济的持续健康发展。因为农地资源属于稀缺性资源，供给相对有限且具有不可替代性，其规模的减少必然不利于农产品的有效供给和社会的长治久安。因此，在满足非农产业发展建设用地需求的同时，也要适当加以宏观调控。

（2）劳动力要素贡献

在人类社会发展的初期，农业是唯一的生产部门，几乎所有的劳动力都集中在农业生产领域。随着社会经济的不断发展，农业生产率得到了极大提高，其对劳动力的需求开始下降，由此出现了农业劳动力剩余。他们可以向其他非农产业部门转移，从而为非农产业的快速发展提供必要的生产要素，并创造最为基本的生产条件。由此可见，农业是非农产业部门重要的劳动力来源渠道，为它们的形成和发展做出了巨大贡献。

（3）资本要素贡献

在经济发展的初级阶段，农业是最主要的物质生产部门，而工业等其他新生产业部门起点相对较低、基础薄弱，基本无资本积累能力。在这个阶段，农业不仅要为自身发展积累资金，还需为工业等其他产业部门积累资金。由此可见，国家早期的工业化以及新生产业的资本原始积累主要依赖于农业，农业为一个国家的工业化进程提供了重要的资本要素贡献。随着社会经济的进一步发展，非农产业部门凭借着较快的技术进步以及自然资源的使用不受约束等得天独厚的优势，使得其资本报酬要远高于农业部门，在该情形下要素的趋利流动规律又促使农业资本流向非农产业部门，再一次为非农产业的发展做出资本贡献。与此同时，鉴于非农产品的需求收入弹性要大于农产品的需求收入弹性，政府部门也倾向于将农业资本增量投向非农产业部门，通常政府会通过行政手段实现资本的转移。

3. 市场贡献

农业对国民经济的市场贡献主要通过两个维度来体现：一方面，农民作为卖者，可以为市场提供各类农产品，以满足社会对粮食、肉类、蔬菜及其他一切农产品日益增长的需求。作为消费市场的重要组成部分，农产品市场的丰裕程度是衡量一个国家或地区市场经济是否繁荣的重要标志。农产品市场供给充足，流通量增加，不仅可以促进相关运销业的发展，还有利于社会消费成本的降低，进而促进农产品市场体系的日趋完善以及农业要素市场体系的成熟发育。另一方面，农民作为买者，还是各类工业品的购买者。如以化肥、农药、农膜、机械、电力、能源等工业品为代表的农业投入品和以服装、家具、家用电器、日常用品、耐用消费品等工业品为代表的农民生活用品，以满足自身生产与生活的需要。农村是工业品的基本市场，随着农业现代化步伐的加快以及农民生活水平的不断提高，农村对农用工业品以及相关的生产生活资料的需求将会日益增加，这就为未来工业提供较为广阔的市场。

4. 外汇贡献

农业的外汇贡献一般通过两种方式实现：一是直接形式，通过出口农产品为国家赚取外汇；二是间接形式，通过生产进口农产品的替代产品，达到减少外汇支出的目的，从而为国家平衡国际收支做出贡献。在一个国家国民经济发展的初级阶段，农业外汇通常发挥着极为重要的作用。为了加快推进国家工业化进程，急需从发达国家购买先进的技术、机械设备和各类原材料，由此导致了外汇需求量的增加。为了缓解外汇不足的问题，在国际上具有一定比较优势的农业部门必然需要在出口创汇中发挥重要作用，通过农副产品及其加工品的出口直接为国家换取大量的外汇。可以想象，如果缺少农业的支持，大多数发展中国家的工业化进程会因此滞缓。随着社会经济的不断发展，独立、完整的工业化体系会逐步形成，此时，农业的外汇贡献份额一般会下降。究其原因，主要是工业的壮大会导致其产品出口创汇能力不断增强，并逐步成为国民经济出口创汇的主导力量。不过，农业外汇贡献份额的下降并不意味着其外汇贡献的消失，事实上，农业出口创汇的绝对量甚至还有可能增加。

第二节　现代农业的生产要素

一、农业自然资源

（一）农业土地资源

1. 农业土地资源的作用

（1）农业生产必须在大面积的土地上进行

一般情况下，工业生产会将土地当作人们进行作业或是生产的场所，需要的面积会相对比较少。在农业生产活动中，农作物在利用太阳能时，栽培面积是一个十分重要的影响因素，所以农业生产相较于其他生产部门需要使用更多的土地以实现生产目标。一个国家或地区的土地面积在很大程度上可以决定这些地域范围内的农业生产规模。

（2）土地具有对农作物生长发育的培育能力

农业生产部门与其他生产部门不同，土地发挥着培育农作物生长发育的作用。因为对于农作物而言，土地的性质对其生长发育有很重要的作用。土地质量是决定农业生产成果的重要因素。

可以看出，土地资源对农业生产起到了直接的影响作用，所以土地是农业的基本生产资料。农业生产的发展是离不开土地的，需要对土地资源进行科学合理的开发和利用。

2. 农业土地资源的特点

（1）数量有限，不可替代

土地属于自然资源，人类的生产活动并不能创造土地。通过人类活动，可以对土地资源进行开发和利用，是一种改良，却不能创造出新的土地。随着社会工业化和城市化的不断发展和深入，非农用地的面积不断扩大，这就使农业土地资源持续减少。而农业生产中的其他生产资料并不会出现这种情况，它们可以通过人类活动而增加，例如农用工具、机械等。

（2）位置固定，不能移动

土地是固定不变的，并且不可以被移动，所以只能在固定的空间内进行土地资源的开发和利用。其他生产资料可以在不同的场合使用，并且根据实际的需要情况进行资源的转移。正因为土地的这个特点，对土地进行开发和利用时总是会联系自然条件，因为其会受到自然条件的制约。所以科学合理地利用土地资源发展农业生产，必须根据土地资源本身的特点进行安排，将土地所处空间的气候、地形、水利、土壤等条件充分纳入考虑，以此安排生产部门和作物种类；按照当前的需要，在可行性范围内改造自然条件，提高土地资源的培育能力；其他生产资料也需要按照因地制宜的原则进行改造，要在符合当地耕作制度的前提下进行利用。

（3）能永续利用，土壤肥力可以提高

农业生产中的其他生产资料与土地不同，它们都具有使用期限。例如：机械设备会在使用过程中造成磨损，在一段时间的使用后便会失去效用而报废；肥料在使用后就会产生效力，当其被充分吸收后便会失去效用。土地资源与这些生产资料不同，它是可以被永久利用的，并且随着科学技术的不断发展，以及人们对土地资源的愈加了解和掌握，土地肥力会有所提高。土地肥力包括由各种成土因素综合影响形成的自然肥力，以及通过人工劳动改造而形成的人工肥力。自然肥力与人工肥力相结合形成潜在肥力，随着科学技术的不断提高，土地的潜在肥力会不断提高，并且可以转化为经济肥力供农作物直接利用。因此，想要永续利用土地，就需要对土地在利用的同时进行保护。正因为土地可以被永续利用，社会

对农产品日益增长的需求和有限的土地资源之间的矛盾才有可能得以解决。

（4）土地生产力具有差异性

土地生产力是指土地资源生产农产品的能力，不同的土地具有的生产力并不相同，这是指投入相同的活劳动和物化劳动后所得到的农产品产出并不相同。造成土地具有生产力差异的原因主要有两个：第一，位于不同区位的土地所拥有的自然肥力并不相同；第二，人类活动会对土地造成影响，导致不同土地间的生产力差异。土地生产力的不同决定了土地经济价值和利用方向的不同，同时也决定了社会为解决农产品的产需矛盾，对于劣等地也必须加以利用，在为农产品进行定价时必须由劣等地生产条件下的农产品的价值来决定。

（二）农业水资源

1. 水资源的特点

（1）水资源可以自然补充、重复利用

水资源的利用是一个循环的过程，水资源在自然蒸发、植物吸收、人类利用等消耗后，可以通过降水等方式回到自然中，实现水资源的循环补充。若一个地区的地质、植被、大气等方面的情况不发生变化，该地区的水资源总量只会出现一定程度的波动，而不会发生枯竭的现象，这就是因为水资源可以进行自然补充、重复利用。

（2）水资源只能以其自然状态利用

化石能源等矿产资源是可以经过人类加工进行利用的，可以通过人工提炼对其体积进行浓缩，提高其经济价值。但是水资源却不可以经过人工提炼而进行体积上的浓缩，通过人类加工可以将自然水资源变为饮用水，这样虽然水资源的经济价值得以提高，但是数量有限，其运输成本较高。

（3）水资源既是生产对象，又是生产条件

矿产资源或生物资源都属于人类进行生产的对象，人类通过劳动对其进行加工形成最终产品。但是水资源不仅是人类进行生产的对象，同时还是人类进行生产的条件。例如水资源作为生产对象可以被加工为饮用水，作为生产条件可以为发电、航运等提供条件。

（4）人类不能对水资源循环实施有效的人工控制

水资源的自然循环并不是一个固定的过程，其具有不规则性，所以在一定时间和空间范围内可能会形成水资源供给不足或供给过量的现象，也就可能造成干旱或洪涝灾害，但人类目前拥有的技术并不能对这种循环进行有效控制，这样就会造成水资源的功能不能充分发挥，其他资源的利用也会受到一定影响。

（5）水资源的自然供给无弹性，需求呈刚性

水资源的自然供给与价格无关，它的需求价格弹性极小。因为无论是人类还是动植物对水都有刚性需求，水是保证他们生存的根本。水资源也为人们对生物资源进行开发和利用提供了条件，缺少水资源人类的经济活动会受到影响。所以，对水资源进行开发和利用是一个关乎社会和生态的重要问题。正因为这样，人口数量、经济规模和农业生产必须考虑水资源的可供性，对水资源的需求没有限制会导致经济系统的崩溃。

2. 水资源对农业的重要性

（1）水资源是农业生产的命脉

农业生产的对象为各类动植物，水资源是保证它们生存的根本。农业生产如果出现水资源的短缺，就会导致农业生产不能实现长期发展。根据农业生产的实践情况可以看出，一般在水资源充足或灌溉条件较好地区的生产情况比较好，在这些地区的农产品产量明显高于其他地区。如果干旱地区和半干旱地区想要提高其农产品的产量，就必须切实解决这些地区水资源短缺的现状。

（2）水资源状况影响农业布局

一般情况下，水资源充足、灌溉条件较好的地区的农业人口和劳动力较为密集，同时这些地区拥有的其他生产要素也比较多，属于主要的农产品集中产区。这些地区虽然资源好，但是人口多、土地面积小，相对的农业生产潜力也比较小。在干旱半干旱地区，人口少、土地面积大、生产要素比较短缺，所以劳动生产力水平低。但是这类地区的农业生产潜力比较大，如果最关键的水资源问题可以得到有效的解决，就很有可能实现农业布局的优化。

（3）水资源是重要的农业生态环境资源

水资源状况和农业生态环境之间存在直接关系。如果水资源短缺，就可能引起森林和草原退化、土地沙化等；对水资源进行不合理利用，可能引起灌区土地次生盐碱化、水土流失和土地肥力下降；水资源污染会给农业生产带来阻碍，还会严重危害生态环境。

（4）水资源是农民的基本生存条件

水资源为农民的生存提供最基本的条件。提高农民生活水平的前提就是保证农民的生存，也就需要保证农民对水资源的需要。只有在满足农民对水资源的基

本需求的基础上，才能进一步发展农村经济，实现农民的生活富裕。

二、农业劳动力资源

（一）农业劳动力资源概述

劳动力是指可以参加劳动的人，农业劳动力是指参加农业劳动的人，农业劳动力资源是对参加农业劳动的劳动力的数量和质量的总称。农业劳动力的数量，是由适龄的有劳动能力的劳动力数量，以及未达到或是超过劳动年龄的经常参与农业劳动的劳动力数量组成的；农业劳动力的质量，是指农业劳动力的实际状况，例如劳动力的身体状况、农业劳动的技术掌握程度、农业科学技术水平等。

（二）农业劳动力资源的利用

1. 提高农业劳动力利用率

（1）农业劳动力利用率的含义

农业劳动力利用率是指农业劳动力资源的实际利用量与拥有量的比率，反映农业劳动力资源的利用程度。

（2）提高农业劳动力利用率的意义

提高农业劳动力利用率可以使劳动者成为社会财富的真正创造者，可以通过自身劳动为社会创造更多财富。在社会劳动力资源总量和劳动生产率一定的情况下，随着农业劳动力资源利用率的提高，会有更多的实际劳动量投入到农业生产中，也就会创造出更丰富的农产品。反之，劳动力得不到充分利用，成为纯粹的社会财富的消费者，就会对农业和国民经济的发展造成负担。

（3）提高农业劳动力利用率的途径

①优化农业产业结构，发展劳动密集型产品。我国土地资源稀缺、劳动力资源丰富，根据这一特点我国应该发展劳动密集型产品。现在，我国农业也开始向国际化发展，要合理安排农业产业结构，大力发展蔬果、花卉、畜牧等需要较多劳动投入的农产品生产，并且要提高农产品的质量，加强产品竞争力，同时增加劳动投入，增加农民收入。

②实行农业产业化经营，拉长农业产业链。随着农业的发展，产业化经营成为主要的经营模式，这就使农业生产发生了生产经营领域的变化，从单一的农产品生产转向农产品的加工、运输、包装、销售等。这种转变提高了农产品的附加

值，同时还为社会提供了更多的就业机会，提高了农业劳动力利用率，从而实现了农民收入的增长。

③加强农业基础设施建设，改善农业生产条件。农业基础设施是指固定在农用土地上可以较长时间发挥作用的生产性设施。农业基础设施建设包括修筑梯田、改良土壤、兴修水利、修建道路等活动。加强对农业基础设施的建设，可以改良农业生产的物质条件，还可以加大对农业劳动力资源的利用，提高农业劳动力的利用率。

④开发利用荒地资源，向农业广度进军。经过长期农垦，我国的耕地后备资源并不充足，但是在很多地方都存在一些荒山、荒沟、荒丘、荒滩，并没有得到充分利用。因为这些土地资源的特殊性质并不适合进行分户家庭承包，所以可以通过招标、拍卖、公开协商等方式进行承包。开发利用“四荒”资源，可以提高土地利用率，增加农产品的产量，同时还可以提高农业劳动力的利用率。

2. 提高农业劳动生产率

（1）提高农业劳动生产率的意义

①提高农业劳动生产率可以降低农产品成本。农业劳动生产率提高会减少单位农产品所耗费的活劳动，活劳动的耗费是组成农产品成本的重要部分。所以，提高农业劳动生产率就可以理解为降低农产品成本，这就会促进农产品竞争力的提高，促进农业生产经济效益的提高。

②提高农业劳动生产率是改善农民物质文化生活的决定性条件。首先，提高农业劳动生产率，可以在一定程度上降低农产品的单位成本，从而提高经济效益并增加农民的经济收入；其次，提高农业劳动生产率，可以压缩农业劳动者的工作时间，这样就会有更多的闲余时间，利用这些时间可以休息、娱乐，可以进行科学文化知识的学习，以此促进农业劳动力的全面发展。

③提高农业劳动生产率是发展农业的根本途径。根据农业劳动力的利用率公式，基本上有两个途径可以增加农产品，即增加社会劳动时间和提高劳动生产率。前者主要是通过增加劳动者的数量、增加劳动者的工作时间或提高劳动者的劳动强度来实现，后者是通过减少单位产品上所消耗的劳动时间实现的。如果仅靠增加劳动者数量来增加商品数量不符合社会发展的要求，利用增加劳动时间促进农业的发展也具有很大的局限性，并且增加劳动时间从长远看并不利于发展。但是劳动生产率可以随着科学技术的发展不断提高，这是符合社会发展要求的发展方式。

④提高农业劳动生产率是加快国民经济发展的重要保证。提高农业劳动生产率，一方面，利用剩余的农产品可以更好地满足国民经济其他部门发展对农产品的需要；另一方面，通过生产率提高解放出的大量劳动力可以填补其他部门的劳动力缺口。

（2）提高农业劳动生产率的途径

①提高农业的物质技术装备水平。在农业生产中使用先进的农业机械设备、化肥农药等生产资料，可以减少活劳动的投放，同时还可以提高土地生产率，这样就可以促进农业劳动生产率的提高。对于我国当前的情况来说，我国农业的物质技术装备水平整体比较低，尤其农业的机械化和设施化方面水平较低，所以通过提高农业物质技术装备水平实现农业劳动生产率的提高是一个科学有效的途径。但是在使用农业机械时要有所选择，根据实际情况推进农业的机械化和设施化，保证被替换的劳动力可以被合理安排。

②合理利用和改善自然条件。自然条件对农业生产会产生很大影响，所以想要提高农业劳动生产率可以通过对自然条件进行合理的利用和改善。我国国土面积大、跨度大，各个地区呈现出各自不同的自然条件，按照不同的情况合理地安排农业生产，是提高农业劳动生产率的一个关键环节。同时，还应该加大对农业基本建设的投入，改善不利的农业生产条件，以此减少自然灾害对农业的威胁，这对于提高农业劳动生产率也有重要意义。由此可以看出，对自然条件进行科学合理的利用和改造，是提高农业劳动生产率的重要途径。

③提高农业劳动者的科学文化素质。科学技术已经成为当今推动经济社会发展的重要动力，其在农业生产发展中的作用也很明显，并且这种重要性随着科学技术的不断进步与日俱增。现代农业是离不开先进的科学技术的，农业机器设备的运用、现代化的农业经营管理等，都需要科学技术的支持。当前，我国农业劳动者的整体文化科学素质较低，这是提高劳动效率的障碍，也是制约农业发展的障碍。所以，应该加大对农业劳动者在科学文化素质方面的投资，提高他们的整体素质，以此为基础提高农业劳动生产率。

④建立合理的劳动组织形式。应该科学合理地建立劳动组织，实现劳动组织形式与生产力发展水平相协调，按照客观实际的生产需求开展分工与合作，这样可以促进农业劳动生产率的提高。但是家庭经营对于推动农业发展有局限性，想要进一步推进农业的发展，就需要建立符合发展力水平的劳动组织形式，就是在坚持家庭经营基本制度不变的前提下，对农业组织制度进行改革创新。按照我国

目前的发展情况，应该建立各类专业合作社、农业产业化经营组织，还需要推进农业社会化服务组织的发展。

⑤推进农业适度规模经营。我国的农户经营规模比较小，这也会影响农业劳动生产率的提高。所以，应该加大力度推进工业化和城市化的进程，加快农业剩余劳动力转移。除此以外，应该完善农地使用权的流转机制，调整农业经营的规模，实现农业劳动者与生产要素的最优配置。这些举措都可以促进我国的农业劳动生产率进一步提高。

三、农业资金

（一）农业资金的来源

1. 农业生产经营主体投入

农户在我国的农业生产经营中是最重要的生产经营主体，同时也是最重要的农业投资主体。除了农户外，农村集体经济组织、农民专业合作社、农业企业等组织也是农业生产主体，这些主体也是农业资金的重要来源。

2. 政府财政预算拨款

政府会根据实际情况为农业进行财政预算拨款，这笔财政资金也是农业资金的重要来源。一般情况下，财政资金都采用无偿的方式进行拨款，但是有时部分财政资金也会通过有偿的形式进行划拨，或者转化为银行信贷资金的形式提供资金支持，这类有偿的资金提供方式主要是为了提高财政资金的使用效率，以达到更好的使用效果。

3. 金融机构和个人融资

金融机构或个体信贷供给者也会为农业生产经营者提供多种信贷资金，这类资金也是农业资金的来源之一。信贷资金是有偿提供的，需要按照约定日期还本利息。农业信贷资金的提供者可以依照政策目标提供政策性贷款，也可以为了实现其商业目标提供商业性贷款。

4. 国外资金

在农业中，国外资金来源主要有以下三种：国际经济组织提供的资金，例如联合国、世界银行等组织提供的资金；政府间援助获取的资金、一些农业方面的合作投资项目投入的资金；国外金融机构、企业或个人进行的农业投资。

（二）农业资金的作用

1. 资金是重要的现代生产要素

在古典和新古典经济增长理论中，各类生产要素的投入与技术进步共同作用引起经济增长。在新经济增长理论中，强调了技术、贸易、制度等因素在经济增长中起到的作用，但是依旧认可各类生产要素投入对经济增长的基础性作用。实际上，当技术水平和制度等因素一定的情况下，各类生产要素投入量的增加是引起经济增长的主要因素。对于农业来说也是这样，生产要素的增加会促进农业的发展。农业资金作为生产要素，增加资金投入可以促进农业发展。

2. 资金是农业生产经营主体获取其他生产要素的必要手段

在市场经济条件下，各类生产资料都是商品，需要通过购买获得，例如劳动力、土地等。而购买这些生产资料就需要有资金支持，所以想要发展农业，首先就要解决资金问题。从一定角度来说，农业生产经营主体拥有资金的多少反映了它从事生产经营活动综合能力的大小。

3. 资金是农业生产经营主体的重要管理工具

在市场经济条件下，资金运动和生产经营活动是密不可分的，在生产经营中一定会有资金运动，资金运动的过程反映了生产经营活动。所以，应该充分合理地利用资金，这样可以更好地掌握生产经营状况并加以分析，可以及时发现问题解决问题，以此提高农业经营管理水平。

4. 资金的使用效益是农业经济效益的主要表现

农业经济效益可以通过很多指标进行衡量，例如劳动生产率、土地生产率等。但是在当前的市场经济条件下，资金的使用效益肯定是衡量农业经济效益的核心和综合指标，因为劳动力、土地资源这些生产资料也需要使用资金购买。可以看出，资金运用的经济效益高低，可以对各类生产要素利用的综合经济效益水平进行综合反映。

5. 资金的分配是国家调控农业的重要工具

从宏观角度看，政府对农业的财政支持力度可以反映政府对农业的重视程度，政府资金的投放方向可以反映政府对农业发展支持的重点，这样可以引导其他农业资源进行更加合理的配置。它可以帮助农业产业结构进行调整，可以进一步改善农业生产条件。

四、农业科技进步

（一）农业科技进步的作用

1. 提供先进的农业技术装备，提高劳动生产率

农业技术进步为农业带来了很多先进的农业机械、工具和设施等，利用这些工具可以减轻农业劳动者的工作强度，提高他们的劳动能力和劳动效率，以此降低农业生产成本，提高经济效益。

2. 提高动植物的生产性能，提高单位土地面积产量

农业科技进步可以为农业带来显著的增产效果。例如依据遗传学理论结合生物技术，大幅推动了育种技术的发展，利用这种新技术培育出一系列优良的动植物品种，大幅提高了单位产量。在全球范围内看，自 20 世纪 30 年代培育出了杂交玉米，很多杂交种相继被培育出来，如杂交高粱、杂交大麦、杂交棉花、杂交水稻等。50 年代以来，全球范围内农产品的增加中，有很大一部分都是通过高产品种培育得到的。60 年代中期，开始推广“绿色革命”，促使很多发展中国家的粮食产量大幅增加。除了这方面，在畜牧业、林业和水产业方面育种技术也为其带来了显著的增产效果。随着化学、生物生理学、营养学理论的发展，农作物肥料和养殖动物饲料等方面得到了发展，使动植物的营养状况和生长条件得到了极大的改善，进一步提高了良种的增产性能。

3. 提高农产品质量，满足市场对高品质农产品的需求

将生物技术运用于农业生产经营中，一方面可以增加农业产量，另一方面可以根据市场需求对产品质量进行调节。根据人们对食品消费的需求变化，可以对粮食、肉类等各种农产品中营养成分的含量进行调节，满足人们的个性需求；适应纺织工业的发展，对棉花纤维的长度和弹性等性质进行调整。而且，农业科技进步在提高农产品初级产品质量的同时，还可以丰富农业加工品的种类，提高其品质。

4. 扩大资源供给，提高资源利用效率

农业科技进步会引起农业资源的配置发生变化。农业科技进步会使农业资源的利用范围扩大，这样就会有很多新的资源加入农业生产中，也就会提高农业资源的供给量；农业科技进步会促进农业资源的利用效率提高，可以使用相同的农

业资源生产更多的农业产品。农业科学技术的进步，可以提高劳动资料的效率，提高劳动对象的质量，可以对农业进行科学合理的管理，这样就会使农业生产要素的利用效率持续不断地提高。同时，农业科技进步可以协调生物和环境之间的关系，促进农业的可持续发展。

5. 提高农业的经济效益，增加农民收入

第一，农业科技进步可以促进农业劳动效率的提高。第二，提高农产品的产量和质量。第三，推动农业规模经济的实现。农业科学进步，可以扩大生产单位的经营规模，从而降低平均成本，以此实现规模效益。第四，提高生产要素的利用效率。以上几个方面都可以促进农业经济效益的提高，促进农民收入的提高。

6. 有利于改变农村面貌，缩小“三大差别”

农业科技进步一方面可以促进农业发展，促进农村经济发展；另一方面还可以改善农村的生态环境。科技进步可以带来全新的农业生产方式，也会改变农民的生活方式，进而引起农民的生活习惯和价值观念发生转变，这就引起了农村面貌的全面改观，缩小甚至消除了工农差别、城乡差别以及体力劳动与脑力劳动的差别。

（二）中国农业科技的创新方向

1. 高产、优质、高抗动植物新品种繁育技术

优良品种是提高农产品产量和质量的基础。随着经济的发展，人们的生活水平越来越高，这就使人们对农产品的需求提出了更高的要求，促使农产品提高质量以适应要求。对于我国来说，培育优良品种是发展农业科技创新的一个重要方向。我国将应用常规技术和转基因技术、分子定向育种技术、航天诱变育种技术等新的育种技术，大力培育动植物新品种。我国的耕作制度较为复杂，所以在进行选种时应选择早种晚熟配套和前后茬配套的优良品种。按照不同生态类型，选择那些可以抵御重要病虫害或自然灾害和盐碱等不良环境条件的多抗性优良品种。在进行畜禽育种时，选择那些高品质、高饲料转化率的新品种作为重点培育对象。

2. 作物栽培技术和畜禽饲养技术

想要充分发挥优良品种的潜力，需要搭配适合的栽培和饲养技术。所以，不仅要关注优良品种的培育，还需要对相应的栽培和饲养技术进行研究和推广。在

种植业方面，要充分了解不同地区的生态条件，根据区域的生态特点建立主要农作物的高产栽培技术体系。在畜禽和水产养殖方面，应该对相应的配合饲料、疫病防控与治疗技术等进行研究和推广，要按照区域和规模的不同，建立相应的养殖模式和技术体系。

3. 农业机械和设施农业装备技术

农业机械化可以减轻农业工作者的劳动强度，提高农业劳动效率，这是实现农业现代化的重要基本条件。我国当前的农业机械化水平并不高，应该加大力度推进农业机械化。同时，还要联系实际情况，一方面加大推进粮食生产过程的机械化程度，另一方面研究和推广园艺用微型耕整机械、小气候调节机械和自动化调控设备。还要加大、加深对农业机械和装备的自动化、智能化等方面技术的研究，提高自动化和智能化水平。

4. 化肥、农药生产和使用技术

化肥、农药是实现农业增产的一个重要因素，我国当前的化肥、农药生产方面仍然存在一些问题。我国农业化肥主要存在包括品种结构不合理、肥分利用率低、施用方法不科学等方面的问题。应该研究和推广新型化肥、有机肥料资源无害化处理技术等。我国农业的农药使用效率低、成分残留高，所以应该研究和推广高效、低毒、低残留的农药，加强对环保施药的推广，要建立科学统一的有机农药使用技术标准，要推进我国农药使用的规范化和科学化。

5. 农产品质量控制和检测技术

农产品质量安全是一个非常重要的问题，首先它与消费者的健康有直接关系，其次它也在一定程度上决定了农产品的国际市场竞争力。根据实际情况来看，我国的食品质量安全问题十分突出，是消费者极为关注的问题。所以，提高我国农产品的质量安全水平是一个迫在眉睫的课题。通过农业科技创新，可以加强对农产品质量安全的检测和控制，同时应该制定和完善统一的农产品质量标准，加强农产品标准化生产技术体系和农产品质量检测体系的建设，提高我国农产品的质量安全水平。

6. 农产品精深加工与储运技术

发展农产品加工储藏技术，可以延长农业产业链、提高农产品附加值、推进农业产业化经营。在农产品生产后，应该进行农产品和农林特产精深加工，提高其附加值，还有一系列配套的设备和技术的研究和推广也很重要，例如绿色储运

技术、农产品的保鲜储存与运输技术、冷链运输系统技术等。

7. 资源利用和环境保护技术

我国面临着十分严重的环境污染问题，并且因为人口规模大，资源较为紧缺，这些都对农业的可持续发展造成了严重的阻碍。所以，为了推进农业的发展，应该研究和推广资源科学合理利用的技术，以及环境友好型技术。例如节水农业、地力培育、草原植被恢复、农业面源污染防治等都属于这类技术。充分开发和利用先进的技术，建立区域性农业资源利用技术体系、退化草原快速治理与可持续利用技术体系、综合治理技术体系等。

第三节　农业经济学

一、农业经济及其结构

农业经济是以农业为主，以利用自然力为主，生产不必经过深度加工就可消费的产品或工业原料的经济形式。其范围各国不尽相同，一般包括农业、林业、渔业、畜牧业和采集业。农业经济一直持续了几千年，最初农业经济采用的是原始技术，使用的是犁、锄、刀、斧等手工生产工具和马车、木船等交通运输工具，主要从事农业生产，辅以手工业。在这几千年中，尽管科学技术有所发展、生产工具不断改进，但在工业革命之前，这种生产格局没有本质上的改变。随着产业分工的逐渐深化，农业经济作为第一产业，对整个国民经济起到基础性的支柱作用。作为一个经济类型，农业经济的结构也在不断演化。

所谓农业经济结构，是指农业经济中诸要素、诸方面的构成情况与数量比例。农业经济结构主要包括农业经济关系结构与农业生产力结构。前者包括经济形式结构和再生产过程中的生产、分配、交换、消费关系结构，后者包括农业部门结构、农业技术结构、农业区域结构等。农业经济结构按集约化程度划分为粗放型结构与密集型结构等，按照商品化程度划分为自给型结构、半自给型结构、商品型结构等。上述各种农业经济结构内部还可细分，如农业区域结构既可分为种植业区、林业区、牧业区、渔业区等经济结构，又可按地貌形态划分为山地、丘陵、高原、平原、盆地等经济结构。农业经济结构是一个多类型、多层次的经济网络结构，其形成和发展主要取决于社会生产方式，同时受资源条件、社会需要等因素的制约和影响。

农业产业的可持续发展，需要有一个合理的农业经济结构。在考察农业经济结构时，需要了解农业总产值中农（种植业）、林、牧、副、渔业各生产部门的组成情况，一般用农、林、牧、副、渔各业在农业总产值中的比重来表示。判断农业经济结构是否合理，需要把自然因素和社会因素结合起来，包括资源是否得到充分的合理利用、经营体制是否适应生产力发展的水平、经济效果如何、产品是否适应社会需要、有关经济政策能否促进生产的发展等。具体来讲，合理的农业经济结构须达到以下要求：首先，发挥比较优势。充分、合理地发挥当地自然资源、劳动力、技术等方面的优势，扬长避短，趋利避害。其次，保障粮食安全。使粮食与经济作物，农业与林、牧、副、渔各业互相配合，互相促进，协调发展，形成良性循环。最后，注重经济效益。从宏观经济和微观经济两方面看，都能够取得最佳的经济效果，不能只看产量高低、产值大小，还要考虑土地生产率、投资效益率、劳动生产率等指标。

二、农业经济学定义

农业经济学是运用经济学的基本原理，在土地、劳动力、资金、技术、信息等稀缺资源的约束条件下，研究农产品供给与需求、要素价格与市场、微观组织与宏观政策等内容的部门经济学科。其内容包括农业中生产关系的发展变化、生产力诸要素的合理组织与开发利用的规律及应用等。

在社会主义条件下，农业经济学的研究和应用对于系统阐明社会主义农业制度的发生、发展规律，以便正确地进行农业的社会主义改造和社会主义建设，对于合理利用农业资源和科学技术成果，加速发展社会主义农业生产，加强对农业经济活动的宏观和微观管理等，都具有重要意义。

第一是持续多年的农业贸易谈判；第二是中国及其他发展中国家的农业改革；第三是资源环境退化与农业的可持续发展。可以说，农业政策问题常常位于国际贸易谈判议程的中心。可以说，农业政策问题常常位于国际贸易谈判议程的中心。在关贸总协定回合谈判中，争议最多、谈判最艰苦的领域就是农业政策。农业政策改革一直是各国关注的重点，也是中国经济改革的主要领域，中国成功的农业改革为中国经济的持续增长奠定了基础。因此，在新常态下，如何更好地对农业进行新一轮的改革，促进现代农业发展，推动经济新一轮增长，也是中国农业经济研究的重要内容。另外，农业技术的快速发展，一方面为世界经济和人

口的快速增长奠定了基础；另一方面，技术进步带来的农业生产集约化和专业化，也极大地影响了农村社会和环境，环境保护与“绿色”关切日益受到公众的关注，并不断凸显在政治议程上，成为具有重大吸引力的农业经济研究新领域。

三、农业经济学的形成和发展

（一）前资本主义的农业经济思想

前资本主义农业经济思想的代表是重农抑商思想。中国古代农业经济思想可以追溯到远古时代，中国春秋时期，孔子和孟子的著作中已有多处论及农业经营、土地制度和发展农业经济、安定民生的问题。战国初李悝创平籴之法、汉代董仲舒“限民名（占）田，以澹（赡）不足”的主张以及宋代王安石推行的青苗、均输、市易、免役、农田水利政策等，都是中国奴隶社会、封建社会时期农业经济的代表思想。重农思想是中国古代经济思想中最重要的思想体系之一，在古代历史的发展过程中，“重农抑商”构成了中国古代政府的基本国策。《管子》确立了农本学说的开端，强调农业是人类的衣食之源，是国家积累和财政收入的基础，是国防的物质后备。战国初期，随着新兴地主阶级的崛起，出于巩固政权的目的，地主阶级宣扬重农理论，鼓励人们从事农业生产，以为国家积累财富，重农思想逐步形成。

西方的农业经济思想至少可以追溯到古希腊和古罗马时代。随着奴隶制生产关系的产生和发展，当时许多思想家在其论著中都曾对农业进行过论述。古希腊思想家色诺芬（Xenophon）在公元前 400 年前后写的《经济论》是古希腊流传至今的第一部经济著作。公元前 2—4 世纪的 600 年间，罗马先后出现了 4 部涉及农业问题的著作。古希腊和古罗马时代的农业经济思想虽然没有形成完整的体系，却是农业经济思想和理论的发展源头。欧洲中世纪的农业经济思想也是强调重农抑商。欧洲的重农抑商思想无论从文化背景，还是思想体系本身，特别是自然秩序学说、《经济表》的思想、重农理论、赋税思想等都与中国传统的重农思想存在相通之处。法国重农学派认为农业供给社会所有生产的原材料，为君主和土地所有者创造收入，给僧侣、劳动者以收入；认为农业创造的是不断地再生产的本源的财富，维持国家各个阶级的运转，给所有其他职业者以活动力，是发展商业、增殖人口、活跃工业进而维持国家繁荣的基础。

农业经济学作为一门科学，是随着资本主义的发展和农业生产的商品化而逐渐形成的。早在 18 世纪中叶，法国重农主义经济学家魁奈就已应用投入产出对照表方法研究农业经济，提出只有土地和农业才是一切超过生产费用的“纯产品”或剩余的唯一源泉，宣扬自由竞争和重农经济学说。

（二）近代资本主义农业经济发展

近代农业经济思想主要产生在英国、法国和德国，主要包括在古典政治经济学之中。在最早出现资本主义农业经营的英国，农业经济学家阿林·杨格（Allyn Abbott Young）在其所著《英格兰及威尔士南部游记》和《法国游记》中，在鼓吹资本主义农业制度的同时，提倡作为近代农业特征之一的诺福克轮作制度，论证了大农业经营的优越性，生产要素配合比例和生产费用、收益的关系等问题，可视为近代西方农业经济学的先驱。与此同时，马歇尔通过农村调查写了题目为《农村经济》的报告。19 世纪中叶，《皇家委员会报告》中出现了“农村经济学”和“农业经济学”的名词，似为这一学科名称的始源。1913 年，牛津大学成立农业经济研究所，从事农业经济问题的研究。在德国，18 世纪中叶，经济学界的官房学派已对作物耕种、农地利用、农事经营等有较具体的研究。泰尔所著《合理的农业原理》一书首先提出农业经营的目的是获得最大利润，并大力宣传轮作制，以代替三圃制。泰尔的学生屠能的主要著作《孤立国》着重于分析农业经营集约度，创“农业圈”之说，对级差地租理论的贡献尤大，被视为农业配置学的创始人，也是德国农业经营经济学派的奠基者。这一时期，主要有以下四个代表学派：

1. 重商主义

重商主义从商业资本的运动出发，认为金银或货币是财富的唯一形态，一切经济活动的目的就是获取金银，并且认为，除了开采金银矿以外，只有对外贸易才是财富的真正源泉，只有在流通领域中才能得到增加的货币量。因此，重商主义主张，在国家干预下，积极发展对外贸易，遵循多卖少买、多收入少支出的原则，使货币尽可能地流向国内。该学派最具代表性的就是威廉·配第（William Petty）提出的地租理论，把地租的本质归结为剩余劳动的生产物，正确地理解了剩余价值的性质和来源。配第是最早提出级差地租概念的经济学者，认为级差地租是由于土地丰度不同和距离市场远近不同而引起的。配第还提出了土地价格的问题。他认为，土地价格就是预买一定年限的地租，实际上，他已经认识到“土

地价值无非是资本化的地租”。

2. 重农主义

以法国布阿吉尔贝尔为代表的重农学派是重商主义的坚决反对者。他反对重商主义的财富观，认为货币并不是财富，而是为便利交换而产生的流通手段，真正的财富是土地的产物。与重商主义的对外贸易是财富源泉的观点相对立，布阿吉尔贝尔强调只有农业才是创造财富的源泉，农业繁荣则百业兴旺。虽然法国资本主义发展的缓慢和落后，使布阿吉尔贝尔将资产阶级财富的形式局限于土地产品，但他把对经济问题的分析从流通领域转移到生产领域，从而为法国古典政治经济学的创立奠定了基础。布阿吉尔贝尔认为，商业是社会经济发展所必需的，它起到互通有无的作用。在商品交换中，各种商品价格必须保持一定比率，他意识到这种比率是由个人劳动时间在各个产业部门的分配决定的，而自由竞争是造成这种正确比率的社会过程。但他又认为，货币破坏按照比率价格进行的交换，是使人民贫困和社会产生罪恶的根源。他承认商品交换的必要性，又把货币看作是交换的扰乱因素，实际上是颂扬没有货币的商品生产和交换，反映了小生产者的观点。

3. 古典政治经济学

古典政治经济学是在价值理论的基础上来研究农业的，从而探讨地租理论、农产品价格理论、生产要素的投入与收益间的关系以及有关农业的各种政策，真正进入了农业经济的理论探讨。大卫·李嘉图（David Ricardo）是古典政治经济学的集大成者，在坚持劳动价值论的前提下，创立了古典政治经济学发展中最完备的地租理论。他把地租看成是利润的派生形式，从而认为利润是剩余价值的唯一形式。在近代资本主义思想中，古典政治经济学家们逐渐开始从生产、交换、分配、消费几个环节来分析社会生产，注意到生产要素的投入与经营收益之间存在一定的关系或规律，即土地报酬递减规律，这既是农业生产的特点，又被用来作为地租理论的基础。

4. 相对独立阶段

相对独立的农业经济理论产生在古典政治经济学的基础之上。其中，英国经济学家阿瑟·杨格（Arthur Young）被认为是农业经济学的开创者，他在1770年出版了《农业经济学》，比较具体、详细地论述了农业生产要素配合比例、生产费用和经营收益的关系。他认为，资本主义大农场具有比传统小农经济更大的优越性，主张按追求利润的原则，建立大型的、以雇佣农业工人为主的资本主义农场经济。同时，农业经济学在德国也得到了更大程度的发展。其中，贝克曼在1769年出版了《德国农业原理》一书，成为第一次专门为高校撰写的农业教科书，并主张农业改革，分配共有土地，合并分散耕地地块，消除农民的杂役负担。

（三）近代资本主义后期农业经济思想

1. 马克思的劳动价值论

劳动价值论认为商品价值由无差别的一般人类劳动，即抽象劳动所创造。劳动决定价值这一思想最初由劳动经济学家配第提出，亚当·斯密（Adam Smith）和大卫·李嘉图（David Ricardo）也对劳动价值论做出了巨大贡献，卡尔·马克思（Karl Marx）在继承二者理论科学成分的基础上，用辩证法和历史唯物论从根本上改造了劳动价值论。马克思劳动价值论包括以下内容：抽象劳动创造价值的原理、社会必要劳动时间决定价值量的原理、价值形成过程的原理、价值增值过程的原理、商品价值构成的原理以及价值是商品经济历史范畴的原理等。马克思的劳动价值论对于理解农业报酬有着重要指导意义。另外，马克思以及恩格斯在土地国有论和农业计划论、社会主义农业的组织形式和农民身份、农民改造理论、社会主义城乡一体论等方面也有重要的理论创新。

2. 李斯特对农业作用的阐述

德国历史学派的代表人物弗里德里希·李斯特（Friedrich List）对农业在国民经济中的地位和作用有着非常深刻的论述。他认为，纯农业国是社会历史发展中的一个重要阶段；要使工业发展，需要高度发展的农业；只有建立和发展工业，农业本身才能进一步发展。纯农业国资源利用程度低；纯农业国分工协作发展程度低；纯农业国农业常处于残缺状态；纯农业国贸易常使其处于发达国家的从属地位；纯农业国普遍存在分散、保守、迟钝，缺乏文化、繁荣和自由。

3. 戈尔兹的《农业经营学》

特奥多·冯·戈尔兹（Theodore von Golz）曾任耶拿大学、波恩大学等校的教授，在李比希影响下研究农学，曾讲授过农业经营学、土地评价学、农业簿记、农业政策、农业制度、农业史等课程，并于1886年出版了《农业经营学》。

（四）现代农业经济学

进入20世纪以后，现代农业科学已经成为一个独立、完整的体系，人们把

农业科学研究领域分成四大类：农业生物科学、农业环境科学、农业工程科学和农业经济科学。这四大类可以归为三大研究领域：农业经济、管理科学，农业机械、工程科学，农业生物、环境科学。

如果说到农业经济学前期的思想中心在欧洲的英国和德国，那么进入 20 世纪以后，农业经济学科确实得到了快速的发展，并且扩展到了全球范围内的研究与实践。50 年代以后，农业经济理论进一步深化并建立起比较完善的学科体系。这一阶段的农业经济学更加系统地运用了一般经济学的原理和方法去研究农业经济问题，并强化了定量分析，扩大了研究领域。总体来说，现代农业经济学研究涉及农业经济系统的各个方面，已经发展成一个有基础理论和科学方法的比较完整的学科体系，它包括农业经济学（又分为农业生态经济学、农业资源经济学、农业生产经济学、农业发展经济学）、土地利用、农村金融、农村市场学、农业财政、农业会计、农业技术经济学、农场经营管理学、国际农业经济、农产品贸易、农村社会学等。

第二章　农业的微观经济组织

第一节　现代农业的产权结构

一、产权与产权结构

（一）产权

要了解产权的含义，就必须先搞懂财产主体与财产的含义。

财产主体指的是生产要素所有者和使用者，财产指的是生产要素以及所产生出来的效益。而产权则是财产主体对于财产的一种权利，其实质是反映人们在经济活动过程中围绕着财产而形成的一系列的经济权利关系。具体来讲，包括对于财产的所有权、使用权、处置权以及收益的分配权。

1. 财产的所有权

财产的所有权，指的是对于财产来说，拥有独自占有的支配权利。所有权主体可以有权去使用与处置财产，并且当财产在使用的过程当中产生经济效益时，所有权主体也有权去享受拥有这些积极效益。但与此同时，在享有权利的同时，也必须去履行与权利相对等的责任与义务。

2. 财产的使用权

财产的使用权指的是对于财产可以进行占有与使用的权利。在日常生活中，经常会出现诸如财产所有权与使用权分离开来的情况。如果财产没有独立的使用权的话，那么财产的使用者就无法树立起独立经营的地位。财产使用者在拥有某些财产的使用权之后，也就相应地拥有了对于财产的收益权和处置权。于是财产的收益权和处置权也就相应地在财产的所有者和使用者之间分割开来。财产的使用者不仅仅需要对财产所有者承担相应的责任与义务，而且对于整个社会，也需要去承担相应的责任与义务，也就是说，获得财产使用权的人其实就是一个民事

法律主体。同时，财产所有者也必须严格遵守相关法律或契约规定，让出自己的一部分权利给财产所有者，并且对于财产所有者去履行一定的责任和义务。

3. 财产的收益权

财产的收益权则是指财产在进行一系列经济活动中，当财产产生收益时，财产所有者和使用者拥有可以对这些收益进行分割的权利。通常情况下，财产在使用过程中，会产生收益，而恰恰因为财产能够产生收益，所以古往今来，成为人们相互争夺的对象。无论是对于财产所有者来说，还是对于财产经营者来说，都拥有权去获得财产产生的收益。所以，财产的收益权是一种连带产权权能，和财产使用者以及使用权密切地联系起来，并且附属于财产所有者和所有权。

4. 财产的处置权

当财产在自己手里，我们可以对其进行处置，比如更新、转移、重组等行为。而财产的处置权，指的就是可以对财产进行这些除权性的权利。同收益权一样的道理，财产处置权也是一种连带产权。在各大经济活动中，经常要用到对于财产的处置权。究其原因是因为在市场经济条件下，财产不会平白无故地就产生收益，一般要通过市场，在市场中进行商品交换才能够形成财产收益，而且世界风云变幻，市场需求和供给结构也不断变化，机器、设备、技术等也就面临着需要更新、转移、重组，所以相应地也对财产提出了处置的问题。对于财产的处置权来说，只有所有者和使用者才能够掌握、拥有它。

综上所述，我们能够看出，财产权被赋予四种权能，分别是所有权、使用权、收益权和处置权。在这四种权利中，所有权和使用权是财产的主要权能；收益权和处置权则是财产的次要权能，它们是一种连带产权权能，也都附属于所有权和使用权。

（二）产权结构

产权结构是根据财产的所有权和使用权归属划分开来的。目前，我国现代农业中的产权结构，根据所有权进行划分，主要有下面几方面的内容。

1. 国有产权

国有产权，指的是生产资料归国家所拥有的一种产权类型，在社会主义公有制经济中占据重要位置，是社会主义公有制经济的重要组成部分。在我国农业中，国有产权主要由两种形式构成，分别是：直接从事农业生产领域的国有农场、国有林场、国有牧场、国有渔场等；在某一个方面为农业服务的各个类型的农业企业和农业事业单位。其中国有农场是最重要的内容以及形式，国有农场的土地、资产归国家所有。一般说来，国有农场规模比较大，有着丰富的资源，科技装备水平比较高，劳动生产率和商品率也是非常高的。20 世纪 80 年代以来，国家针对国有农场的财务、人事和分配等制度，着手进行了很多改革，有效地推动了农场经济的全面快速发展。

2. 集体产权

集体产权指的是生产资料归集体所拥有的一种产权类型，也是社会主义公有制经济的组成部分。对于我国农村的集体产权来说，主要包含以下部分：社区性（村级）合作经济、专业性合作经济、乡镇集体企业等。

3. 个体产权

个体产权指的是生产资料归个人所拥有，基于个体劳动产生的劳动成果归功于劳动者个人，从而劳动者个人可以去享有、支配的一种产权类型。在我国农村，依然实行的是由农户家庭来承包经营的制度，其中在农业中，个体产权形式主要由三种类型构成：其一是承包经营土地等其他生产资料而产生的农户承包经济，这也是农业个体产权中最主要的类型；其二是农户可以有效地利用自己手里的资本、劳动力去从事诸如家庭家畜养殖、农副产品加工，以及商业等其他经营活动；其三是曾经归属于国有农场，现在从国有农场里分离开来的“职工家庭农场”。

4. 私营产权

私营产权指的是生产资料归私人所拥有，基于雇佣劳动的一种产权类型。我国农业中的私营产权形式主要针对的是一些个体农户承包大范围的土地、水面，特别是一些大面积的荒山、荒岭、荒坡、荒滩、荒水，从事农业生产经营活动。因为生产范围很大，规模很大，所以往往需要大量的劳动力去从事、经营农业生产活动。

5. 联营产权

联营产权里的“联”，指的是不同种类的所有制性质的经济主体之间一起投资，从而形成经济实体的一种产权类型。在现代的农业生产过程中，联营产权主要是采用公司制的组织形式，包含诸如股份有限公司、有限责任公司等形式。

6. 其他产权

其他产权，顾名思义，则是指不属于以上任何类型的其他产权类型，我们见

到的中外合资（合作）产权就是属于其他产权。

二、现代农业产权结构的基本特征

随着我国科学技术的迅猛发展，我国的现代农业生产力也在以极快的速度发展着。现代农业产权结构较之以往，发生了很大的变化。与那些传统农业阶段相比较，现代农业产权结构主要有以下几个基本特征。

（一）农业产权主体多元化

在现代农业生产中，生产资料的所有者以及使用者都归属于产权主体。对于生产资料所有者来说，国有、集体所有、私有、联合所有等多种多样的形式并存。从生产资料使用者这个层面上来说，则包含自我经营者、向所有者租赁或者采取承包经营管理的独立法人、附属于所有者的组织或者个人。现代农业产权主体多元化，对于产权关系的调整、重新组合和灵活运转环节很有帮助。

（二）农业产权关系明晰化

现代农业生产中，所有者与使用者之间，常常采取承包或租赁合同等形式，明确其责任、权利、利益之间的关系。在多个所有者中，不同的经济实体之间有着明确划分的财产边界。其实，即便是在集体或者联合体内部，各个不同的所有者之间也要凭借不同形式的财产所有权凭证，比如地产证、股权证、股票等凭证，明确划分其财产边界，这样做当然是有好处的。农业产权关系明晰化，可以有效地推动生产资料的合理使用，同时也可以促进财产的合理处置以及经营成果的有效分配。

（三）农业收益权实现多样化

在传统农业生产中，土地等生产资料的所有权，是享受拥有收益权的主要的凭据。但是，在现代农业生产中，因为生产资料所有权与使用权是分离的，所有权可以享受拥有收益权，使用权在参与收益分配环节，也成了其重要的凭据。与此同时，在进行农业生产经营过程中，会依据劳动、资本、技术和管理等各个要素发挥出来的作用，而享受拥有相应份额的收益权。农业收益权实现样式的多样化也成了构建现代农业运行机制的重要基础和客观凭据。

（四）农业产权交易市场化

在农业生产经营过程中，现代农业生产资料，无论是进行所有权的出让，还是使用权的流转，都可以在产权市场进行相互交易。在产权市场，凭着公开、公平、公正的交易原则，不但能够保证交易主体享有正当的权益，而且也能够有力地促进农业生产资源的合理配置和有效利用。

第二节　现代农业的家庭经营

一、家庭经营作为农业主要经营形式的理论分析

农业经营方式有很多种，在众多的经营方式中，采取家庭经营作为农业主要经营形式，如果进行理论分析的话，可以从以下几个方面进行阐述。

（一）农业的产业特点与农业家庭经营

在从事农业生产中，有生命力的动植物要有效地吸收阳光、空气、水分等养分才能生产出相应的动植物产品来。在这个过程中，生物对于环境具有主动选择性，这一点与非生命动植物对于环境表现出来的机械式、被动式的反应不一样。机械式的、被动式的反应取决于外部环境提供的物质和能量，但是生物体表现出的反应则是由生物体内部的功能状况所决定的，并且自身就可以进行调控。随着我国科技的迅猛发展，人类既能够改变生物的内部构造，也有办法去改变生物所需要的外部环境。但是，无论时代如何变迁，人类都无法否定生命本身运动的特性，也没有办法去完全地更改生物所需要的外部环境，从而造成了农业生产有着以下两个特点：

其一，农产品的生长是一个连续不断的过程，各个环节之间有先后性，不会像生产工业产品那样有着并列性。在工业生产过程中，生产出的产品没有生命，从投入材料到产品成型，人们都可以按照自己的意志去设计，程序可以变更，作业可以交叉进行，可以在多条流水线同时完成作业。而且劳动工具和劳动对象也能够集中在一起，能够在一个单位时间把更多的劳动力和生产资料集合在一起，从而生产出大量产品，进一步提高生产效率。但是，农业生产就不一样了。各种作物都有着自己的季节性和周期性，生长的每一个阶段中，都有着严格的间隔和时限区别，所以生物的生长只能由一个阶段通往另一个阶段连续不断地进行。

其二，农业生产活动中，农业有着严格不同的季节性和地域性，在生产时间与劳动时间上会出现错综复杂、不一致的情况，所以农业劳动支出也不具备平衡

性。“橘生淮南则为橘，生于淮北则为枳”，各个农产品生产必须坚持因地制宜，不可按照个人的意愿随意更改生产地点。

近年来，我国的农业科技也在大力发展。其一，大规模地使用机器，更为先进的生产方式也逐渐引入农业中来，看起来农业生产也逐渐向工业靠拢，但事实却不是这样。虽然机器的使用使农业的生产效率更高，人们只需要很短的时间就可以从事农业生产环节，但是所有农业机器的使用都无法直接加快动植物的生长过程，更没有办法去改变其生长顺序。其二，各种新型化肥应运而生，进而有效地拓宽、延伸了农业利用自然力的空间，但即使这样，也无法改变生物的生长过程。其三，生物科技也迅速地发展起来，各种新型生物品种被及时有效地发明出来，能够去改变生物发育的性能，但是这也同样需要去遵循生命生长过程的各个规律。所以，虽然我国农业科技在大力地发展着，但是它们都无法去更改农业生产的基本特性。

所以，农业劳动应该采取怎样的组织形式，这成为一个有争议的问题。采用雇佣劳动、集体劳动这样的组织形式会更容易在短时间内实现规模效率。但是，还需要考虑到内部激励和监督问题，因为一个组织如果缺乏了内部激励和监督，劳动成员会缺乏前进的动力，整个组织也会成为一盘散沙。解决激励问题，首先需要明确去计量劳动者劳动的质与量，并与后来的报酬联系在一起。但是在农业生产过程中，地域辽阔，自然条件也截然不同，鲜有中间产品，所以劳动成果常常体现在最终产品上。这就意味着在农业劳动中，每一个劳动者在每时每刻、每个地方的劳动支出，对于最终产品的有效作用程度都很难去计量出来。所以，也只有将每一项劳动都与最终的劳动成果直接联系在一起，劳动者的生产积极性才能被充分激发出来，而这只有在家庭经营的环境下，才能更好地做到。当劳动者的利益直接取决于他的工作时，便产生了刺激，这种刺激是大农场——不管是私有的、公有的、合作经营的还是国有的——所不能产生的。在从事农业生产中，由于农业自然环境的复杂多样性，人类无法对其控制，也就要求农业的经营管理方法要体现灵活性、及时性和具体性。至于生产决策、经营决策都要有效地做到因时、因地、因条件制宜，从而实现准、快、活。若要实现这些目的，就必须将农业生产经营管理中的决策权分给直接劳动生产者，也就是将劳动者和经营管理者结合在一起，进而取得更好的效益。从某种方面来说，无论是农业劳动，还是经营管理，它们都有着较强的分散性，取得的成果也有很大不同。农民所取得的劳动成果，在很大程度上要取决于各个农民在生产经营环节进行合理有效的安排，也取决于全程细心地作业和管理，更取决于对市场的准确预测。这些特点也都决定了家庭经营是从事农业生产中一种比较合适的组织形式。

当然，人们也会考虑到通过劳动力市场，让有潜在能力的劳动者与在职的劳动者形成竞争，解雇不合格的劳动者，让有潜力的劳动者来替代不合格、旧的劳动者，从而能够在农业雇佣劳动中更好地激励员工。计量和监督劳动是一个长久存在的根本难题，所以即使新的劳动者取代那些旧有的劳动者之后，仍然会涌现出类似问题。

（二）分工协作与农业家庭经营

工业的发展经历了很多过程，从简单协作到分工协作，然后再到机械化生产。所谓协作，指的是很多人在同样的生产过程中，抑或是虽然在不同的但是却有着互相联系的生产过程中，有组织、有计划地一起协同劳动。如果是劳动者之间没有固定分工的话，那么这样的协作就叫作简单协作；如果是劳动者之间存在比较固定的分工，那么这样的协作就叫作分工协作。分工协作有很多好处，能够使劳动者不断地积累经验，进一步改进劳动技能，从而有效地提高劳动效率；分工协作也可以促进生产工具的有效利用，从而进一步提高劳动生产率；分工协作也能够使劳动更加具有组织性，如连续性、划一性、规划性以及秩序性等。所以，工业中的分工协作有着种种好处，但是农业中的分工协作却并非如此，它并不是像在工业中那样快速发展，究其原因是因为这些是由农业生产自身所具有的性质所决定、限制的。

在工业的分工协作中，不同专长的劳动者汇聚在一起生产一种产品。在工业协作中，如果要生产一辆马车，需要用到车匠、锁匠、漆匠、描金匠来一起劳作，这些工匠们齐心协力完成一辆马车，从而有效地提高劳动生产率。可是，农业生产中却不是这样的，各个农业生产对象都有着自己的生长发育规律，从而也就决定了农业生产过程中分工协作不可能是复杂的。农作物生长有着特定的季节性、周期性、时间有序性，受到这些原因的影响，农业生产只能遵循自然界固有的时间，也就是在季节的限制约束下，依次进行各种作业。由于农业生产一般是在土地上进行的，不适合移动，不能像进行工业生产那样，汇集大量的生产条件，通过各种各样和大量作业同步生产产品。在农业生产过程中，一个时期的作业其生产过程比较单一，即使是不在同一个时期的作业，也能够通过同一劳动者连续完成。

在农业的分工协作中，把各有专长的劳动者汇集在一起，去生产同样的产

品，所以农业的分工协作常常是简单协作。简单协作是在很多人的手里同时间一起完成同一个无法分割的操作，是远远优于个人独立劳动的，比如常见到的播种、抢收、抗灾以及修建水利设施等生产活动，通过分工协作，可以极大地缩短时间，不耽误农时，有效地提高农业产量。但是如果超过这样的范围，效果却不理想，至多也不过是单个劳动者力量的直接、机械式的总和。如果管理水平不高的话，效果还不及单个劳动者力量的总和。究其原因是因为这样不仅会加大监督成本，也很有可能会产生偷工减料的行为，还有可能会造成窝工浪费的现象。所以，在具体实践中，农业中的分工协作，一定要具体分析，具体对待，不能不加分析地将工业中的协作方式生搬硬套到农业中。因为农业生产过程中的大部分作业不是像工业那样采取严格的条框限制，即使对于某些简单的协作也不能够产生非常明显的效果。所以农业生产过程中，不适合采取工厂化劳动，但是对于家庭经营的方式，却非常适合。

（三）农业技术进步与农业家庭经营

在农业生产过程中，一般来讲，所采取的农业技术分为两大类：其一是机械技术类，包括各种各样的机械设备，能够使得生产过程更加机械化、自动化。其实，农业机械技术的本质在于用一部分物力去取代人和家畜的力量，有效地增大每一个劳动者所生产和经营的范围以及数量，从而在提高劳动生产率的基础之上增加经济效益。其二是生物、化学技术，主要包括种子、化肥、生长饲料、农药、生长激素等，这一类的技术本质在于直接改变生物本身，可以为动植物的有效生长提供良好的环境，在提高土地、农作物、动物生产率的基础之上来增加经济效益。如果从研究和推广的角度进行分析的话，我们会很容易发现，农业技术和工业技术是一样的，是在很多工作者一起协作的基础之上完成任务的。但是，两者所需的条件却是不同的。

1. 大多数农业技术的运用能够由单个人完成

一般来讲，农业生物、化学技术能够由单个人来完成，即使像大多数的农业机械也依然能够由个人来操作。但是，工业技术却并非完全是这样，因为众多的机械设备需要多个个体或者是很多人齐心协力进行操作，否则就不能正常操作。农业机械能够由单个人操作来完成任务，究其主要原因是农业机械技术的极大进步。农业机械越来越小型化，可以很好地提高社会劳动生产率，而且个体完全用得起。农业越来越机械化与农业生产本身的性质有着紧密的联系。农业机械不管如何变化，都要遵循生物生长的需要，尤其是对于种植业机械，作业不仅要遵循生物的生长规律，而且也需要在辽阔的田地里分散流动作业，可以穿行在作物之上。这些特点都决定了农业机械不会像工业机械一样去形成大型化的生产线，在从事农业生产中，也只有小型化的农业设备更方便，更有利于使用，更深受农户们的喜爱。

2. 不同类型的农业技术关联性较小

在从事农业生产中，地广人稀的国家会优先择取农业机械化技术，通过增大耕地范围，有效地实现农业总产量的增加；针对那些人多地少的国家，则会优先采取生物和化学技术，有效提高单产的同时，也进一步实现了农业总产量的增加。即使农业机械技术、生物和化学技术都对同一个植物产生作用，但是它们却不一定会在同一时间使用。即使是对于农业机械技术来说，也有着比较小的关联性。在进行农业生产过程当中，可以采取在某一个作业流程里运用农业机械，在另外一个作业流程里不去采用农业设备。比如在播种、收割和运输这些环节，可以使用农业机械；在除草、施肥环节里可以不去使用农业设备。也就使得农业生物与化学技术运用彼此之间的关联性比较小，所以，不同类型的农业技术关联性也比较小。

3. 许多农业技术的运用可以不受家庭经营规模的限制

虽然某些农业技术运用中，会有一些最低的作业规模要求，但是采取社会化服务体系能够攻克单个家庭经营规模的种种限制。也可以采取合作社或者专业公司凭借社会化服务，去完成一些农业技术运用的外部规模化经营、管理。比如农户们可以一起购买，或者一起拥有，或者一起使用合作社或专业公司所销售、经营的大型播种机、大型收割机、大型种子机械，当然农民家庭也可以自我创新，去促进农业机械技术的不断进步。对于生物、化学技术来说，由于它们含有很强的可分性，一般不会受到农场经营规模的约束。

（四）家庭的社会经济特性与农业家庭经营

在从事农业生产的过程中，家庭成员之间在利益目标上有着强烈的共鸣，从而大大地把农业家庭经营的管理成本降到最小化。也可以采取多种多样的激励措施，因为家庭并非是单纯的经济组织，也并非是纯粹的文化或者政治组织，去支撑整个家庭的存在，也绝不仅仅受限于经济利益这根纽带，而是有着诸如血缘、感情、心理、伦理和文化等众多的超经济纽带。这根纽带在很多方面都会促使成

员间有着强烈的整体目标和利益认同，也很自然地把其他家庭成员的要求、利益以及价值取向，内化为自己本身的要求、利益与价值取向。所以，在家庭中，不需要去依赖经济利益的驱动，就很容易保持自身的目标和利益与其他家庭成员的一致性。因为家庭里弥足珍贵的婚姻、血缘关系，能够使得家庭经营组织具有比较持续、长久的稳定性，上一辈对于下一辈的各个方面寄托所形成的继承机制，一般而言，能够使得家庭经营预期时间延长，并能够为完成这种预期自发、自愿地进行协作。相比较于其他的经济组织，农业家庭经营有着与众不同的激励规则，使得家庭成员挥洒汗水，努力工作，不需要去精心计算劳动产量，也不需要用报酬去激励家庭成员。所以，一般情况下，农业的家庭经营不需要外在的监督，就可以自发地努力工作，使其具有很少的管理成本。

由于每个家庭成员有着性别、年龄、体质、技能等各方面的差别，也有利于实行分工协作的方式，从而有效地利用劳动力，当然也可以有效地实行家庭经营组织方式，进行家庭劳动者和其他劳动者之间的合理分工，无论是在时间上，还是在劳动力的充分利用方面，都能发挥出很好的水平。在以前的传统社会里讲究“男耕女织”，这个生产方式使得一个大家庭浓缩成了一个“小而全”的生产单位；在现代化农业生产中，这种分工协作的方式仍然存在着。在进行劳动安排时，平常闲暇时候可以一人为主，忙碌时全家一起上阵，必要情况下，还可能会雇用一些人员。在农闲的时候，除了安排照顾的人员之外，其他家庭成员可以外出兼职工作，从而使得劳动时间被分割得十分细密。在琐碎的农业活动中，一些闲暇的、辅助性的劳动力也能够得到有效的利用。这在严格细密划分的企业组织机构里，一般很难做到，但是家庭的自然分工却能够很容易地做到，并满足农户的各种需求。

二、中国农业家庭承包经营所取得的绩效

农业家庭承包经营，是在坚持土地等生产资料属于集体所有的前提之下，将土地承包给个体农户，从而有效地确立了家庭经营的主体性地位，与此同时也赋予农户拥有充分的生产经营自主权。农户采取承包这样的方式，去承包集体的土地，所获得的是对本集体土地的使用权，也就是我们说的土地承包经营权。在进行土地承包经营时，农民针对所承包的土地，也就有了充分的经营自主权和收益权，农户们可以根据市场供应需求关系，选择那些效益比较好的农作物进行种植，也就有效地打破了过去那种传统的统一计划的经营模式。采取农业家庭承包

经营方式，可以大大地激发农民的生产积极性，也有力地提高了中国的农业生产，同时农民的生活水平也得到了很大的提高。

农业家庭承包经营制度是一项非常重要的制度，是中国进行的一次伟大创举，该创举不仅大大地增加了农业的产量，使得农业出现了“黄金时期”，而且在如此短的时间里，上亿人口的生存、温饱问题得到了有力的解决。所以，农业家庭承包经营有着农民收益的同时，也有着很大绩效。可是，要准确地测算农业家庭承包经营制度到底产生多少效益是十分困难的。因为农业家庭承包经营制度在具体实施过程当中要受到很多其他制度的影响，而且我国科技水平的不断进步也从中发挥了很大的作用，要将科技水平不断进步的贡献与农业家庭承包经营制度的贡献分开也是十分困难的。具体来说，中国农业在实行家庭承包经营制度时，所取得的绩效主要有以下两点。

（一）激励功能增强

在实行家庭承包经营制度时，农户拥有独立的产权主体和利益主体，在达到所规定的承包任务或者在遵循国家所颁布的相关法律法规的情况下，拥有全部的剩余索取权以及相应的处置权，因为法律法规也规定农户可以拥有除土地之外的资产的私有产权，所以大大地增加了产权的排他性。退一步讲，即使是存在家庭内部成员之间的“搭便车”问题，因为这里成员规模极大地减少，也就极大地增强了激励功能。最后的结果便是，在家庭责任制下的劳动者有着最高的激励效果，这不仅仅是由于他努力的付出都得到了应有的回报，而且他们也极大地降低了监督的费用。

（二）资源配置效率的提高

在农业家庭承包经营制度下，农民不仅获得了比较独立的经营自主权，而且也有着很强的激励功能，从而使得农业资源的配置效率大大地提高，生产可能性边界向右转移，农民可以立足于自己的利益，根据相对价格信号来及时有效地调整资源配置，从而达到收益的最大化。但是在之前的人民公社时期，由于各种资源配置是由那些生产队长、大队长甚至公社书记做出的，也因为这种决策无法把责任与利益建立直接的对等关系，所以资源配置效率十分低下。

三、农业家庭承包经营的障碍

虽然家庭承包经营已经作为法律的形式确定并实行了下来，并取得了很大的

绩效，也给农民的生活水平带来了很大的提高，但是家庭承包经营过程也并不是一帆风顺的。虽然我国的经济在突飞猛进地快速发展着，但是家庭承包经营也会不可避免地要遇到形形色色的障碍，总结下来，主要表现在以下几个方面。

（一）产权障碍

农业家庭承包经营制度开展了很久，但有很多人对其实质并没有清晰的了解。其实，该制度的实质不过是将集体土地的所有权与另一种权利——使用权分离出来，另外集体土地的所有权并不做出改变，同时农民也能够得到土地的使用权，这归根结底是因为中国的农业已经在风风雨雨中赢得一系列傲人成绩。既然农民已经拥有土地的使用权，那么也一定可以卓而有效地根据市场供求情况以及所管辖的土地的实际情况具体分析，来安排农业生产，这些在理论上完全不构成任何问题，但是事实却远非如此。在某些乡村地方，也常常会发生农民的使用权不能得到保障，所以农民无论是在经营自主权还是在使用权方面都存在诸多不稳定的情况。甚至在农业生产与投资领域里，也会产生经营时间短，以及相互掠夺的情况。

（二）规模障碍

中国在实行家庭承包经营制度的过程中，也遇到过规模障碍的问题。该制度本应该在秉承公平优先、兼顾效率的原则之下顺利进行，并确保每个耕耘者都有田地可分配，至于承包到多少土地既要考虑劳动力多少的问题，也要考虑到人口劳动力分配的比例，使得分配的土地都是公平的。很显然，这里存在很多的生活保障色彩，于是不可避免地出现一个大问题：每一个农户所具体承包到的土地大小不一，尤其是面积小的占大多数，而且块数也很多，这种情况十分不利于农户进行农业生产和经营。人与土地之间的关系再也不是轻松、松弛的状况，而是极其紧张的状况。对于每一个农民来说，土地有着非常重大的意义，他们可以凭此来确保生存，所以每次土地因为劳动力多少或者是人口劳动力比例出现变动时，自然会不可避免地引起重新分配土地的强烈渴望与诉求。虽然，国家颁布的一系列政策里面，在土地承包期限里，确定 30 年保持不变，但是在具体实践中，往往会面临土地重新分配、调整的情况。造成耕地平均化、细碎化，规模经营难以形成。在农村的一些经济欠发达的地方，推行耕者有其田的政策可以带动农村经济不断向前发展。但是，随着我国经济突飞猛进地发展，很多发达地方存在劳动力过剩，已经不再从事农业生产，纷纷进入到第二第三产业里，已经具备了实行规模经营的条件，但是由于存在着种种因素的制约，诸如法律法规不完善、土地市场情况不容乐观，农村社会保障制度急需大力改进、完善等，导致中国要实现公平、稳定、块数既大又多的农业经营规模，仍然有很长的一段路要走。

（三）产业与市场障碍

农产品已经快速地朝着商品化的方向发展，但是在农业经营过程中也会不可避免地出现有关市场与市场障碍的问题，归纳起来可分为两方面：

其一，在日益激烈的竞争中，相较于那些农业产前、产后部门，农户在市场上处于弱势地位。由于农户所管辖、经营的土地块数既小又零散，所以会出现所了解、掌握的市场信息不全面、不准确，无论是与农业产前部门所了解、掌握的信息进行比较，还是与农业产后部门所了解、掌握的信息进行比较，在品质、数量上都存在信息不对称的情况。所以，农产品在进入市场交换环节时，农民们常常处于弱势地位，辛苦的时间长但获利却少，而农业产前、产后部门则往往处在优势地位。进而导致农民在市场竞争中，无法处在优势地位。

其二，农民们在进入市场交换环节时，也往往存在错乱无序、不正当竞争的情况。这是因为农户们自我组织、约束能力差，且很多经济组织体现不出为农民谋利的思想，农户们在市场上独当一面，不仅市场交易成本很高，而且会出现农户之间互相压价的情况。

（四）管理障碍

农业在家庭承包经营时，虽然管理效率以及经济效率都提高了很大层次，但是在经营管理方面，许多家庭内部依然实行的是家长责任制，各个家庭成员有着不同的年龄，而且极易受到血浓于水的亲情纽带驱动，每个家庭成员会没有任何抵制地服从于家长的管理制度。所以在通常情况下，农业家庭承包经营最终的决定权实质是掌握在家长手里，各个家庭成员很少会在利益分配上产生分歧，秉持利于他人的原则，不去考虑个人的利益，所以在具体实践中，会实行按需分配的原则。父母是孩子最好的老师，家长的管理水平高，常常会出现家庭经营管理水平高。但是，现在很多家庭中，越来越多的男劳动力尤其是年轻、健壮的男劳动力，选择背井离乡、外出打工，进而在劳动力分配方面，导致少龄化、女性化、老年化现象十分严重，进而严重地影响了农业家庭承包经营的管理水平。

四、农业家庭承包经营的进一步发展与完善

世界上没有完美无缺的事情，农业家庭承包经营也是如此。它有着众多的优点，也存在着某些弊端，这一点不容置疑。随着我国信息科技的不断发展，农业家庭承包经营也会进一步发展与完善，具体表现为以下两点。

（一）稳定农业家庭承包经营，准确地处理农地产权关系，在有条件的地区有效地促进农业规模经营的形成

国家法律法规已经对农业家庭承包经营，尤其是对土地承包问题上给出了十分明确的规定，只有在遵循相关法律法规的基础上去进行家庭承包经营，才能有效地使现代农业微观经济组织发挥出更大的作用来。种种历史实践已经表明，家庭承包经营在农业中具有蓬勃的生命力，应该坚定不移去推行。依法让农民从事家庭承包经营，不让那些个人主观偏好去影响家庭承包经营的情况发生。农业家庭承包经营中，最核心的问题是农民、土地产权关系的处理，正确地贯彻和实行农村土地承包，不仅可以有效地维护农民的经营自主权，进一步稳定农业家庭承包经营，而且也有力地促进了农地二级市场的建立，极大地促进了农民土地的有序流转，进而推动农业规模经营的形成，从而使得我国有着越来越强的农业国际竞争力。在某些经济发达地区，农业已经具备了去实行规模经营的条件。这也就需要当地政府针对本地经济发展的具体情况，有效地制定出适合本地的政策法规，通过农民土地的依法流转，有效地推动本地农业规模经营的形成。

（二）农业家庭承包经营组织化特别是产业关联程度的提升

我国的农业现代化水平越来越高，农业的社会化分工越来越精细，产业关联程度也会朝着越来越强的方向发展。以新制度经济学层次来看的话，当市场经济发展到某一程度，市场主体之间的关系也就不能纯粹地依赖交易来维持，社会经济的快速发展产生了需要用非市场组织取代市场交易的需求。为了有效地解决农业家庭承包经营所遇到的分散性、不经济性，同时为了满足社会不断增长的对于农产品的需求，需要在大力支持基于家庭承包经营制度上，根据合同制、专业合作经济组织以及一体化经营等各种形式来不断地加强农户的组织化，尤其是产业关联程度。

第三节　农业产业化经营

一、农业产业化经营的特征

在中国，农业产业化经营的基本组织形式有三种，分别是：农产品市场+农户、农业龙头企业+农户以及完全一体化经营。农业产业化经营有着四大特征，分别是：

（一）生产专业化

所谓生产专业化，主要是紧紧围绕着主导产品或支柱产业从事专业化生产，农业生产过程中的产前、产中、产后环节通过一个系统来有效地运行，从而实现每个环节的专业化都能顺利地与产业一体化有效协同、结合起来。农业商品经济逐渐发展到一定程度、到达一定阶段时，农业生产专业化也就产生了。如果从农业分工与协作原理进行分析的话，可以看到农业专业化是形成农业产业化经营的一个非常重要的原因；如果从实践经验角度进行分析的话，可以看出农业生产专业化也是农业产业化经营的主要特征之一。随着农业生产专业化的不断发展，在农业生产专业化的不断推动下所形成的一系列区域经济、支柱产业群、农产品商品基地等，也成功地为农业产业化经营打下了坚固的基础。

（二）企业规模化

农业生产专业化的效率能够有效地通过大生产的优越性体现出来，由于农业生产经营规模的不断扩大，极大地方便了去采用先进的农业科学技术，大大地节约了农业生产成本，同时也为农产品成批大量地生产、加工、销售奠定了很好的基础。从表面上看，企业规模化是扩大、拓展、延伸生产经营规模，但是企业规模化更重要的意义在于从事农产品生产、加工和销售的农户和企业之间在生产要素的组成比例方面达成匹配，极大地节约了生产要素，有效地为农业产业化顺利经营创造了条件。

（三）经营一体化

所谓经营一体化，指的是多种形式联合在一起，形成市场牵引龙头、龙头带领基地、基地又与农户联合在一起的贸工农一体化经营体制，从而呈现出外部经

济内部化的状况，有效地节约了交易成本，极大地提高了农业的比较效益。在具体实践中，有各种形式的经营一体化，比如常见的生产销售一体化、生产加工销售一体化以及资产经营一体化。

（四）服务社会化

通常情况下，服务社会化，体现在通过合同稳固内部一系列非市场安排。不管是对于公司来说还是对于合作社来说，农业产业化服务都是在朝向规范化、综合化的方向发展的，也就是有效地将产前、产中和产后各个不同的环节服务统一在一起，以此所形成的综合性生产经营服务体系。其中农业生产者一般情况下只需去从事一项或者几项农业生产作业，而其他各项工作则是通过综合性生产经营服务体系来完成，从而极大地提高了农业的微观效益以及宏观效益。

二、农业产业化经营产生与发展的原因

随着现代农业技术的不断进步与发展，农业也逐渐采用合同制和一体化经营的方式，有效地提高了农业生产的专业化、企业化、规模化以及社会化水平，也就是形成了我们所说的农业产业化经营。农业产业化经营产生与发展的原因主要体现在以下几大方面：

（一）适应消费者对食品消费需求变化的需要

随着我国社会经济的不断发展，我国的社会人口结构出现了诸多的变化，越来越多的妇女加入到工作的队伍中来，不论是对于男性还是对于女性，他们在外工作的时间越来越长，人们生活、工作的节奏越来越快，对于便利食品和快餐、已加工食品的需求也越来越高，有力地促进了中国食品加工业的发展。但是，一般情况下，由于食品加工业经营管理规模比较大，为了有效地保障农产品加工原料源源不断地供应，又需要企业与农产品的生产者建立一种稳定的联系。与此同时，近几年来随着人们生活水平的不断提高，人们对于生活质量尤其是对于食物质量提出了更高的要求，消费者越来越多地在意食品的品质和质量安全，对于食物提出了诸如新鲜、低能量、低脂肪等越来越多的要求，要求所消费的食品质量安全是得到保障的。这就对食品加工企业提出了更多的要求，要求其务必要有专门的农产品原料生产基地，对于农产品整个生产过程也要做到有效监督、控制。要完成这些要求，必须要不断地提高农业的组织化程度，并整理融合农业的相关产业链条。这些都极大地提高了农业产业化经营水平。

（二）缓解农产品生产季节性和消费常年性矛盾的需要

由于农产品生产周期一般比较长，农产品在生产过程中不仅有明显的季节性，而且生产期间还具有新鲜易腐性，但是我们需要一年四季地消费农产品，且需要价格不能上下变动太大。为了有效缓解农产品生产季节性和消费常年性的矛盾，就务必要通过一系列措施，比如农产品的储藏、加工、运销，使农产品的保质期有所延长，从而也方便了长距离运输。农产品生产季节性和消费常年性这一根本性矛盾是经营管理农业过程中，农业产业化产生与发展起来的内在和根本原因。

（三）降低经营风险的需要

伴随着农户经营规模的不断扩大、农户专业化水平的不断提高，不仅要亲历自然风险，而且要亲历更大的市场价格波动风险。总结下来，农业龙头企业亲历了三类风险，分别是：其一，处于中间环节的投入品的农产品和生产出来的已成品在市场上的价格波动风险；其二，处于中间环节的投入品的农产品因为数量不稳定从而引起的农业设备利用率低的风险；其三，因为没有安全保障的食品对人类造成的健康危害，以及在产品生产加工的各个环节中对于水体、空气和土壤等造成的一系列污染所面临的被惩罚风险。这些都有力地说明了，无论是对于农户还是农业企业，他们都面临着巨大的风险，降低经营风险这一共同期望会不断推动他们向稳定的交易或合作关系的方向发展。

（四）降低市场交易费用的需要

无论是从流通环节还是从农户与市场的关系进行分析，不管是对于购买产前的生产资料，还是对于销售产后的产品来说，仅仅依靠农户自己去交涉的话，交易的费用是非常高的。农户在购买种子、饲料、农药等生产资料时，关于质量方面的信息会非常明显地偏袒于供给者一方，农户没有影响供给的能力，导致他们常常只能无可奈何地接受价格。从农产品销售方面来说，农户仍然处在被动、不利的地位，面对眼花缭乱的市场，农户有着不够强的预见能力和信息收集能力，所以常常会就近选择那些离自己比较近的市场，并只能去接受购买者各种约束、限制。无论是在生产资料购买环节，还是在农产品销售环节，农户都处在不利地位，因此农户需要为此付出高额的交易费用，进而导致交易难以继续进行下去，出现“市场失灵”。而对农业龙头企业进行分析，交易费用的节约主要体现在降低种子、饲料销售和农产品等各个方面的购买，以及在寻找、评价、质量检测和

签署有关契约等方面的费用。自从农业产业化经营组织建立起来，农户和农业龙头企业都能够大大地降低交易费用。

（五）解决农产品质量信息不对称的需要

在农产品的各个加工环节中，针对农产品的质量，因为农产品的供应者和加工者提供的信息存在不对称的情况，而加工者又无法全面了解其质量信息，所以如果想要清楚地掌握这些质量信息，就需要付出相当高的检测成本。如果农产品的供应者和加工者仅仅是在市场上进行贸易往来，那么加工者也很难得到符合质量要求的农产品。有效地采取合同或一体化方式，能够在某种程度上完成对于农产品及其生产环节的监督和控制，从而有助于凭借较低的成本得到符合加工质量所要求的农产品。

第三章 农业的市场化

第一节 农产品的需求与供给

一、农产品的需求

（一）农产品需求的概念

对于农产品需求的理解，就是指农产品的相关消费者在某一特定时间段内，在各种可能的价格水平上愿意购买并且能够进行购买的某种农产品的数量。

（二）构成农产品需求的条件

构成农产品需求的条件必须同时具备以下两点：

一是消费者具有购买的欲望；

二是消费者在现行价格条件下具有相应的支付能力。

二、影响农产品需求的因素

农产品不同，其相关的用途也会有所不同，与此同时，同一种农产品也具有多种用途。市场需求量说到底，是所有购买者和使用者对某一种农产品的每一项用途的需求总和。

因此，农产品需求会受到诸多因素的影响，主要表现在以下几个方面。

（一）消费者的收入水平

根据消费者的收入水平，一般收入水平越高，对农产品的需求量就会相对应地越大；相反，收入水平越低，需求量也会有所减少。但是，对于人们生活中不可缺少的必需品来说，消费量增长是极其有限的，一个家庭成员如果在收入方面越低，那么，相反的家庭支出中用于购买食物的消费支出所占比例就会越大。

人们收入水平在不断地提高，农产品的消费结构也出现了一些相应的变化，具体如下：

1. 对一般大路货的农产品需求逐渐呈下降趋势，而对营养丰富的鲜活农产品需求量逐渐上升。

2. 对低质量的农产品需求逐渐下降，而对优质农产品的需求不断上升。

3. 在经济快速发展和收入水平逐渐提高的形势之下，人们对补充服务的需求也在不断地增加，如人们越来越多地需要快餐和方便食品。

4. 伴随着收入水平的提高和生活节奏的加快，对于消费者而言，农产品商品在经过适当的整理和包装、有着整洁的外观、携带起来方便、容易储存的情况下，更容易吸引消费者购买。

（二）价格

1. 农产品自身的价格及价格总水平。一般来说，农产品的价格越低，那么需求量就会越大；反之，农产品的价格越高，其需求量就会相对越小。如果在收入水平上没有变化，把某种农产品的需求量进行适当的增加，那么对其他农产品而言，它们的需求量一定会有所减少。

2. 其他相关农产品的价格。

（三）中间需求的变化

对于农产品中间需求的理解，具体是指农产品加工业、以农产品为原料的轻工业以及相关产业对农产品的市场需求。

国民经济的迅速发展，农业现代化的进程加快，使得用作饲料、食品、纺织、化工、商业等的农产品不断增加，在农产品市场中，成为需求量最重要的组成部分。

（四）人口的数量与结构

人口数量的增减，会使得农产品的需求数量受到最为直接性的影响。农产品需求的增加与人口数量的增长在一定程度上来说，是成正比的一个状态。

如果在人口结构上有所变动，那么，对农产品的需求也会造成一定的影响。

1. 城乡的人口结构对农产品需求的影响是很大的，因为城镇居民与农村居民相比之下，城镇居民要消费更多的农产品。

2. 人口的年龄结构对农产品需求也有一定程度的影响，就拿婴幼儿来说，他们对牛奶、食糖的消费就特别高。

3. 脑力劳动者相对来说，对蛋白质含量高的农产品需求量是比较大的。

（五）消费者的偏好和消费观念

对于消费者而言，不同的家庭、不同的消费者在有关兴趣和偏好方面都会有着不同的地方。

如果消费者对某种食品没有足够的兴趣，即使该商品的价格没有变动，随之而来的需求量也会有所减少。例如：有的消费者喜欢吃肉，但是对奶制品或鸡蛋并不是特别喜欢；而有的消费者不喜欢吃荤菜，却非常喜爱吃素菜等。如果消费者在偏好和消费观念上对某一种农产品发生一定的变化，那么这种农产品的需求量也会受到影响，出现一定的变化。

（六）消费者的文化习惯

由于不同地区、不同民族之间所拥有的文化传统和风俗习惯都不一样，各有各的特色，因此对消费者在进行相关消费的时候和对于农产品需求的选择也就产生了一定的影响。

除此之外，即使是同一个民族，具有不同风俗习惯的人们需求方式也是有所差异的。

（七）消费者对农产品未来价格的预期

在日常生活中，如果消费者觉得未来农产品的价格有持续上升的趋势，那么他们就会毫无疑问地增加对此类农产品的现实需求；相反，如果他们觉得未来农产品的价格要有下降的趋势，那么对该农产品的现实需求就会相对减少。由此可见，未来农产品价格的预期对消费者对农产品的需求是有一定影响的。

（八）政府的消费政策

如果政府提高农产品价格，人们对农产品的需求就会相对减少，尤其是涉及必需品方面，表现得更明显一些；相反，如果政府实行低价政策或对农产品进行不同程度的补贴，则会相应增加对其的需求量。

三、农产品的供给

（一）农产品供给的概念

农产品供给，具体是指农产品生产经营者在一定时间内、在一定价格条件下

愿意并能够出售的某种农产品的数量。

（二）农产品供给形成同时具备的两个条件

关于农产品供给在形成之后，还必须具备的两个条件如下：

一是生产经营者对于农产品有出售的相关愿望；

二是生产经营者有一定的供应能力。

四、农产品供给的特殊性

（一）农产品供给的有限性

土地在农产品进行生产的过程中是最基本的生产资料，有着独特的地位，不可取代。同时，它还是一种有限的稀缺资源。因此，在一定地域和一定技术条件下，农产品的可能供给总量不是无限的，而是有限的，并不会随着价格的提高呈现无限增长的趋势。

（二）农产品供给的周期性

就农产品的生产周期而言，与其他一般商品生产周期相比，它们的周期要长好多。农产品的生产过程中，其实就是经济再生产和自然再生产交织在一起形成的过程。但是，要知道在这一过程中是不能出现间断的，而且同时需要遵守自然规律。

（三）农产品供给受自然环境的影响较大

所谓的农产品生产，就是指带有生命力的动植物进行再生产的一系列过程。有很多因素能够对动植物再生产产生相关的影响，其中包括土地、温度、光照、降水等。

（四）农产品供给受政府调控程度较大

关于政府，对农产品相关的生产和供给应该合理地进行调控，这一举措是十分有必要的，之所以这么做是因为农产品的供给涉及国计民生。如果没有政府进行相关的调控，那么农产品在供给过程中出现的不稳定，可能会波及社会，最终造成社会的不稳定。

五、影响农产品供给的因素

影响农产品供给的因素，具体包括以下六个方面。

（一）农产品价格

关于农产品的价格，可以分为以下三种情况。

1. 农产品自身的价格

农产品自身的价格，对农产品的相关供给起到一定程度的影响，是一个决定性因素。在一般情况下，农产品的价格对于农民的收入有着极大的影响，不仅如此，也会对农民生产的积极性造成一定的影响，最终使农民增加或减少农产品供给。

2. 其他相关农产品的价格

（1）竞争性农产品

在资源利用上相互竞争的农产品。在特定的资源条件下，如果有两种竞争性的农产品，当其中一种价格没有变动，另一种农产品价格发生变化，那么就会使前一种农产品生产的供给量发生相反方向的变化。

（2）连带农产品

在生产一种农产品的同时，也生产另一种农产品。当两种农产品中的其中一种价格不发生变动，另一种农产品的价格发生变化时，就会使前一种农产品的供给量发生相同方向的变化。

3. 农产品生产要素的价格

当农产品的生产要素价格有所上升时，那么农产品的生产成本也会有所增加，从而在农产品市场价格不变的情况下，利润降低，供给量减少；相反，当农产品生产要素的市场价格下降时，那么相应的农产品的市场成本就会减少，从而在农产品价格不变的情况下，利润上升，供给量增加。

根据上述内容来看，要想使农产品的供给保持稳定中有所增加的一个重要措施，就是适当地降低生产成本。

（二）农业资源及其开发利用的技术水平

从最基础的条件来说，农产品生产的可能性需要取决于一定的农业资源，与此同时，农产品的多少也是完全取决于资源条件的优劣。也就是说，在资源既定的条件下，对生产技术进行适当程度的提高，能够充分地对资源进行利用，使得供给在一定程度上有所增加。

在生产力水平不断得到发展的情况下，科学技术形成的影响力将会越来越

大，使物质资源的效用发挥更大的作用。

（三）农产品生产者数量

农业生产者相关的数量，是一个基本且重要的因素，因为它会对农产品的相应供给造成一定的影响。

一般来讲，农产品生产者数量和农产品供给属于一个同方向的关系。假设在其他情况不变的条件下，如果农产品生产者越多，那么相应农产品供给数量就会越多；如果生产者数量越少，农产品供给的数量就会越少。

（四）农产品的商品化程度

农产品的商品化程度，比较有一定的理解难度，具体是指农业生产者对于生产的农产品能够在多大程度上进行出售，提供给消费者。

（五）农产品生产者对未来价格的预期

生产者和经营者根据对未来价格上升的预期，就会进行一定程度上的囤积行为，那么关于本期农产品的供给数量会有所减少，而对于未来农产品的供给数量而言，会相应地增加；相反，如果生产者和经营者根据对未来价格下降的预期，那么，毫无疑问，本期农产品的供给数量会有所增加，而至于未来农产品的供给数量则会相应有所减少。

（六）政府的法令和宏观调控政策

比如在一些农业相对发达的国家，为了尽量减少农产品过剩的现象，政府会根据具体情况对生产采取相关的政策。在生产受到相关限制的政策下，农业生产者就必须按照政府下达的产量配额进行生产，不能超量生产，如此一来，也就最终使得农产品的供给相应得到了减少。

第二节　农产品的市场与定价

一、农产品市场的概述

（一）农产品市场的组成要素

农产品市场，一般来说，主要是由以下三个最为基本的要素组建而成。

1. 交易设施

交易设施，主要包括在进行农产品交换的过程中需要涉及的相关场所，以及相关的冷藏设备和仓库等必要设施。

2. 交易物品供给与需求

交易物品，根据其字面意思能够很好地理解，具体是指用于进行交换的商品，这对于卖主和买主有着不同的意义。对于卖主来讲是普通的商品——农产品，对于买主来讲是有特殊意义的商品——货币。要想实现交易，需要同时存在交易物的供给与需求，只有这样才能进一步实现物品交易。

3. 交易人

农产品交易人，也就是指专门从事农产品交易的相关当事人。具体包括生产者、消费者和使用者以及中间商。

（二）农产品市场的特点

农产品市场有着属于自己独有的特点，具体表现在以下的几个方面。

1. 交易的产品具有生产资料和生活资料的双重性质

有关农产品市场上的农副产品，它们有着不可忽略的作用。

一方面，它们可以作为生产资料供给生产单位，如在农业生产过程中用到的种子、种畜和饲料以及工业生产用的各种原料等。

另一方面，在人们的日常生活中，农产品作为必需品，主要由农产品市场予以供应。

2. 具有供给的季节性和周期性

农业在生产过程中，具有一定的季节性，货源受到季节的影响，农产品市场的货源往往会伴随着农业生产的季节而有相应的变动，尤其是一些比较鲜活的农产品，在采购和销售时，都要讲究时效性，应及时进行。

农业生产除了有季节性的特点，还有周期性的特点，其供给的情况会在一年之中出现淡季、旺季之分，数年之中有丰产、平产、歉产等各种情况出现。

因此，在供应农产品的过程中，最重要的工作就是维持供给的均衡，而维持均衡供给的前提就是把有季节性、周期性的矛盾问题很好地解决掉。

3. 市场风险比较大

由于农产品具有一定的生命力，所以无法避免腐烂、霉变和病虫害等问题，

尤其是在运输、储存、销售的过程中，特别容易造成各种损失。

因此，要想使这种风险降低，必须采取相关的应对措施，农产品市场营销必须有很好的组织，尽量缩短流通时间。

4. 现代市场与传统小型分散市场并存

农产品的有关生产分散性比较突出，农产品在进行集中交易时具有地域性特点，通常采用集市贸易的形式，规模小而且分散。而在大中城市、交通枢纽等地，则有规模较大的现代化农产品市场，如现代化的批发市场、期货市场、超级市场等。

综上所述，农产品市场所具备的这些特点，使农产品的市场营销具有自己的规律和特点。在市场营销活动中，必须要按照客观规律自觉地指导自己的生产经营活动，这样才会在经营上有预期的效果出现。

二、农产品市场的细分

所谓农产品市场细分，就是根据农产品总体市场中不同地域的消费者在需求特点、购买行为和购买习惯等方面的差异，把农产品总体市场划分为若干个不同类型的消费者群体的过程。每一个消费者群体就是一个细分市场，即子市场。

（一）农产品市场细分的意义

对农产品市场进行的细分，对于农产品营销有一定的益处。

1. 有利于企业寻找好的市场机会，开拓新市场

对农产品市场进行细分，有利于企业有效地深入分析和了解市场，对于不同消费者的购买水平和购买行为进一步做出研究，寻找和发现新的市场机会。

2. 有利于企业集中使用有限的资源

企业可以根据目标市场的选择，将有限的人力、物力、财力集中在一个或几个农产品的子市场上，有的放矢地开展市场营销，这样的话，既有利于在细分市场上对竞争对手有一个详细的了解，也可以充分发挥本企业的优势，提高自身竞争能力，取得较好的经济效益。

3. 有利于企业有针对性地开展市场营销活动

在进行市场细分的基础上，可以从较小的细分市场入手，有针对性地开展市场营销，这样做的好处，就是市场信息能够得到及时的反馈，企业也能够根据消

费者的需求特点变化，对于农产品的结构、价格等及时进行调整，从而使销售量进一步扩大，让消费者花出去的每一分钱都物有所值，能带来最大的利润回报。

（二）农产品市场细分的步骤

对于农产品市场进行细分的详细步骤如下。

1. 调研阶段

所谓的调研阶段，就是通过各种各样的合理方式，进一步调查了解消费者的需求、动机、态度和行为，有利于市场细分的顺利进行。

2. 分析阶段

至于分析阶段，就更容易理解了。当对消费者的需求、动机、态度和行为有了详细了解之后，根据所收集到的各种资料进行适当的分析。

3. 细分阶段

到了细分阶段，就是把调研阶段和分析阶段的所有资料综合在一起，进行适当地整合之后，再选择一定的细分变量，进一步对市场进行细分。

（三）农产品市场细分的标准

关于对农产品市场进行细分，其标准有很多种，这里列举一些最常用、最重要的几点进行说明。

1. 地理因素

农业企业或农产品营销组织可以根据消费者所在的地理位置对消费者市场进行细分。其中，采用的主要理论依据是：消费者处在不同的地理位置，相对应地对农产品也会有着不同的需求和偏好。例如根据中国不同地区对大米的不同需求，大米市场可以被细分为东北、华北、华中、华南等子市场。

有关农产品市场细分的地理变量主要是国家、地区、气候带、地形地貌等，俗话说“一方水土养一方人”“靠山吃山，靠水吃水”，其实里面都蕴含着地理位置对人们食物消费偏好的影响。

2. 人口因素

构成市场最主要的因素就是人口，它与消费者有着较为密切的关系，其中包括对产品的需求、爱好、购买特点以及使用频率等。由于人口变量比其他变量更容易进行测量，所以人口因素可以作为企业细分农产品市场的一个重要标志。例如：根据年龄段可以对市场进行细分，分别为老年人市场、中年人市场、青年人

市场和少年儿童市场；根据性别来分则更容易，可以分为两大市场，即女性市场和男性市场；根据职业的范围可以分为工人市场、农民市场、教师市场、官员市场、家庭主妇市场等。

在以上这些提及的影响市场的变量中，相比之下，年龄与性别变量有着较小的影响力，而影响力较大的主要是收入与受教育水平等其他诸多变量。在其他变量相同的情况下，收入与受教育水平越高，那么相对的消费者在有关营养、质量与安全方面就会特别注重，可以根据这一特征构成质量与价格相匹配的差异性细分市场，如“有机农产品”“生态农产品”对于那些收入高并偏好优质产品的消费群体就特别适合。而当公众在环境污染、生态恶化等对人体健康的影响方面较为关注的时候，“绿色农产品”“清洁农产品”等细分市场会更容易吸引消费者的注意。

3. 心理因素

心理状态也是较为重要的一个因素，消费者的购买取向往往受到心理状态的直接性影响，特别是生活条件不错、比较富裕的一些地方，对于人们来说，购买农产品不仅仅是为了使基本生活需要得到一定的满足，而在进行购买时心理因素的作用更为突出。针对这一状态，企业就可以有针对性地按照消费者的性格、爱好、生活方式等一些较为重要的变量来细分产品市场。所谓“萝卜青菜，各有所爱”，强调的就是心理变量对购买行为的一种深刻影响。

一般而言，对于消费者来说，他们的需求具有被诱导的特点。针对这一特点，企业就可以采取一些正当合理的措施刺激人们的购买欲望，促使其做出相应的购买行为。例如针对农产品在生产过程中受到多重污染的信息和政府的相关政策措施进行频繁的公布，就会在一定程度上对消费者的意识形成足够强烈的刺激，使消费者对相关的销售方式与农产品质量的保证程度引起关注，同时也为超市农产品的销售提供了一个市场机会。

4. 行为因素

在农产品市场细分中，还有一个重要因素就是行为因素。在农产品相对过剩、消费者收入不断提高的市场条件下，这一因素显得更加重要。这类因素是根据消费者对农产品的知识及对销售形式的感应程度等来细分农产品市场的。例如：根据消费者追求的利益，可分为追求质量、经济、服务、舒适、耐用等；根据消费者的忠诚度，可分为无忠诚、一般忠诚、强烈忠诚、绝对忠诚等。

品牌，可以说是在行为细分变量中，对农产品消费者影响最大的因素。农产

品加工市场中品牌效应作用巨大，如液态奶市场中的“蒙牛”“伊利”等都有一定的消费者忠诚度，然而他们在一定程度上又有着差异，因此形成了各自的细分市场。

另外，生活水平的不断提高和对生活品质的不断追求，使人们对农产品质量的要求也越来越高。蒙牛集团推出的“特仑苏”系列产品就很好地顺应了这种形势，使消费者对高品质、高营养牛奶的需求得到了满足。

三、农产品目标市场的选择

（一）农产品目标市场及其条件

能够进行有效选择并进入目标市场是农产品进行细分的一个目的所在。农产品目标市场，具体是指农业企业或农产品营销组织决定进入并为其服务的农产品市场。

在对农产品目标市场进行选择的时候，一般是以市场细分作为基础，选择某一个或者几个细分市场作为具体的营销对象。但需要注意的是，并不是所有的细分市场都能作为企业的目标市场，作为目标市场是有条件的，只有条件符合才可以。一般来说，目标市场应具备以下几个条件。

1. 要有适当的规模和需求量

作为农产品的目标市场，应该具有以下两方面的具体内容：

（1）具有一定的规模

因为农业企业在进入一个新市场的过程中，需要相当高的成本，这就要求其应该具有一定的市场规模。如果市场规模不是特别大，那么对于企业而言，进入市场的收益还不够补偿投资的话，这样的子市场就没有开发价值。

（2）市场上要存在一定的现实或潜在的需求量

只有有了现实或潜在的需求量，企业才有可能向市场提供相对数量的农产品，使消费需求得到满足的同时从中获取一定的利益。

2. 要有一定的购买力

当消费者具有了现实的购买力时，那些没有被满足的需求才会相应地变成现实的需求，构成一个现实的市场。所以，对于企业来说，只有进入了现实的市场以后，才能得到足够的销售收入。

因此，在确定目标市场的时候，首先要合理分析消费者的购买能力，只有对

消费者的购买能力进行了合理的分析之后，才能明确下一步的动态，对于一些不具备购买力的市场，尽管有潜在的需求，也不能作为目标市场。

3. 未被竞争者完全控制

企业在确定目标市场的时候，除了要深入研究市场规模、需求状况和购买力之外，还要详细分析掌握竞争对手在该市场上的经营状况，尤其要对竞争对手使用的相关经营战略给予考虑。

只有该市场没有受到竞争对手的完全控制，企业才有可能进入市场后充分发挥自身的优势；如果竞争者只是在表面上对市场进行了控制，而本企业实力相对雄厚，则依然可以设法挤进这一市场参与竞争，以竞争与协作并举，配合公关和行政等手段，力争在市场上占有一定的份额。

4. 营销者应具备相应的经营实力

作为目标市场，除了应具备上述条件外，对于企业自身的经营实力也不可忽视，而是应该认真评价。只有具备了营销者的人力、物力、财力以及经营管理水平等条件时，才能将子市场进一步作为目标市场。

（二）农产品目标市场策略

企业选择的农产品生产范围不同，其目标市场的营销策略也有所区别，一般来说，有以下三种类型。

1. 无差异性市场营销策略

这是指企业在进行市场细分后，并没有对各子市场的特性差异进行周全的考虑，而只是对各市场需求方面的共性进行了相关的注意，把所有子市场即农产品的总体市场看作是一个大的目标市场，只生产一种农产品并制定单一的市场营销组合，力求在一定程度上适应尽可能多的顾客需求。

这种策略既有它的优点又有它的缺点：

（1）优点

①关于生产、储存、运输和销售可以大批量地进行，因而对于单位农产品的成本来说相对较低。

②不用进行细分市场，有着较为简单的经营方式，营销费用也相对较低。

（2）缺点

①对于农产品相对过剩的情况下消费者需求的多样化很难得到满足，生产者的产品相对单一，在市场需求尚未得到满足的情况下，会引来众多的竞争者，以

致造成竞争过度。

②由于企业对于单一产品过分依赖，企业市场适应能力相对较差，市场经营风险较大。

这一策略对于粗放型的经营者来说，更为适合。

2. 差异性市场营销策略

这个策略具体是指企业针对各细分市场中消费者对农产品的不同需求，生产不同的农产品，并采用不同的营销组合，以对不同子市场的需求进行相关的适应。一般来说，从事多种经营的大型农业企业比较适用这种策略。

差异性市场营销的优点是：可以生产多种农产品，使不同的消费者需求得到相应的满足，有利于农产品的进一步销售，使得企业的总销售量得到扩大，从而使销售收入和利润有所增加。其缺点是：生产过程较为复杂，投资较大，单位农产品成本相对较高，营销费用高。

在农产品相对过剩，特别是低质农产品过剩、优质农产品不足以及农产品销售困难的情况下，是非常有必要实施差异性市场营销策略的。

3. 集中性市场营销策略

集中性市场营销策略具体是指企业集中全部的力量，只选择一个或少数几个子市场作为目标市场，生产一种较为理想的农产品，实行专业化生产和营销，试图在较少的子市场上拥有较大的市场占有率。一般来说，资源条件较差的企业或农业生产者比较适宜这种策略，如开发特色农业、生产特色农产品。

集中性市场营销策略的优点是：有利于迅速占领市场，使新产品的知名度和市场占有率得到相应的提高，使营销费用有所节省，与此同时，也能获得较高的投资利润率；在消费者对该产品有了一定的信任和偏爱时，便可以乘胜出击，迅速扩大市场范围。其缺点是：市场范围较为狭窄，新产品单一，市场应变能力差。因此，面对这些不足，要随时密切关注市场的动向，充分考虑未来可能发生的意外情况，防患于未然。

这种策略和模式是农产品生产中普遍采用的目标市场选择模式。

（三）选择目标市场策略应考虑的因素

由于不同的目标市场策略在利弊方面也有所不同，因而对于企业来说，在采用相关的策略时，应该根据具体情况进行综合权衡，做出正确的选择。营销者在选择目标市场策略时，必须考虑下面几种因素。

1. 企业实力

必须考虑的首要因素就是企业自身的实力。如果企业实力相对来说较强，就可采用无差异性市场营销策略或者差异性市场营销策略；如果企业实力相对较弱，则应采用集中性市场营销策略。

2. 产品的市场生命周期

产品的市场生命周期在不同阶段，对于目标市场策略的选择也会有不同的影响。在投入期，市场上的产品相对较少，竞争者也相应较少，此时应该以无差异性营销策略或集中性营销策略为主；在成长期和成熟期，进入市场的产品就相对增多，竞争者也比较多，此时应采用差异性营销策略；进入衰退期后，为保持原有的市场，延长产品生命周期，则应以集中性营销策略为主。

3. 竞争状况

企业在选择目标市场时候，对于竞争者的情况也是需要考虑到的。通常来说，竞争者少，可采用无差异性市场营销策略；竞争者多，竞争激烈时，应选择差异性营销策略或集中性营销策略。

在农产品相对过剩的时期，由于传统的无差异性营销策略致使农产品销售困难，竞争激烈，选择差异性市场营销策略或集中性营销策略有利于缓解竞争压力。

4. 市场特点

为消费者提供相关服务并争取顾客是企业选择目标市场策略的最终目的。因此，企业在确定目标市场策略时，顾客购买农产品的行为特征是必须要着重考虑的因素。

在农产品市场，由于普通农产品相对过剩，顾客对优质和特色农产品则有特殊的需求，此时实施差异性营销策略或集中性营销策略是较为可行的。

5. 市场营销宏观环境

一方面，国家实施的宏观政策对人们的消费行为有一定的影响；另一方面，国家政策对农产品市场的影响也是较大的。因此，在进行目标市场策略的相关选择时，农产品市场营销的宏观环境也是需要考虑的。

四、农产品定价的目标

农产品定价的目标，实际上就是对农产品生产经营目的的具体化和数量化，确定定价策略和定价方法的重要依据主要围绕农产品定价目标进行。农产品的定价目标包括以下几种。

（一）以追求利润最大化为定价目标

利润最大化，就是指生产经营者在一定时期内可能获得的最高盈利总额。不过，需要清楚的一点是，所谓的利润最大化，要正确地去理解，不能歪曲其本意，具体是指一定时期内利润总额的最大化，而不是单位产品的利润最大化。因此通过定价追求利润最大化，并不等于制定最高价格。

对于许多经营者来说，他们为了快速地取得市场利润，往往喜欢制定高价，然而这种形式只适合在经营者刚刚推出新产品的时候，因为推出新产品时，制定高价可以让消费者感到理所当然地物有所值。但是这个过程并不能保持，当市场竞争激烈、产品销售量下降时，就应该及时降低产品价格来吸引更多的消费者，薄利多销使盈利总额有所增加。

（二）以维持或提高市场占有率为定价目标

市场占有率，其实是对营销者生产经营状况和产品竞争力状况的一个综合反映。可以这样说，生产经营者的命运取决于市场占有率的大小。因此，营销者普遍采用的定价目标就是适当维持或提高市场占有率。

为了使市场占有率能够得到适当的维持或有所提高，生产经营者需要有一定的应对策略，在较长一段时间内使价格处于一个较低的状态，面对竞争对手的进攻能够很好地进行应对，使其农产品的销售量和销售额保持一个稳步增长的态势。

实践也证明，伴随着高市场占有率的往往都是高利润。因此，扩大市场的相应占有率，从一定程度上来说，具有长远意义。

（三）以适应竞争为定价目标

在市场竞争中，经营者在制定产品价格时，常常对竞争者的价格都会十分敏感。因此，也就难免会出现采用高于、低于或等同于竞争对手的价格的一些相关策略。但经营者最后究竟采用哪一种价格，往往还要取决于经营者自身的条件。

实力较弱的经营者，应该根据自身的情况制定与竞争对手相同或低于竞争对手的价格；经营者实力若是较强，同时还有扩大市场份额的想法，则在制定价格时应该低于竞争者的价格；至于那些实力雄厚，在市场上具有明显竞争优势的经营者，可以制定高于竞争者的价格。

（四）以稳定价格为定价目标

通常来说，在市场竞争和农产品供求关系比较正常的情况下，要想避免引起不合理的价格竞争，使生产始终保持一个稳定的状态，就应该采用以稳定价格为目标的定价策略。这类经营者一般在本行业中占有举足轻重的地位，左右着市场价格，其他的经营者往往采取跟随策略。

（五）以维持生存为定价目标

采用以维持生存为定价目标，通常是经营者深知自己处于不利的市场环境中，进一步实行的缓兵之计，这种目标不是长久之计，只能是短期内的一种策略。

在这一时刻，利润对经营者而言，已经不是那么重要了。这一期间，经营者会通过适当降低价格，使销售量有所保持，只要产品价格能对变动成本和部分固定成本进行相应的弥补，经营者就可以继续坚持下去，维持生存。一旦市场环境出现好转，它将立即被其他目标所取代。

（六）以树立产品形象为定价目标

产品在消费者心目中的形象，构成了生产经营者的无形资产，以树立产品形象为定价目标，经营者可以获取意想不到的效果。

为实现这一目标，需要把多种营销策略与价格策略综合运用起来，使它们相互配合。这样的做法，不仅能够使价格水平与消费者对价格的预期彼此相符，而且力求使这一信息广泛传播，如绿色食品、保健食品等优质农产品，宜实行较高价格，树立高品质市场形象。

五、农产品定价的程序

在对定价目标有了较为合适的选择以后，就要综合考虑各种因素，测定农产品市场需求、成本、市场竞争状况，最后运用科学的方法确定产品价格。

（一）测定市场对该产品的需求状况

在测定市场对该产品的需求状况时，对于那些供不应求的产品，可以把价格相对调得稍高些；对于那些供需正常者，定价就可以稍低一些，这样才会更好地吸引需求，使市场占有率相应的有所提高。

在测定市场需求时，进行深入细致的市场调查是必不可少的环节，正确估计价格变动对销售量的影响程度，从而为后续定价的顺利进行提供依据。

（二）测算成本

在农产品的价格构成中，定价的基础围绕成本而进行，成本所占比重是最大的。要根据成本类型，针对不同生产条件下生产成本的变化情况进行全面分析，对不同营销组合下的农产品成本进行适当的估算，以此作为定价的重要依据。

（三）分析竞争者的产品与价格

了解消费者对其产品与价格的态度，是预测竞争者的反应、对竞争者产品与价格的最好分析。与此同时，对市场上同一产品竞争者可能做出的反应以及替代产品的一系列生产等情况进行重点的调查分析。

（四）确定预期市场占有率

定价的方法和相关策略的选择，始终受到产品市场占有率状况的相关影响。因此，在对产品进行定价之前，必须进行全方位的调查研究，对于本企业产品的市场占有率有一个明确的认识，并根据自己的实力大小，相应地选择价格策略。

（五）选择定价方法，确定最终价格

在上述工作全部完成之后，产品价格的大致区间基本可以确定。对于产品的成本来说，它是价格的最低限，产品的上限取决于消费者的需求和竞争者的价格。然后，再进一步考虑市场环境中的其他因素，如国家的政策法规、消费者心理的影响等，选择合适的定价方法，确定最终价格。

六、影响农产品定价的因素

（一）产品成本

产品成本，实际上就是指生产经营者为某产品所投入和耗费的费用总和。产品成本是构成产品价格与价值的主要组成部分，所以产品成本是价格制定的下限，如果没有特别恶劣的价格竞争环境和其他情况出现，定价不会跌破成本。清楚地了解产品成本结构，有利于进一步地定价。

（二）市场供求关系

引起产品价格变化的主要外在因素是市场供求的状态。农产品市场供求与价格的关系同样遵循一般产品市场的规律，当市场上供大于求时，农产品价格就趋

于下降；当市场上出现供不应求的状况时，农产品的价格就自然会上升。这一点，在蔬菜、水果方面表现尤为明显。

（三）需求价格弹性

需求价格弹性，是指单位价格变化引起的需求量的具体变化程度。需求量受价格变化影响大的，叫作需求价格弹性大，又称为富有弹性；反之则叫作需求价格弹性小，或称为缺乏弹性。

（四）目标投资收益率

一般而言，对于每一个生产经营者来说，他们在进行相关的经营活动时，都会有一定的利润目标去追求，这些目标通常是以投资收益率或资产收益率来评估的。

农产品生产经营者可供选择的利润目标一般有三种：长期利润目标、最大当期利润目标以及固定利润目标。

（五）消费者对产品的认知

关于消费者对产品所持有的认知价值，对他们所能接受的价格有重大影响。当他们自己对产品的认知价值较高时，较高的价格是容易被接受的；相反，价格高时，他们会拒绝接受。

想要建立好一个产品的认知价值，前期的工作是不能缺少或忽视的，经营者需要进一步做好营销工作，只有把产品形象建立起来，消费者对产品的认知价值才会相应地有所提升。如寿光地区的绿色蔬菜在这方面的成功经验就很值得借鉴。

第三节　农产品营销与农业物流

一、市场营销的概述

现代市场营销概念认为，市场营销在企业生产产品前就必须开始，当然在这期间，做好前提工作是不能缺少的环节。这就需要对市场进行深入调查与预测，具体分析和研究消费者和顾客的需求，把企业自身具备的优势和实际情况做到一个好的结合。在有了这些基础之后，开始对产品进行相关的设计和研发，针对产品以后的营销策略予以确定，顺利地把产品销售出去，被消费者和顾客所接受。出售产品之后，整套程序还没有结束，还需要开展相关的售后服务，搜集消费者的反馈意见，以满足消费者的需求。

现代市场营销，从一定意义上来说，只能把市场看作企业生产与销售的一个出发点，而不是最终点。

二、农产品市场营销及其职能

（一）农产品市场营销的含义

农产品市场营销，具体是指农产品生产和经营的个人和组织，在农产品从农户到消费者的流程中，实现个人和社会需求目标的各种农产品创造和农产品交易的一系列活动。

它相比农产品营销而言，概念更为广泛，农产品市场营销要求相对严格一些，对于农产品相关的生产经营者来说，除了要对人们的现实需求进行相关的研究，对于人们对农产品的潜在需求也需要进行研究，并创造需求。

总而言之，市场需要什么，农户就生产什么；什么产品赚钱，我们就生产什么。农产品营销中的产品创造和交易活动，就是要通过市场机制，通过价格引导，使人们的需求得到满足，从而进一步使社会的需求得到满足。

（二）农产品营销的职能

农产品营销职能，归根结底就是企业在农产品营销活动中的基本任务。

1. 集货职能

集货职能，顾名思义就是指原料和商品集中的职能。由于农产品在生产的过程中分散性较强，而且距离农产品市场和加工企业的生产领域有着一定的距离，因此把农产品集中到一起，对市场交易和农产品加工都有着十分重要的意义。

2. 分级职能

由于农产品营销中的标准化得到广泛推行，导致农产品在收集过程中，需要经过适当的分级。从一定的意义上来说，对农产品进行分级，有一定的益处，可以促进优质优价，能够使不同层次的消费需求都得到满足，使农产品加工原料的品质、规格的标准化能够有所保证，也在一定程度上减少了农产品加工的难度。

3. 储藏职能

对于多数农产品而言，它们的生产都具有一定的季节性，而农产品的消费具有持续性，这就需要采用相应的措施，使农产品得以持续性消费。采用先进的储藏设施和储藏方法进行吞吐，可以保证农产品品质，满足人们的长期消费。

4. 加工职能

市场营销的加工职能，丰富了农产品的表现形式，例如肉食品加工，鲜肉变成零售商店里各种形式的火腿肠、肉罐头等加工品；谷物则可经过碾磨并加入其他配料制成各种糕点、饼干等。而且，加工职能在繁荣地方经济、促进农民增收、带动农户致富、转移农村剩余劳动力等方面的作用也日益明显。

5. 包装职能

商品在包装方面是特别讲究的，对于农产品而言，也不例外。适当的包装可以带来预料之外的收益。农产品进行适宜的包装，不但在运输过程中比较便捷，在消费的时候也是有一定的优势的。除此之外，包装还可以使农产品得到相应程度的保护和美化，而且可以使其大小适宜，方便使用。

在现代的营销中，包装已经不再是仅仅为了便于运输、美观和保护，从更深层的意义上来说，它能使产品的竞争力有所提高，农产品通过包装设计形成品牌效应，刺激消费者的购买力。

6. 运输职能

运输，说到底，它的作用是使农产品的空间位置有所改变。

农产品运输几乎把农产品营销系统的所有环节都联结到了一起，从农产品的集中到最终产品的消费。

7. 分销职能

分销，顾名思义，是通过不同的销售渠道和方式，将农产品分配到零售商和消费者手中的职能。农产品分销渠道由经销商、代理商、批发市场、城市销售市场、直接采购于产地的超级市场等构成，它们组成了一个完整的农产品营销网络。

分销属于农产品营销的中间环节，它与农产品的零售环节直接联结在一起。对于零售而言，它是农产品流通的终端，直接联结消费者。

8. 消费者服务职能

消费者服务职能是农产品营销职能的一个新发展。主要强调的是市场营销者

对消费者的一个服务，在把农产品销售给消费者之后，市场营销者还必须为消费者提供必要的消费服务。

随着买方市场的到来，消费者服务职能日益成为农产品营销的一个重要且必然的趋势。

三、农业物流的分类

农业物流主要是生产性物流。根据农业物流的管理形式不同，可以将农业物流分为以下三个方面。

（一）农业供应物流

为了保证农业生产的持续性，使农村经济发展有所保障，对农业生产所需生产资料进行供给和补充。农业供应物流，主要是指农业生产资料的采购、运输、储存、装卸搬运。

农业生产资料包括种子（种苗、种畜、种禽）、肥料、农药、兽药、饲料、地膜、农机具以及农业生产所需的其他原料、材料、燃料等，包括电力资源和水利资源。

（二）农业生产物流的特点

我国农业生产物流的特点，具体如下：

1. 农户小规模进行分散生产。

2. 由于受到自然条件的制约和影响，农业生产产量不稳定，农产品品质有着很大的差异。

3. 农业生产具有一定的季节性和地域性。

（三）农业销售物流

农业销售物流，就是农产品的加工和销售行为所产生的一系列物流活动，包括收购、加工、保鲜、包装、运输、储存、配送、销售等环节。

与工业品相比，农产品的特点在于：

1. 易腐性

农业产品属于生鲜易腐产品，寿命期较短，保鲜较为困难。

2. 笨重性

农产品的单位价值较小，数量品种较多。

3. 品质差异大

由于难以对自然条件进行控制，农业生产受到的影响极大，即使按统一标准生产的农业产品，质量也会存在一定的差异。

4. 价格波动大

农产品的价格，不是很稳定，在一年、一个季节，甚至是一天之内都可能有频繁、大幅度的变动。

由于上述相关的农产品特性，在管理上有一定的难度，因此在对农产品物流进行管理的储存、运输、包装、装卸搬运、配送等环节也都增加了难度。

四、农业物流的范畴与分类

长期以来，农业的产出物——农产品，在农业生产经营和物流中一直属于被关注的焦点，并有一种直观的理解，把农业物流与农产品流通过程中的包装、运输、储存和装卸过程等同起来。这种理解存在一定的片面性，无论是从物流对象还是从物流服务的范畴上，对于中国农业物流的全貌都不能做到一个很好的反映，这是因为这种理解在某种程度上忽视了农业的投入物——农业生产资料的相关物流。

（一）根据农业物流的流体对象分类

根据农业物流的流体对象，农业物流可以大致分为两大类。

1. 农业生产资料物流

农业生产资料物流是农业生产过程所必需的农业生产资料的生产、储运、配送、分销和信息活动中所形成的物流。它是以农业生产投入物为对象的物流，它涉及种苗、饲料、肥料、地膜等农用物资和农机具的生产与物流规划、农业生产资料使用和市场的信息服务。

2. 农产品物流

农产品物流是以农业产出物为对象形成的物流，根据农产品的分类又包括：粮食作物物流、经济作物物流、畜牧产品物流、水产品物流和林业产品物流。

农业物流是以满足顾客需求为目标，对农业生产资料与产出物及其相关服务和信息，从起源地到消费地有效率、有效益地流动和储存进行计划、执行和控制的全过程。

（二）根据农业生产过程的主要阶段和物质转化分类

根据农业生产过程的主要阶段和物质转化，农业物流应分为四种类型。

1. 农业产前物流

农业产前物流与农业生产过程所必需的农业生产资料准备直接相关，它是农业生产资料的生产、储运、配送、分销和信息活动中所形成的物流。主要涉及种苗、饲料、肥料、地膜等农用物资和农机具的产前准备，也涉及农业生产资料使用和市场的信息服务。

2. 农业生产物流

农业生产物流是在农产品种、养殖活动直到农产品产出过程中，因生产要素配置和运用而形成的物流。由于中国农业生产是以一家一户的小生产形式为主，所以一般农业生产物流的地域有限，物流单一，流量较小。

3. 农产品流通物流

农产品流通物流是以农业产出物为对象，通过农产品产后加工、包装、储存、运输和配送等物流环节，使农产品保值增值，最终送到消费者的手中。

由于农产品本身的特质，以及产销地域广阔分散的特点，所以针对农产品物流规划、方式和手段要求相对较高，农产品流通物流是目前农产品实现市场价值的关键环节。

4. 农业废弃物物流

农业废弃物物流，就是在农业进行生产和农产品流通直到消费的一系列过程中，对产生的废弃物、无用物和可回收物的相关处理过程。

五、中国农业物流的基本特征

（一）农业物流涉及面广量大

农业物流的流体包括农业生产资料和农业的产出物，基本涵盖了种苗、饲料、肥料、地膜等农用物资和农机具，以及种植业、养殖业、畜牧业和林业等，物流节点相对较多，在结构上比较复杂。

（二）农业物流具有独立性和专属性

由于流体——农业生产资料和农产品的生化特性，使其与一般物流的流体有

一定的区别，所以农业物流系统及储运条件、技术手段、流通加工和包装方式都具有自身的独立性，而有关农业物流的设施、设备和运输工具也具有一定的专属性。因此，处于起步阶段的中国农业物流所需投入大，发展较为缓慢。

(三) 保值是中国农业物流发展的核心

由于中国农业物流的发展水平相对来说较低，每年农产品在物流和流通环节的损耗巨大，因此对于农业物流的流体与载体等其他要素进行匹配、运用物流技术使农产品在物流过程中有效保值，是当前相比农业物流增值而言更为重要的一个核心问题，减少农产品物流和流通损失应该被放在与农业生产同等重要的地位。

第四章　大数据时代下农业经济发展的探索

第一节　基于大数据的现代农业经济发展

一、面向农业领域的大数据关键技术

（一）大数据技术的基础内容

大数据是指大小超出了传统数据库软件工具的抓取、存储、管理和分析能力的数据群。这个定义有意地带有主观性，对于“究竟多大才算是大数据”，其标准是可以调整的，即不以超过多少 TB（1TB = 1024GB）为大数据的标准，随着时间的推移和技术的进步，大数据的“量”仍会增加。应注意到，该定义可以因部门的不同而有所差异，也取决于什么类型的软件工具是通用的，以及某个特定行业的数据集通常的大小。

1. 大数据的基本特性

大数据呈现出以下多种鲜明的特性：

（1）在数据量方面

全球所拥有的数据总量已经远远超过历史上的任何时期，更为重要的是，数据量的增加速度呈现出倍增趋势，并且每个应用所计算的数据量也大幅增加。

（2）在数据速率方面

数据的产生、传播的速度更快，在不同时空中流转，呈现出鲜明的流式特征。更为重要的是，数据价值的有效时间急剧缩短，也要求越来越高的数据计算和使用能力。

（3）在数据复杂性方面

数据种类繁多，数据在编码方式、存储格式、应用特征等多个方面也存在多

层次、多方面的差异性，结构化、半结构化、非结构化数据并存，并且半结构化、非结构化数据所占的比例不断增加。

（4）在数据价值方面

数据规模增大到一定程度之后，隐含于数据中的知识的价值也随之增大，并将更快地推动社会的发展和科技的进步。大数据往往还呈现出个性化、不完备化、价值稀疏、交叉复用等特征。

大数据蕴含大信息，大信息提炼大知识，大知识将在更高的层面、更广的视角、更大的范围帮助用户提高洞察力，提升决策力，将为人类社会创造前所未有的重大价值。但与此同时，这些总量极大的价值往往隐藏在大数据中，表现出价值密度极低、分布极不规律、信息隐藏程度极深、发现有用的价值极其困难的鲜明特征。这些特征必然给大数据的计算环节带来前所未有的挑战和机遇，并要求大数据计算系统具备高性能、实时性、分布式、易用性、可扩展性等特征。

如果将云计算看作对过去传统 IT 架构的颠覆，云计算也仅仅是硬件层面对行业的改造，而大数据的分析应用却是对行业中业务层面的升级。大数据将改变企业之间的竞争模式，未来的企业将都是数据化生存的企业，企业之间竞争的焦点将从资本、技术、商业模式的竞争转向对大数据的争夺，这将体现在一个企业拥有的数据的规模、数据的多样性以及基于数据构建全新的产品和商业模式的能力。目前来看，越来越多的传统企业看到了云计算和大数据的价值，从传统的 IT 积极向 DT 时代转型是当前一段时间的主流，简单地解决云化的问题，并不能给其带来更多价值。

2. 大数据的技术架构

大数据技术包含各类基础设施支持，底层计算资源支撑着上层的大数据处理。底层主要是数据采集、数据存储阶段，上层则是大数据的计算、处理、挖掘与分析和数据可视化等阶段。

（1）各类基础设施的支持

大数据处理需要拥有大规模物理资源的云数据中心和具备高效的调度管理功能的云计算平台的支撑。云计算管理平台能为大型数据中心及企业提供灵活高效的部署、运行和管理环境，通过虚拟化技术支持异构的底层硬件及操作系统，为应用提供安全、高性能、高可扩展性、高可靠和高伸缩性的云资源管理解决方案，降低应用系统开发、部署、运行和维护的成本，提高资源使用效率。

云计算平台具体可分为三类：①以数据存储为主的存储型云平台；②以数据

处理为主的计算型云平台；③数据计算和存储处理兼顾的综合云计算平台。

（2）数据的采集

足够的数据量是企业大数据战略建设的基础，因此，数据采集是大数据价值挖掘中的重要一环。数据的采集有基于物联网传感器的采集，也有基于网络信息的数据采集。比如在智能交通中，数据的采集有基于GPS的定位信息采集、基于交通摄像头的视频采集、基于交通卡口的图像采集、基于路口的线圈信号采集等。而在互联网上的数据采集是对各类网络媒介的数据采集，如搜索引擎、新闻网站、论坛、微博、博客、电商网站等的各种页面信息和用户访问信息进行采集，采集的内容包括文本信息、网页链接、访问日志、日期和图片等。之后需要把采集到的各类数据进行清洗、过滤等各项预处理并分类归纳存储。

在数据量呈爆炸式增长的今天，数据的种类丰富多样，越来越多的数据需要放到分布式平台上进行存储和计算。数据采集过程中的提取、转换和加载工具将分布的、异构数据源中的不同种类和结构的数据抽取到临时中间层进行清洗、转换、分类、集成，之后加载到对应的数据存储系统，如数据仓库或数据集市中，成为联机分析处理、数据挖掘的基础。在分布式系统中，经常需要采集各个节点的日志，然后进行分析。企业每天都会产生大量的日志数据，对这些日志数据的处理也需要特定的日志系统。因为与传统的数据相比，大数据的体量巨大，产生速度非常快，对数据的预处理也需要实时快速，所以在ETL的架构和工具选择上，也许要采用分布式内存数据、实时流处理系统等技术。

（3）数据的存储

大数据中的数据存储是实现大数据系统架构中的一个重要组成部分。大数据存储专注于解决海量数据的存储问题，它既可以给大数据技术提供专业的存储解决方案，又可以独立发布存储服务。云存储将存储作为服务，它将位于网络中不同位置的大量类型各异的存储设备通过集群应用、网络技术和分布式文件系统等集合起来协同工作，通过应用软件进行业务管理，并通过统一的应用接口对外提供数据存储和业务访问功能。

云存储系统具有良好的可扩展性、容错性，以及内部实现对用户透明等特性，这一切都离不开分布式文件系统的支撑。现有的云存储分布式文件系统包括GFS和HDFS等。目前存在的数据库存储方案有SQL、NoSQL和New SQL。SQL是目前为止企业应用中最为成功的数据存储方案，现在仍有相当大一部分的企业把SQL数据库作为数据存储方案。

（4）数据的计算

面向大数据处理的数据查询、统计、分析、数据挖掘、深度学习等计算需求，促生了大数据计算的不同计算模式，整体上可以把大数据计算分为离线批处理计算和实时计算两种。

离线批处理计算模式最典型的应该是Google提出的Map Reduce编程模型。Map Reduce的核心思想就是将大数据并行处理问题分而治之，即将一个大数据通过一定的数据划分方法，分成多个较小的具有同样计算过程的数据块，数据块之间不存在依赖关系，将每一个数据块分给不同的节点去处理，之后再将处理的结果进行汇总。

实时计算一个重要的需求就是能够实时响应计算结果，主要有两种应用场景：一种是数据源是实时的、不间断的，同时要求用户请求的响应时间也是实时的；另一种是数据量大，无法进行预算，但要求对用户请求实时响应的。在流数据不断变化的运动过程中实时地进行分析，捕捉到可能对用户有用的信息，并把结果发送出去。整个过程中，数据分析处理系统是主动的，而用户却处于被动接收的状态。数据的实时计算框架需要能够适应流式数据的处理，可以进行不间断的查询，同时要求系统稳定可靠，具有较强的可扩展性和可维护性。

（5）数据的可视化

数据可视化是将数据以不同形式展现在不同系统中。计算结果需要以简单、直观的方式展现出来，才能最终被用户理解和使用，形成有效的统计、分析、预测及决策，应用到生产实践和企业运营中。想要通过纯文本或纯表格的形式理解大数据信息是非常困难的，相比之下，数据可视化却能够将数据网络的趋势和固有模式展现得更为清晰。

可视化会为用户提供一个总的概览，再通过缩放和筛选，为人们提供其所需要的更深入的细节信息。可视化的过程在帮助人们利用大数据获取较为完整的信息时起到了关键性作用。可视化分析是一种通过交互式可视化界面，来辅助用户对大规模复杂数据集进行分析推理的技术。可视化分析的运行过程可以看作是“数据—知识—数据”的循环过程，中间经过两条主线可视化技术和自动化分析模型。

大数据可视化主要利用计算机科学技术，如图像处理技术，将计算产生的数据以更易理解的形式展示出来，使冗杂的数据变得直观、形象。大数据时代利用数据可视化技术可以有效提高海量数据的处理效率，挖掘数据隐藏的信息。

3. 大数据的常用功能

如何把数据资源转化为解决方案，实现产品化，是人们特别关注的问题。大数据主要有以下几个较为常用的功能：

第一，追踪。互联网和物联网无时无刻不在记录，大数据可以追踪、追溯任何记录，形成真实的历史轨迹。追踪是许多大数据应用的起点，包括消费者购买行为、购买偏好、支付手段、搜索和浏览历史、位置信息等。

第二，识别。在对各种因素全面追踪的基础上，通过定位、比对、筛选可以实现精准识别，尤其是对语音、图像、视频进行识别，丰富可分析的内容，得到的结果更为精准。

第三，画像。通过对同一主体不同数据源的追踪、识别、匹配，形成更立体的刻画和更全面的认识。对消费者画像，可以精准地推送广告和产品；对企业画像，可以准确地判断其信用及面临的风险。

第四，预测。在历史轨迹、识别和画像基础上，对未来趋势及重复出现的可能性进行预测，当某些指标出现预期变化或超预期变化时给予提示、预警。以前也有基于统计的预测，大数据丰富了预测手段，对建立风险控制模型有深刻意义。

第五，匹配。在海量信息中精准追踪和识别，利用相关性、接近性等进行筛选比对，更有效率地实现产品搭售和供需匹配。大数据匹配功能是互联网约车、租房、金融等共享经济新商业模式的基础。

第六，优化。按给定的距离最短、成本最低等原则，通过各种算法对路径、资源等进行优化配置。对企业而言，可提高服务水平，提升内部效率；对公共部门而言，可节约公共资源，提升公共服务能力。

当前许多貌似复杂的应用，大都可以细分成以上类型。例如：大数据精准扶贫项目。从大数据应用角度，通过识别、画像，可以对贫困户实现精准筛选和界定，找对扶贫对象；通过追踪、提示，可以对扶贫资金、扶贫行为和扶贫效果进行监控和评估；通过配对、优化，可以更好地发挥扶贫资源的作用。这些功能也并不都是大数据所特有的，只是大数据远远超出了以前的技术，可以做得更精准、更快、更好。

（二）信息技术在农业领域的应用

随着信息技术的不断发展，计算机技术农业应用也呈现出不同的形式，可以

将计算机技术农业应用大致划分为电脑农业、数字农业、精准农业和智慧农业四种模式。

1. 电脑农业

电脑农业的实质是农业专家系统的应用。专家系统是一种具有推理和分析功能的特殊计算机软件，能在某一个具体领域达到人类专家的水平。在农业领域，针对现有的作物生长提供专家系统服务，专家系统会集成作物管理决策，包括灌溉、营养、施肥、杂草控制、害虫控制等。通过专家系统，可以让普通农民具有专家的水平。电脑农业的代表性产品是各种农业专家系统，主要技术包括知识库、电脑模拟、智能推理、人机交互等。在逐渐发展的过程中，目前，农业专家系统已覆盖蔬菜生产、果树管理、作物栽培、花卉栽培、畜禽饲养、水产养殖、牧草种植等领域。

2. 数字农业

数字农业是数字地球和数字中国的重要组成部分，其主要特征是各种农业活动的数字化表达。未来农业的各个阶段都将被数字化地集成在一起，从基因表达到运输保障等，通过数据采集、数据传输、数据处理、数字控制实现农业生产活动的数字化、网络化、自动化。

数字农业的框架包括：基本的农业数据库，包括农场土地、土壤资源、气候条件、社会经济背景等，从而使农业活动与社会紧密联系在一起；实时的信息采集系统，主要用于监测农业活动和更新采集到的数字信息，采集系统采集的内容包括气象、植被、土壤等；数字网络传输系统，主要用于接收和分发各种信息；基于地理信息系统（GIS）、农业模型、专家系统的中央处理系统，用于分析采集的信息并做出精准决策，将控制命令发送给数字化的农业机械。数字农业能够对作物生长状态实现动态监测，提供土壤结构数据、水资源数据、病虫害数据、气候数据以及其他重要信息。通过数字农业可以实现农业各个环节的数字化表达、管理、分析。

3. 精准农业

精准农业当前的主要理念在于，对于一个农场或地块，定义大量的管理域，针对不同管理域制定不同的作物生长方案，并通过智能机械自动操作。精准农业通过以下四个阶段的过程来监测土地的空间变量。

第一，地理定位数据。定位地块让农民能够叠加采集到的土壤、剩余氮、土壤电阻等数据，一般通过车载的GPS接收器或航空、卫星图像实现。

第二，特征变量数据。包括气候条件（冰雹、干旱、降雨等）、土壤（纹理、深度、氮水平）、植被状态（是否免耕）、杂草与病虫害等，以上数据通过气象站、各种传感器获取。

第三，决策支持。根据土壤地图来进行决策。①预测性决策方法，根据作物生长周期内的土壤、土地等静态指标进行分析决策；②现场控制方法，根据采样、遥感、近端检测、航空卫星遥感等采集的数据进行决策。

第四，实施控制阶段。通过定位系统、地理信息系统结合智能控制技术，对播种机、除草机、施肥机、喷药机、收割机等农业机械进行控制，开展农业生产活动。

精准农业显著减少了氮素等其他农作物投入品的使用，同时提高了产出，对于推动农业可持续发展产生了积极作用。

4. 智慧农业

自智慧地球被提出之后，各种智慧体风起云涌，智慧城市、智慧家居、智慧海洋、智慧交通等不胜枚举。智慧农业是智慧地球的一部分，其最主要的根源在于嵌入式技术的快速发展，通过微型处理系统，现实世界的各种物体都将具有智慧，能够自动采集各种数据，能够对数据进行处理和分析，能够与其他物体进行交流与通信。在卫星和传感技术的帮助下，农业生产装备能够自动从事农业生产，并且尽量高效地利用种子、化肥、除草剂等，然而这种最优化很快就达到了极限。

智慧农业是将这些独立的系统融入一张信息物理网络系统中（CPS），更加强调系统性（从整个系统的角度进行决策）、智能化（根据需求来实现控制功能）、自动化（无须人工参与即可完成相关工作），从而再次提高生产效率。智慧农业一般由以下部分构成：

第一，环境感知设备，比如温湿度传感器、土壤传感器、气体传感器等，通过传感器实现对基础数据的采集。

第二，网络传输设备，主要由无线Wi-Fi、ZigBee网络等组成，其功能大致是负责采集信息的传输与控制命令的传达、不同设备之间的通信。

第三，决策支持中心，以云计算等为主要技术构建的用于数据存储、数据处理、决策分析的平台，负责对整个系统的智能决策。汇集各种基础数据，然后做出决策，并发出控制指令。

第四，终端执行设备，比如温室大棚中的卷帘机、喷水机、加湿机等，决策支持中心可以对各种终端执行设备发布命令，驱动设备运行，对温室环境进行调节。

（三）大数据核心技术在农业领域的研究进展

从各大 IT 公司的大数据处理流程来看，基本上可以分成数据获取、数据存储、数据分析处理和数据服务应用等环节。农业作为信息技术的应用部门，其生产、流通、消费、市场贸易等过程，分别融入大数据的流程之中，根据大数据的获取、分析处理和服务应用等方面开展了大量集成创新，取得了重要研究进展。

1. 大数据获取技术

根据农业大数据来源的领域分类，大致可以分为农业生产数据、农业资源与环境数据、农业市场数据和农业管理数据。针对不同领域的农业大数据，大数据获取技术主要包括感知技术（传感器、遥感技术等）、识别技术（RFID、光谱扫描检测技术）、移动采集技术（智能终端、App）等。

（1）感知技术主要是从不同尺度感知动植物生命与环境信息。在地域范围，重点考虑对地观测的资源宏观布局，需要遥感、便携式 GPS 面积测绘仪、农业飞行器等；在区域范围，重点考虑动植物生长信息的时空变异性，需要基于 WebGIS 的动植物生长信息的动态检测平台等；在视域范围，重点考虑动植物生态环境的复杂性，需要动植物营养、病害及周围环境污染信息的采集测试传感器；在个域范围，重点考虑动植物信息探测中环境因素干扰，需要动植物营养病害快速无损测试仪、活体无损测量仪等。

（2）识别技术主要是针对农产品质量安全开展监测。包括食品安全溯源的 RFID 技术，主要保证农产品原料、加工、销售全环节的追踪可溯。农产品质量安全快速无损检测技术，主要是应用红外光谱、X 射线、计算机视觉等无损检测技术在农产品品质分析、产地环境监测、农业投入品评价和商品流通监控等环节应用。

（3）智能移动采集技术主要针对农产品市场、营销、管理信息的采集。如采集农产品价格信息、农业管理信息系统的应用等。

传统的大数据获取技术在材料选择、结构设计、性能指标上相对单一，如种植业中的传感技术只能测量气温、湿度、CO_2等信息，而随着物联网技术的发展，传感器材料已经从液态向半固态、固态方向发展，结构更加小型化、集成化、模块化、智能化；性能也向检测量程宽、检测精度高、抗干扰能力强、性能稳定、寿命长久方向发展，目前研发的一些传感器已经可以用来监测植物中的冠层营养状态、茎流、虫情等。未来中国的大数据获取技术改进的重点将是在信息技术与农业的作物机理、动物的行动状态和市场的实时变化紧密结合，将在提升信息获取的广度、深度、速度和精度上实现突破。

2. 大数据分析处理技术

在大数据环境下，由于数据量的膨胀，数据深度分析以及数据可视化、实时化需求的增加，其分析处理方法与传统的小样本统计分析有着本质的不同。大数据处理更加注重从海量数据中寻找相关关系并进行预测分析。例如谷歌做的流行病的预测分析、亚马逊的推荐系统、沃尔玛的搭配销售，都是采用相关分析的结果。数据分析技术在经历了商务智能、统计分析和算法模型之后，目前进入了大平台处理的阶段，主要是基于 Map Reduce、Hadoop 等分析平台，同时结合 R、SAS 等统计软件，进行并行计算。近年来，内存计算逐渐成为高实时性大数据处理的重要技术手段和发展方向。它是一种在体系结构层面的解决办法，它可以和不同的计算模式相结合，从基本的数据查询分析计算到批处理和流式计算，再到迭代计算和图计算。

在农业领域，数据处理正从传统的数据挖掘、机器学习、统计分析向着动植物数字化模拟与过程建模分析、智能分析预警模型系统等演进。在生物学领域，大数据的分析作用已经凸显，基因测序、数字育种已经采用了大数据算法和模型；作物模型方面，国际上获得广泛认可的通用作物生长模型有美国农业技术转移决策支持系统（DSSAT）系列、澳大利亚农业生产系统模拟器（APSIM）系列、联合国粮食及农业组织的水分驱动模型（AQUACROP）等。在植物数字化模拟方面，国际上已经有了 OpenAlea（植物生理建模和仿真框架）、GroIMP（3D 建模平台）、VTP（VLAN 中继协议，也被称为虚拟局域网干道协议）等用于植物建模和分析的开源项目。

总体来看，由于农业生产过程发散，生产主体复杂，需求千变万化，与互联网大数据相比，针对农业的异质、异构、海量、分布式大数据处理分析技术依然缺乏，今后农业大数据的分析处理应该将信息分析处理技术与农业生理机理关键期、市场变化过程紧密结合。

3. 大数据服务应用技术

目前，大数据服务技术已在互联网广告精准投放、商品消费推荐、用户情感

分析、舆情监测等方面广泛应用。在农业上，随着农业农村部“信息进村入户”工程、“物联网区域试验工程”、12316 热线、国家农业云服务平台等的建设和推动，中国的农业信息服务体系逐步得到完善，“三农”对信息的需求也更加迫切。

国际上有关农业信息服务技术的研究主要集中在农业专家决策系统、农村综合服务平台和农业移动服务信息终端、农业信息资源与增值服务技术以及信息可视化等方面。

近些年来，国内先后开展了智能决策系统、信息推送服务、移动终端等建设。在大数据时代，针对农业产前、产中、产后各环节的关联，开发大数据关联的农业智能决策模型技术；针对大众普遍关注食品安全的状况，开发大数据透明追溯技术；针对农民看不懂、用不上等问题，结合移动通信技术、多媒体技术，开发兼具语音交互、信息呈现、多通道交互的大数据可视化技术。

二、大数据推动农业现代化的应用成效

大数据的应用，一方面可以全息立体地反映客观事物，洞悉全样本数据特征，促进事物之间的深度耦合，提升效能；另一方面是通过数据间的关联特征，预测事物未来发展趋势，增强预见性。目前，从农业生产、经营、消费、市场、贸易等不同环节来看，大数据在精准生产决策、食品安全监管、精准消费营销、市场贸易引导等方面已经有了较为广泛的应用。

（一）发挥耦合效应，提升精准生产决策

大数据的作用不仅仅在于更好地发现自身价值，还在于帮助其他要素更好地认识自身，发挥要素间的耦合作用，提升他物价值，促进“价值双增”。国内外在改变农业粗放生产上，围绕气象预报、水肥管理、作物育种、病虫害预报、高效养殖等方面已经开展了大量的应用。天气意外保险公司利用 250 万个采集点获取的天气数据，结合大量天气模拟、海量植物根部构造和土质分析等信息对意外天气风险做出综合判断。泰国、越南、印度尼西亚等国基于遥感信息与作物保险的监测计划在水稻上得到广泛应用，通过采用欧洲航天局卫星实时获取水稻的生长数据，进行生长跟踪、产量预测。农业农村部研究所开始在部分农场采用高光谱航空遥感影像和地面观测数据相结合的方式进行面状病虫害监测，利用全球的病虫害数据发现害虫的传播规律。国际种业巨头如美国杜邦先锋、孟山都、圣尼斯及瑞士先正达等纷纷采用现代信息技术开展智能育种，加快“经验育种”向

“精确育种”的转变。在英国，大多数的养牛、养猪和养鱼场都实现了从饲料配制、分发、饲喂到粪便清理、圈舍清洁等不同程度的智能化和自动化管理。

（二）跟踪流通全程，保障食品安全质量

大数据技术的发展使得全面、多维感知农产品流通成为可能。目前，技术层面上，在产地环境、产品生产、收购、储存、运输、销售、消费全产业链条上，物联网、RFID 技术得到广泛应用，一批监测新技术，如“食品安全云”和“食安测”等应用软件陆续开发；制度层面上，中国利用大数据开展食品安全监管的力度不断加强，建立产品信息溯源制度，对食品、农产品等关系人民群众生命财产安全的重要产品加强监督管理，利用物联网、射频识别等信息技术，建立产品质量追溯体系，形成来源可查、去向可追、责任可究的信息链条，方便监管部门监管和社会公众查询；商业层面上，阿里巴巴、京东商城等电商企业利用大数据保障食品溯源。

（三）挖掘用户需求，促进产销精准匹配

传统的农业发展思维更多关注生产，在乎的是够不够吃的问题，而在消费结构升级的情况下，应该转向怎么才能吃得健康、吃得营养。大数据在这方面正在驱动商业模式产生新的创新。利用大数据分析，结合预售和直销等模式创新，国内电商企业促进了生产与消费的衔接和匹配，给农产品营销带来了新的机遇。未来还可以将食品数据，与人体的健康数据、营养数据连接起来，这样就可以根据人体的健康状况选择适当的食物。

三、农业大数据与现代农业经济管理

（一）农业大数据及其特征

在农业经济管理过程中，通过发挥大数据的作用，树立新的农业经济管理理念，提高农业经济管理技术，完善管理方法和手段等，该科学技术实践就是农业大数据。在农业经济发展过程中，农业大数据可应用于各个环节，例如播种、施肥和耕地等。从本质上来看，对农业生产相关跨行业和跨业务数据进行可视化分析以及研究，为农业生产提供有效数据，并提供充分的信息支撑，这就是农业大数据应用的体现。

农业大数据把农业和大数据这两者紧密结合在一起，把大数据应用于农业行

业，从而推动国家农业的发展。农业大数据主要具有以下三个特征：

第一，全面的数据信息。发挥农业大数据的作用，把农业生产中的所有要素以及市场情况等相关因素收集起来，为农业大数据运营提供重要参考和借鉴。

第二，多元化类型。农业大数据把农业生产环境内外各类信息结合在一起，其信息种类丰富多样，包括相关生产要素统计数据、媒体和区域信息以及投资信息等。

第三，价值化信息。大数据能够把多元化的信息进行详细筛选和收集，将其中有价值的信息筛选出来之后，及时反馈到经济管理中，从而提高经济管理的效率。

（二）农业大数据在农业经济管理中的作用

1. 推动农业经济的科学发展

自古以来，我国农业始终在国家经济以及社会发展中扮演着重要的角色。作为一个农业大国，我国农业经济发展和每一个人的生活都有着紧密的联系，农业生产给广大人民群众提供了日常生活中所需的粮食，同时也为社会上其他产业发展奠定了坚实的基础。

在农业生产中，最重要的影响因素是自然环境，例如土壤、温度、湿度等，且自然环境中涉及的所有因素控制难度较大，一般情况下都是不可控的。因此，自然环境总是会给农业生产经营带来巨大影响。通过了解我国传统农业发展情况不难发现，传统农业生产主要依靠已有的农业经验，而传统农业生产模式难以满足社会发展的需求，要推动农业生产转型升级，就必须使用现代化生产管理方式和技术。

当前，大数据应用于各个行业，且对农业发展产生了重要影响，同时现代农业发展也对生产经营等各方面提出了更高要求，因此，在农业生产的每一个环节，通过发挥大数据作用，详细记录所有的生产情况，监督管理每个环节的农业大数据，最终可以推动整个行业的升级和转型。

通过分析农业大数据，农户以及企业都能够及时了解农业生产情况，以及对未来做出准确预测，从而减少行业亏损，并提高经济收益。在农作物生产中，通过使用现代化机械，有利于提高农作物产量，改善生产效率等。总而言之，农业大数据对农业经济的发展是非常有利的，能够推动其科学发展。

2. 完善农业产业结构

在传统农业生产过程中，大部分工作人员对于现代化高精技术的应用一无所知，而且从未考虑过使用新型技术来推动农业发展，该现状导致农业生产效率低。农业企业在生产经营中，自然、市场环境等各方面因素都会影响各生产环节，从而引发各种问题。例如传统农业生产活动中，种植的农作物往往是比较单一的，种植方式也比较传统，农户以及企业对市场不够敏感，缺乏长期规划，这影响了生产效率，降低了市场竞争力，减少了企业利润。

而通过发挥农业大数据的作用，农户可以及时了解行业发展情况，并且预测行业的发展方向，对当前的运营方式以及种植模式等进行调整和完善，有利于丰富农产品的种类，提高农业生产力，促进销售方式的优化等，从而使得农业产业结构从整体上得到优化，这对于推动农业经济的可持续发展是非常有利的。

3. 做出科学农业决策

我国正在推动农业生产经营方式的转型。传统的生产模式难以满足生产需求，大部分作业都是通过人工完成的，人工操作影响工作效率，并且会增加出错率，从而影响生产者的收入。近年来，由于我国城市化进程不断加快，大量农村地区的劳动者涌入城市，尤其是农村地区的青壮年，这在一定程度上为农业生产技术的研究注入了更多活力。而要推动农业经济发展，科学的农业决策也是必不可少的。通过发挥农业大数据的作用，政府能够完善各方面决策，例如提高科研工作者的薪资待遇，提高农业科技成果的奖励力度，使得科技在农业发展中的使用率更高。同时，通过使用农业大数据，相关部门和工作主体除了能够了解当前的现状外，也可以对外部环境进行准确预测，对农作物生长数据进行分析和研究，从而培育更优质的品种。

4. 对生产进行准确预测

随着农业经济的发展，社会上涉农企业数量不断增长，其具体类型包括四个方面，分别为提供生产资料和服务的企业、提供农产品的企业、农产品加工企业，以及农产品流通的企业。无论是哪种类型的企业，他们的发展都有利于促进国家农业经济发展，例如农产品流通企业创建了丰富多样的产品销售渠道，帮助生产者获得了更多经济效益。农业生产链中，农产品代加工行业是非常关键的环节，而这也为企业提供了更充分的劳动力岗位，这些企业的发展推动了整个市场的进步。

随着国家经济的不断进步，涉农企业各方面的问题也越来越突出，例如对生产程序、生产技术以及市场信息的掌握等。而农业大数据出现后，作为涉农企业的管理人员，他们可以通过分析大数据，监督、管理农业生产，并且掌握农业数据，及时了解市场情况，对加工工序进行优化和完善。

（三）农业大数据在农业经济管理中的应用

1. 构建农业大数据信息化平台

为能够有效促进农业大数据的深入发展，加快农业数据信息整合的步伐，利用互联网平台开放性和共享性的特点，助力农业大数据在农业管理和生产中的推广，对传统农业发展模式进行创新性发展，对农业生产产业体系进行完善，增强农业经营水平，使其能够全面地服务于农业发展，并尽可能地发挥自身优势。从多个角度着手，优化整合农产品资源，建立科学合理的农业产品数据库，加强国家和地方政府对农产品生产和经营的监管，引进先进的科学技术对农产品数据进行检测分析，实时监控并分析农产品信息，进一步促进相关信息和资源的共享以及传递，不断完善和充实农业数据库，切实落实现代化农业各方面资源的共建共享工作。在农业数据信息资源实现共享的背景下，通过对农业信息进行监测和整合，从而实现对农业信息资源的有效处理。

现阶段，依据市场的需求，对农产品进行特色化的改造，以此打造出符合消费者需求的产品。通过收集和分析国内外农业市场消费者的需求信息，依据具体要求制订相关农业发展计划，生产符合社会发展的农产品。充分利用互联网的优势，对农产品市场存在的潜在风险进行预测和监控，预先制订好相关风险事件的解决方案，提高农产品相关人员的风险应对能力，有效地避免农产品市场意外事件的发生。

政府相关部门应当及时发布农业市场信息，同时利用互联网对农业市场进行实时监测，掌握农业市场的价格信息，确保农业市场工作的顺利进行。同时通过成立相关农业社会服务组织，为农民和相关农业经营户提供准确的市场信息以及农作物种植技术，这有助于提高农民对农产品市场信息把握的准确性，以及帮助农民更好地掌握农产品的种植和培育方法。充分利用互联网技术，降低信息多样性导致农业生产结构的同一性和时限性。

2. 完善现代化农业生态体系

在新时代的背景下，现代化农业需要借助互联网平台进行信息化发展，对农业信息进行整合和处理，实现农产品质量和产量的提高，以此打造现代化农业新生态、新模式、新产品的格局。借助互联网大数据技术，对社会上制造业、金融业、农业等多个行业实施多层面全方位的布局，并对收集的信息进行处理和分析，利用相关有效信息对农业发展进行技术支持，以解决农业发展中出现的问题。在农业土地所有权的交易过程中，土地作为商品，通过先进的信息化技术实

现土地的交易，并确保交易过程中的公平公正，从而实现土地交易向积极方向发展。借助农业大数据技术，农民可以实时掌握农业行业相关信息，提高农作物的产量和生产效率，掌握农作物价格，实现农产品效益最大化。因此，要构建完善的现代化农业生态体系，有效促进农业大数据与农业经济管理的融合，助力农业发展。通过农业大数据技术，农业从业人员能够准确掌握农作物的种植和培育信息，有利于精准农业的实施。

对土地情况进行科学性检测和分析并结合农作物特点，实现农作物的科学种植，有效促进农作物的生产培育。随着科技的不断发展，实现科技与农产品有效结合，将创新放在首要位置，不断探索农业发展新模式，提高农产品的质量和产量，实现农产品绿色化、生态化发展，从而满足广大人民对农产品的多样化需求。

3. 推动农业经济可持续发展

在农业经济管理过程中，通过使用农业大数据，可以帮助农户减少其种植成本，进一步增加农产品的产量，同时提高农产品的质量，最终提高农户的经济效益。还有利于保护农业生态环境，使得耕地污染率下降，农业生产水资源利用率提高。所以，建设农业大数据至关重要，通过完善农业大数据，强化农业大数据建设，促进传统耕种模式的转型和升级，提高自然资源的使用效率，充分利用区域地势条件及气候条件等，给农户提供丰富多样的种植方案。

把上传的数据和预测数据结合在一起，或把当地地理数据和气候数据融为一体等，利用农业管理数据库整合农业生产方面的相关信息和资源，为广大农户进行农业生产提供重要参考和借鉴，提高其生产管理效率。通过建设农业大数据减少农户的化学产品使用量，同时培育更多的新品种，在提高产量的同时，改善农产品质量，为推动农业经济可持续发展奠定坚实的基础。

第二节　大数据时代下智慧农业经济发展

一、智慧农业及其应用领域

（一）智慧农业的内涵与特征

1. 智慧农业的内涵阐释

作为一种现代农业技术变迁成果的集成模式，智慧农业赋予了农业生产更多

的可能性。发展智慧农业既是实现农业农村现代化的题中之义，也是应对气候变化，推动可持续发展的必然要求。广义的智慧农业，是指将云计算、传感网等多种信息技术在农业中综合、全面地应用。广义的智慧农业实现了更完备的信息化基础支撑、更透彻的农业信息感知、更集中的数据资源、更广泛的互联互通、更深入的智能控制、更贴心的公众服务。广义范畴上，智慧农业还包含农业电子商务、食品溯源防伪、农业休闲旅游、农业信息服务等方面。它是将云计算、互联网、传感网等现代信息技术应用到农业生产、管理、营销等各个环节，实现农业智能化决策、社会化服务、精准化种植、可视化管理、互联网化营销等全程智能管理的高级农业阶段，还是一种融物联网、移动互联网和云计算等技术为一体的新型农业业态。它不仅能有效改善农业生态环境，提升农业生产经营效率，还能彻底转变农业生产者、消费者的观念。

狭义的智慧农业，就是充分应用现代信息技术成果，集成应用计算机与网络技术、物联网技术、音视频技术、无线通信技术及专家智慧与知识，实现农业可视化远程诊断、远程控制、灾变预警等智能管理的农业生产新模式。智慧农业是农业生产的高级阶段，它融互联网、云计算和物联网技术为一体，依托部署在农业生产场地的各种传感节点（环境温湿度、土壤水分、二氧化碳、图像等）和无线通信网络，实现农业生产环境的智能感知、智能预警、智能分析，为农业生产提供精准化种植、可视化管理、智能化决策。

2. 智慧农业的基本特征

现代农业相对于传统农业，是一个新的发展阶段和渐变过程。智慧农业既是现代农业的重要内容和标志，也是对现代农业的继承和发展。智慧农业的基本特征是高效、集约，核心是信息、知识和技术在农业各个环节的广泛应用。智慧农业是一个产业，它是现代信息化技术与人类经验、智慧的结合及其应用所产生的新的农业形态。在智慧农业环境下，现代信息技术得到充分应用，可最大限度地把人的智慧转变为先进的生产力。智慧农业将知识要素融入其中，实现资本要素和劳动要素的投入效应最大化，使得信息、知识成为驱动经济增长的主导因素，使农业增长方式从依赖自然资源向依赖信息资源和知识资源转变。因此，智慧农业也是低碳经济时代农业发展形态的必然选择，符合人类可持续发展的愿望。

（二）智慧农业的应用领域

1. 智慧生产

农业生产是整个农业系统的核心，它包括生物、环境、技术、社会经济四个生产要素。农业数学建模可以表现农业生产过程的外在关系和内在规律，在此基础上建立的各种农业系统，可使生产的产品更安全、更具竞争力，减少了生产过程资源的浪费，降低了环境的污染。同时，新兴的各项技术还被应用于传统大宗农作物，并且我们据此开发了作物全程管理等多种综合性系统，这些系统操作简单、明了，被应用在经济作物、特种作物上，广大农民的使用，使农业生产更智慧。

2. 智慧组织

智慧组织是指优化各类生产要素，打造主导产品，实现布局区域化、管理企业化、生产专业化、服务社会化、经营一体化的组织模式。它由市场引领，带动基地、农户联合完成生产、供销、贸易等一体化的经管活动。通过各种组织将散户的小型农业生产转变为适应市场的现代农业生产。现代农业市场的竞争是综合性的，提升了品牌价值、改变经营方式的农产品才能更好地适应现代农业市场。感知技术、互联互通技术等现代技术使得农业组织更为智慧。

3. 智慧管理

现代农业的集约化生产和可持续发展，要求管理人员实时了解农业相关资源的配置情况，掌握环境变化，加强对农业整体的监管，合理配置、开发、利用有限的农业资源，实现农业的可持续发展。我国农业资源分布有较大的区域差异，种类多、变化快，难以依靠传统方法进行准确预测，而现代技术的广泛应用方便了现代农业的管理，传感器的应用帮助农户高速实时获取信息，各类资源信息数据得以被农户分析和管理，农业的管理与决策更加智慧。

4. 智慧科技

农业科技是解决“三农”问题的重中之重，农业只有依靠科技才能实现进步，进而改善农民的生活。农业科技在现代科学技术发展的基础上实现了现代化，开创了农业发展新模式。互联网的加入方便了农业科学家的相互交流，有助于农业科技的进一步发展，使得农业科技更智慧。

5. 智慧生活

农村有了新的科学技术，有了配套的医疗卫生条件，新一代的农民接受更为多样的基础教育，也接受针对性的职业培训。智慧农业可以让本地农民更好地根据市场需要进行合理的生产，同时也能让农民在足不出户的情况下了解外面的世界，获取外界的资源。

二、智慧农业发展的必要性与思路

（一）智慧农业发展的必要性

智慧农业是中国农业实现高质量发展的重要方式。我国农业资源十分匮乏，劳动力资源十分紧缺，加强智慧农业应用对于突破我国农业产业发展瓶颈，改变粗放的农业经营管理方式，提高动植物生产管理科学化水平、农业资源利用效率、疫情疫病防控能力，确保农产品质量安全，引领现代农业发展，实现我国“两个率先”的战略目标，具有十分重大的意义。

1. 智慧农业能够推动农业产业链的改造升级

第一，生产领域由人工走向智能。生产领域由人工走向智能体现在农业生产的各个环节。

第二，经营领域个性化与差异性营销突出。物联网、云计算等技术的应用，打破了农业市场的时空地理限制，农资采购和农产品流通等数据得到实时监测和传递，有效地解决了信息不对称的问题。目前，一些有地区特色品牌的农产品开始在主流电商平台开辟专区，以拓展其销售渠道。有实力的龙头企业通过自营基地、自建网站、自主配送的方式打造一体化农产品经营体系，从而促进了农产品市场化营销和品牌化运营，这预示着农业经营将向订单化、流程化、网络化转变，个性化与差异性的订制农业营销方式将广泛兴起。订制农业是指根据市场和消费者特定需求而专门为其生产农产品的方式，这种方式满足了消费者的特定需求。近年来，各地兴起了农业休闲旅游、农家乐热潮，旨在通过网站、线上宣传等渠道推广、销售休闲旅游产品，并为用户提供个性化旅游服务，这些成为农民增收的新途径和农村经济的新业态。

第三，农业管理和服务模式发生变革。政府部门依靠“农业云”的数据收集和分析服务进行科学决策，改变盲目性较强的行政管理方式。农业生产者可以从“农业云”上随时随地获取所需的数据分析结果和专家指导意见，驱动农业管理和服务模式进入“云时代”。

国内某些地区已经试点应用了基于北斗的农机调度服务系统。一些地区通过室外大屏幕、手机终端等灵活便捷的信息传播形式向农户提供气象、灾害预警和公共社会信息服务，有效地解决了信息服务“最后一公里”的问题。面向“三农”的信息服务为农业经营者传播了先进的农业科学技术知识、生产管理信息以及提供了农业科技咨询服务，引导企业、农业专业合作社和农户经营好自己的农业生产系统与营销活动，提高农业生产管理决策水平，增强市场抗风险能力，从而节本增效，提高收益。同时，云计算、大数据等技术也推动了农业管理的数字化和现代化发展，促进了农业管理高效和透明，提高了农业农村部门的行政效能。

2. 智慧农业能够确保资源节约、产品安全

地方政府借助科技手段对不同的农业生产对象实施精确化操作，在满足作物生长需要的同时，既可节约资源又可避免污染环境。地方政府还将农业生产环境、生产过程及生产产品标准化，以此保障产品安全。生产环境标准化是指智能化设备实时动态监控土壤、大气环境、水环境状况，使之符合农业生产环境标准。生产过程标准化是指生产的各个环节按照一定技术经济标准和规范要求，通过智能化设备进行生产，以此保障农产品的品质统一。生产产品标准化是指智能化设备实时精准地检测农产品品质，保障最终农产品符合相应的质量标准。

第一，生产管理环节实现了精准灌溉、施肥、施药等，不仅减少了投入而且绿色健康。

第二，运输环节确保温、湿度等储藏环境因子平衡。

第三，销售环节通过电子码给进入市场的每一批次产品赋予“身份证”，消费者可以随时随地追溯农产品的生产过程，实现了农产品从田间到餐桌全生命链条的质量安全监管。

第四，在农产品流通领域，应用集成电子标签、条码、传感器网络、移动通信网络和计算机网络为一体的农产品和食品追溯系统，可实现农产品和食品质量跟踪、溯源和可视数字化管理，实现对农产品从田间到餐桌、从生产到销售全过程的智能监控，还可实现农产品和食品的数字化物流。

3. 智慧农业能够提高农业生产效率与竞争力

（1）智慧农业提高农业生产效率

农业生产者通过智能设施合理安排用工用地，减少劳动和土地使用成本，促进农业生产组织化，提高劳动生产效率。智能机械代替人的农业劳作，不仅解决了农业劳动力日益紧缺的问题，而且实现了农业生产高度规模化、集约化、工厂化，提高了农业生产对自然环境风险的应对能力，使弱势的传统农业成为高效率的现代产业。云计算、农业大数据技术让农业经营者便捷、灵活地掌握天气变化、市场供需以及农作物生长等数据，农业经营者能准确判断农作物是否该施

肥、浇水或打药，避免了因自然因素造成的产量下降，提高了农业生产对自然环境风险的应对能力。另外，信息技术是农业其他科技运用的重要支撑，如利用信息系统能够更有效地开展新品种选育、基因图谱的解析等。

（2）智慧农业提升农业竞争力

互联网与农业的深度融合，使得农产品电商平台、土地流转平台、农业大数据平台、农业物联网平台等农业市场创新商业模式持续涌现，大大降低了信息搜索、经营管理的成本。引导和支持专业大户、家庭农场、农民专业合作社、企业等新型农业经营主体发展壮大和联合；促进农产品生产、流通、加工、储运、销售、服务等农业相关产业紧密联结；农业土地、劳动、资本、技术等要素资源得到有效组织和配置。使产业、要素聚集从量的集合到质的激变，从而再造整个农业产业链，实现农业与二、三产业交叉渗透、融合发展，提升农业竞争力。

4. 智慧农业能够推动农业可持续发展

推动农业可持续发展，必须确立发展绿色农业，加快形成资源利用高效、生态系统稳定、产地环境良好、产品质量安全的农业发展新格局。

智慧农业是一种融保护生态、发展生产为一体的农业生产模式。智慧农业通过农业精细化生产、测土配方施肥、农药精准科学施用、农业节水灌溉来推动农业废弃物利用，保障农业生产的生态环境。这样，就可以达到合理利用农业资源，减少污染，改善生态环境目的，既保护了青山绿水，又实现了农产品绿色、安全、优质。

智慧农业借助互联网及二维码等技术，建立全程可追溯、互联共享的农产品质量和食品安全信息平台，健全农产品从农田到餐桌的质量安全过程监管体系，保障人民群众“舌尖上的绿色与安全”。

智慧农业利用卫星搭载高精度感知设备，构建农业生态环境监测网络，精准获取土壤、墒情、水文等农业资源信息，匹配农业资源调度专家系统，实现农业环境综合治理、全国水土保持规划、农业生态保护和修复，加快形成资源利用高效、生态系统稳定、产地环境良好、产品质量安全的农业发展新格局。

5. 智慧农业能够转变农业生产者、消费者观念

完善的农业科技和电子商务网络服务体系使农业相关人员足不出户就能远程学习农业知识，获取各种科技和农产品供求信息。专家系统和信息化终端成为农业生产者的大脑，指导农业生产者进行农业生产经营，改变了传统单纯依靠经验

进行农业生产经营的模式，也彻底转变了农业生产者和消费者对传统农业的认识。另外，在智慧农业阶段，农业生产经营规模越来越大，生产效益越来越好，迫使小农生产被市场淘汰，这也必将催生出以大规模农业协会为主体的农业组织体系。

（二）智慧农业发展的思路

我国智慧农业呈现良好的发展势头，但整体上还属于现代农业发展的概念导入期和产业链逐步形成阶段。我国智慧农业在关键技术环节和制度机制建设层面面临支撑不足的问题，缺乏统一、明确的顶层规划，资源共享困难，重复建设现象突出，这些问题限制了我国智慧农业的发展。发展智慧农业需要做好以下三个方面的工作：

1. 培育发展智慧农业的共识

社会各界，特别是各级政府、科研院所、农业从业人员要认真学习、深刻领会近年来国家与各省市出台的与智慧农业发展有关的政策、法规、条例，认识到目前我国农业发展正处于由传统农业向现代农业转型的拐点上，智慧农业将改变数千年的农业生产方式，是现代农业发展的必经阶段。因此，社会各界一定要达成大力发展智慧农业的共识，牢牢抓住新一轮科技革命和产业变革给农业转型升级带来的强劲驱动力和“互联网+现代农业”的战略机遇，加快农业技术创新，深入推动互联网与农业生产、经营、管理和服务的融合。

2. 政府支持，实现重点突破

智慧农业具有一次性投入大、受益面广和公益性强等特点，需要政府大力支持和引导。另外，地方政府要重视相关法规和政策的制定和实施，为农业资金投入和技术知识产权保驾护航，维护智慧农业参与主体的权益。

智慧农业发展需要依托的关键技术（物联网、云计算、大数据）还存在可靠性差、成本居高不下、适应性不强等难题，需要地方政府加强研发，攻坚克难。同时，智慧农业发展要求农业生产具有规模化和集约化特点，地方政府必须在坚持家庭承包经营的基础上，积极推进土地经营权流转，因地制宜发展多种形式的规模经营。

3. 加强规划引领与资源聚合

智慧农业的发展必然要经过一个培育、发展和成熟的过程，因此，政府主管部门需要科学谋划，制定出符合中国国情的智慧农业发展规划及地方配套推进办

法，为智慧农业描绘总体发展框架，制定目标和路线图，从而打破我国智慧农业现有局面，将农业生产单位、物联网和系统集成企业、运营商和科研院所相关人才、知识科技等优势资源互通，形成高流动性的资源池，形成区域智慧农业乃至全国智慧农业一盘棋的发展局面。

第一，智慧农业技术创新建议。地方政府要进一步加大力度支持智慧农业学科体系的建设，制订农业信息化科研计划，立足于自主可控的原则，加强农业物联网、云计算、移动互联、精准作业装备、机器人、决策模型等核心技术的研发；加快农业适用的信息技术、产品和装备的研发及示范推广，加强农业科技创新队伍的培养；支持鼓励科研院所及涉农企业加快研发功能简单、操作容易、价格低廉、稳定性高、维护方便的智慧农业技术产品及设备；还积极支持智慧农业技术的应用，实现农业科研手段和方法的智能化。

第二，建立重大工程专项。各级财政部门每年调拨一定的资金，建立重大工程专项。该资金作为农业信息化发展的引导资金，重点用于示范性项目建设。地方政府引导使用资金时要选择信息化水平较高、专业化水平较高、产业特色突出的大型农业企业、农业科技园区、国有农场、基层供销社、农民专业合作社等，重点开展物联网、云计算、移动互联等现代信息技术在农业中的示范建设，以点带面促进中国农业信息化跨越式发展。

第三，实施智慧农业补贴。目前，我国已进入“工业反哺农业，城市支持农村”的阶段，农机、良种、家电等补贴政策的实施对刺激农村经济发展、促进农民增收的效果显著，实施智慧农业补贴必将促进农业加速向智慧化方向发展。

第四，加强完善农业智慧化标准体系和评价体系。农业智慧化标准是农业智慧化建设有序发展的根本保障，也是整合智慧农业资源的基础，我们要加快研究制定农业智慧化建设的相关标准体系，建立健全相关工作制度，推动智慧农业建设的规范化和制度化。农业智慧化测评工作是全国及地方开展智慧农业工作的风向标，是检查、检验和推进农业智慧化工作进展的重要手段，我们要加快推进农业智慧化测评工作，建立和完善测评标准、办法和工作体系，引领农业智慧化健康、快速、有序地发展。

三、大数据驱动智慧农业经济发展

智慧农业，主要指的是将物联网技术运用到农业生产过程中去，运用传感器和软件，通过移动平台或者电脑平台对农业生产进行控制，使传统农业更具有

"智慧"，进一步提升农业生产的效率。它是在现代农业生产过程中的技术深度融合和应用的过程中诞生的全新农业技术，其起步时间与其他新技术相比较晚，而对于我国来说，也正处在建设现代智慧农业的关键时期。随着人口的增加和土地资源的限制，农业产业结构有待深化。为了将现代农业技术应用于农业领域，我们必须以新生的智慧农业为核心，进一步提高土地利用效率，以实现农业发展的绿色化。

（一）智慧农业发展的内涵

智慧农业与传统农业相比而言是进一步的升华，它摒弃了传统农业的狭隘观念和停滞不前、相对落后的农业意识，用和以往不同的方式，动态、全面、多维地看待未来农业发展，更加注重精细化、审美化、管理系统化、优质化和资源可利用永续化。其中，农业生产精细化是指运用先进的数字化技术，以更加科学的管理手段和自动化的耕作方式，促进生产专业化、精细化和分工化。农业发展审美化是指在农业生产过程中，尊重、适应、保护自然，不以牺牲绿水青山作为发展的条件，始终把坚持人与自然的和谐共处放在首位。绿色、协调和可持续健康发展的道路才是我们必须坚持的正确道路。农业生产管理系统化是指农业发展必须遵循系统的发展观，一个完整的有机系统是生产与环境有机结合和统一的，只有保护好农业生产环境，才能生产出满足人民群众日常健康需求的农产品。农业生产优质化是指利用物联网、云计算等现代数字化技术，保障农产品生产过程的安全性和封闭性，以确保农产品的安全性和食用价值。资源可利用永续化是指农业生产中可持续发展的概念，主要是不仅要满足当代人类发展的需要，还要不对后代人满足其需要的能力构成危害的发展。物联网、大数据、云计算是智慧农业的核心技术、现代科学技术，利用生物降解技术与湿地系统的自我清理和恢复功能、套种和复种作物等可持续农业技术种植经验，促进农业生产的健康可持续发展。智慧农业的发展离不开科学技术的发展与进步，可充分利用物联网的先进技术装备，比如无线通信和扫描技术，建立一个无线监测信息系统，在第一时间对农业生产过程中的相关指标信息进行实时收集。使用云计算和其他技术来实现资源分配和管理的集约和动态效益，并创建一个融现代化、科学化、集约化为一体的农业生产技术应用平台。利用大数据提取历年数据，利用实证和案例比较给出参考性意见，使用农业数据来研究水资源、环境资源和中国农业面临的其他问题，并提出具体措施。通过收集农业生产的数据和参数，对生态环境、农业生产条件和环境进行科学研究和系统分析。

我国在智能农业领域发展十分迅速。随着互联网技术和信息的有效普及，越来越多的互联网技术人员进入了智慧农业的领域，占领了新的农业市场。农村地区互联网的普及和互联网基础设施的完善，使许多有远见的知名传统电子商务企业向农村地区拓展业务。随着品牌意识的逐步加强，我国越来越多的农产品开始重视自身品牌的建设。通过智慧农业方式，可以打造出属于自身的农业产品品牌，帮助消费者更好地了解相关农产品，更好地让农产品服务走出去。互联网电商的迅猛发展也给农产品提供了新的供销渠道，互联网云支付等快捷支付功能也逐渐取代了传统的店铺营销，改变了传统的营销模式。随着互联网技术和大数据的不断发展，智慧农业是传统农产品商业化的基本要素，这些产品可以与价格水平相对应。优化和实现产品的质量和安全性，提高对人类服务产品、一般农业产品和产品的价值，并使产品的整体效益达到原来的一倍以上。同时可以提高产品的整体效益，拥有长久可靠的发展之路和可预见的优良发展前景。

（二）大数据驱动智慧农业经济发展的对策

1. 打造农业大数据综合发展平台，降低成本

应当做好具体的农业发展规划，打造综合性、专业性的农业大数据综合服务平台。针对目前我国农业大数据发展薄弱的问题，提出以下建议：

第一，加强各部门之间的交流沟通与合作，充分调动农业农村部领导下的地方农业研究机构和其他单位的积极性，携手打造为农民服务的农业大数据开发平台。从市场整体来看，统筹规划布局，全面统一设计，将使农业大数据更加细化和规范，这不仅有利于农民增产增收，同时也有利于我国信息化建设。数据库创建不能一成不变，应根据不同的农业品种和统计尺度建立不同的数据系统，以提高基础设施的应用性和可行性，满足科学研究的需求。当然，在大数据平台构建的同时应当充分考虑成本费用原则，不主张铺张浪费，将好钢用在刀刃上，充分贯彻落实节约资源的理念。

第二，加强立法保护和司法保护。农业大数据的发展需要相应的法律环境，应加强立法程序，并为宏观数据提供相对稳定的外部环境，建立一个全面的立法体系。该体系的建立从数据的收集到数据的最终分析和综合利用，技术要求非常高。因此，农业大数据法律制度的建设必须学习现有的法律文献，并在实践过程中结合实际逐步完善。还可以向一些相对发达的国家学习，以形成适合中国农业建设的法律体系。

第三，加强政府领导在农业信息大数据平台建设中的作用，加大农业大数据基础设施建设的初始资本投资，并协调各级农业农村部门和公司的协调与合作。政府可以通过制定相关税收政策补贴或税收减免来鼓励公司积极参与，还应根据企业不同的情况因地制宜地制定适合本公司的政策，进一步有力推进农业大数据的建设。

2. 打造高水平农业技术团队，吸引专业人才

人才是农业大数据发展的基石，特别是高科技人才。农业数据处理和实际应用不能与相关专业人才分开。为促进农业产业的健康发展以及良性循环，可以实施学校、相关培训机构、企业的产学研一体化培养模式，结合高校、招生机构、培训机构共同培养高素质人才，挖掘信息数据方面的人才。

另外，学科创新作为一种为大数据提供服务的方法，可以与相关的农业院校合作，开展试验，并将其向外推广。与此同时，必须建立农业大数据产业标准，以促进农业数据的建立与共享。标准化工作主要包括数据的收集、传输、存储、交汇等。农业大数据作为一种新兴的产业，其发展需要传统的农业企业和互联网公司的支持，需要将传统的农业企业和网络企业中的专业人才组成一个行业联盟，作为主导单位，共同制定大数据的标准。

建立科学和农业技术示范园区，以促进宏观技术创新。充分发挥示范园区在科技成果开发、试验和示范中的作用，积极推动农业大数据技术的发展和推广。科技示范园区的建设可以尝试从农业发达地区或互联网技术入手，以充分促进其他地区的发展，充分发挥区域农业技术的优势。根据此模式运行后的情况，还可以因地制宜根据地区的优势和特点，建立适合不同农业生产方式的科技示范园区。

相关部门应积极向农民宣传发展智慧化农业大数据的优势和良好前景，使农民有更大的参与意识和有效获取农业大数据的途径，从中真正受益。农民作为从事生产活动的主体，教育水平、思想观念、现代机械农业和科学施肥知识的掌握程度等在一定程度上决定了大数据的开发和实际应用。因此，让农民感受到智慧农业的价值十分重要，培养他们的大数据思想和意识，加强大数据在农村地区的推广势在必行。

3. 大力发展互联网技术，推进智慧农业建设

互联网科技作为助力农业信息安全的保障和重要一环，为促进智慧农业建设，从国家高层布局和企业集团链两个视角提出建议。从国家视角高层布局来

看，为农业创新发展提供信息服务平台，创造可智能化，逐步建成融农业生产、市场管理、信息监控、物流运输为一体的推进智慧农业建设的一体化平台。平台能整合当地农业生产资源，推动当地智慧农业的全面发展。在企业集团链中，做到确保农业市场稳定的同时，加大保护农民的根本利益。保障信息安全能发挥最大效益的同时，让互联网成为大力推进智慧农业建设道路上的坚实基础。

第五章　农业经济发展趋势

第一节　土地资源的保护

一、土地资源保护的起源与发展

（一）土地资源保护的历史起源

土地资源保护行动是伴随着土地退化现象而产生的，土地资源保护实践先于土地保护理论而出现。

1. 古代文明的土地利用

在古代，土地被视为生存的基础。从古埃及的尼罗河谷到美索不达米亚的两河流域，再到中国的黄河和长江流域，早期文明的发展都与土地的肥沃和水资源的丰富密切相关。这些文明通过灌溉系统和土地管理，实现了农业的繁荣，这是土地资源保护的初步形式。

2. 农业社会的形成与发展

随着农业社会的形成，土地成为社会经济和政治权力的核心。在古希腊和罗马时期，土地的分配和保护成为法律和政治制度的重要组成部分。例如罗马法中有关土地的法律，如公共土地和私人土地，体现了对土地资源的保护和管理。

3. 中世纪的土地制度

进入中世纪，封建制度的确立进一步加强了对土地的控制和保护。领主对土地的所有权和使用权的划分，以及对农奴的约束，都在一定程度上保护了土地资源不被过度开发和滥用。

4. 工业革命与土地资源的挑战

工业革命的到来，为土地资源保护带来了新的挑战。随着工业化和城市化的

推进，大量土地被用于工业生产和城市建设，导致土地资源的过度开发和环境破坏。这一时期，人们开始意识到土地资源的有限性和保护的重要性。

5. 现代土地资源保护的兴起

20世纪以来，随着环境问题的日益严重，土地资源保护成为全球性的关注焦点。国际组织和各国政府开始制定相关法律和政策，以保护土地资源和生态环境。例如联合国环境规划署（UNEP）和世界自然保护联盟（IUCN）等组织在推动全球土地资源保护方面发挥了重要作用。

6. 土地资源保护的未来

展望未来，土地资源保护将持续是全球面临的重大挑战之一。随着人口增长、城市化进程和气候变化的影响，如何平衡土地资源的开发与保护，实现土地资源的可持续利用，将会成为各国政府和国际社会需要共同面对的问题。

（二）土地资源利用与保护的发展特点

1. 土地保护与土地利用相伴相生

人类在发现“万物土中生”的同时，也发现了连作会使作物的产量越来越低，并采取了各种各样的措施以保护地力。在我国表现为施粪、耕、锄、耙、耱等一整套耕作技术，并形成了间作、套作、轮作等土地利用方式；而在西方则表现为休闲、轮作等技术，土地利用与保护相伴相生。

2. 土地保护内涵和外延不断扩大

应该说最初的土地保护，是基于人类为生存空间而进行，保护土地的形式是通过设置土地产权，通过产权进行土地保护；而对于具备公共资源性质的土地，不仅需要设置产权制度，还要通过土地的相关法律、制度、政策来进行耕地保护，并通过土地规划实现对土地资源的保护。

从土地保护的内涵来讲，对于私人意义的土地资源，其内涵是保护权利人的利益不受侵害；而从公共资源角度来看，土地资源的保护主要围绕土地资源的数量、质量、生态安全、景观、文化特点以及生物多样性的保护等多方面，土地保护的内涵和外延随着人们对土地的需求转变而产生变化。

（三）我国耕地保护历史

自从有了人类的土地利用就有了土地的保护，中华民族是将土地利用得最好的国家，在长期的土地利用中，不仅形成了中华民族特色的农耕文化，也形成了农耕文化背景下的土地保护思想、技术和耕作方式，这些土地保护的思想和技术，使中国的土地资源呈现可持续利用的态势。中国长时期的农耕实行的“精耕细作”的方式，比如在渭河谷地，经过2000多年的耕作，土壤依然保持着较好的肥力，就是土地持续利用最好的见证。

在夏商周时期，中国祖先为了能够更好地适应环境，持续地利用土地，开始了最初在土地评价方面的探索。在这个时候，形成了中国的“风水”文化，这种文化首先是祖先基于生存的需要，选择合适的生存空间，并能够永续地利用，形成了很多关于土地资源利用的文化，如“但存方寸地，留与子孙耕”等一些传统的土地保护的思想。

在中国农耕社会的发展过程中，不仅形成了关于土地保护的朴素主义思想，还产生了很多的土地保护的利用模式，比如珠江三角洲的“桑基鱼塘”利用模式、云南的“哈尼梯田”模式。与此同时，也形成了适合于传统农业生产的土地耕作技术，比如有机肥施用技术、土地疏松技术等。中国传统的土地保护思想、模式和技术为我们现在的土地资源利用与保护提供了启示。

为保证国家粮食安全，中国实行了最严格的耕地保护制度，制定了土地用途管制政策、耕地总量动态平衡政策、耕地占补平衡政策、耕地保护目标责任政策、农用地转用审批政策、土地开发整理复垦政策、土地税费政策、耕地保护法律责任政策和基本农田保护政策等。坚持最严格的耕地保护制度，层层落实责任，坚决守住十八亿亩耕地红线，将耕地保护放在了非常重要的位置。

我国人多地少，土地开发历史长、程度高，后备耕地资源有限。耕地保护不仅是国家粮食安全的保障，还是应对国际经济波动的武器，也是中国社会稳定的基石。因此，保护耕地不仅是保障耕地的数量、质量和生态环境，更为重要的是要守住中国文化赖以生存的空间。

二、土地资源保护的意义

（一）土地资源利用与保护的国家需求

1. 国家粮食安全资源保障的需要

粮食安全是指一个国家满足粮食需求以及抵御可能出现的各种不测事件的能力，其决定性因素是粮食生产及消费的能力和水平，同时和国家经济发展水平及外贸状况有着密切的联系。随着我国经济的快速发展，城市化进程加快，城市规

模不断扩张，建设用地大幅增加，耕地资源的不断占用。耕地面积的减少直接影响到粮食的生产和供给。

保证国家粮食安全，最根本的是保护耕地。首先，耕地提供了人类生活必需的粮、油、棉等主要农作物，而且95%以上的肉、蛋、奶产品也由耕地资源的主副产品转换而来。虽然农业科技的应用使耕地单产日益提高，但无论农业技术怎么提高，粮食生产都离不开耕地，因为粮食生产的基础是土地。

我国耕地减少的年代，粮食安全就受到威胁。即使是农业科技相当发达的国家，如美国，也十分强调对耕地的保护。因为单产的提高难增加，并且提高空间日益缩小。随着粮食安全由供应保障向健康、卫生、营养理念的转变，化肥、农药等农业科技产品的应用空间逐渐减小，边际效益不断降低。世界农业从原始农业到石油农业，再到生态农业，回到了以注重耕地等自然资源保护和综合开发利用为主要内容的可持续发展道路上。与此相对应，从无害化食品、绿色食品到有机食品，对食品的产地环境质量提出了越来越高的要求。

2. 国家生态安全的需要

土地资源的生态服务功能。与各种自然植被、湖泊、沼泽等类似，土地的生态系统具有重要的生态服务功能，在生物多样性的产生与维持、气候的调节、营养物质储存与循环、环境净化与有害有毒物质的降解、自然灾害的减轻等方面发挥着重要作用。耕地作为人工生态系统，由于接受了更多的物质投入，是一个物质快速循环的高生产性生态系统，其生物生产量比林木和草坪大得多；与同面积的林木和草坪相比，农作物发生光合作用吸收的二氧化碳和释放的氧气也多得多。由此可见，土地资源有着重要的维护生态系统安全的功能，对于满足国家生态安全的需求有着重要的作用。

3. 传统文化传承的需要

土地利用是一个历史的范畴。人类数千年在这个土地上生活，人类历史的记忆、人类精神的传承、人类情感和审美的方式、人类一切的文明和创作，都留在了这个土地上。

人在土地上生存，利用土地创造了难以计数的物质财富和精神财富，土地又以不同的地貌形成了人不同的聚落，以不同的环境构成人不同的生存文化，我们今天有酒文化、茶文化，实际上土地是一个更大的概念，是包容力更强、涵盖范围更广的一个文化平台。所以从文化的意义上讲，土地对于文化传承的作用之大不可估量。

4. 经济安全的需要

传统的经济安全主要指国家自然资源供给及资源运输通道的安全。随着全球经济一体化的加快，经济安全的观念逐步转变，将抵御外来经济干扰的能力放在首位，并开始强调市场的稳定运行，包括市场规模的提升以及市场结构的改善等。土地作为一种稀缺资源，它具有资源和资产的双重属性，并通过四个传导渠道来影响宏观经济。作为资源和要素，土地通过生态渠道和产业渠道影响宏观经济；作为资产或资本，土地通过信贷渠道和财政渠道影响宏观经济。

我们要充分发挥土地参与宏观经济调控的“闸门”作用，按照供给制约需求和节约、集约原则，在保障重大基础设施建设的前提下，对非农用地增长速度和规模加以控制。同时，还应重视建立土地资源循环经济机制，规范土地供应和开发行为，鼓励盘活存量用地，优化建设用地的配置结构，从而保障城乡经济持续健康地发展。

（二）土地资源利用与保护的关系

土地利用是人们为获得需要而对土地施加的资本、技术和劳动力等生产要素的干预过程，其具体表现在土地利用类型、方式和强度三个方面。由于土地资源的有限性和位置的固定性以及土地资源特殊的生态过程及其影响，要保障土地资源的持续利用，必须采取一定的法律和政策以及道德等手段，对土地利用行为进行约束和规范，以保障土地资源的可持续利用。

两者需要达到一种均衡与协调状态，以促进土地资源的可持续利用，围绕土地利用的各个过程，两者之间既存在统一也存在对立。

土地利用改变土地利用类型、方式和强度，对自然的土地施加了影响，改变了土地利用覆盖，从而对生态、经济以及社会各个方面产生影响，这些影响包括正面和负面的影响。正面的影响包括满足了人类获得衣食住行的需要以及文化精神的需要。在利用的同时，也由于利用方式不当，导致水土流失、土壤退化、耕地生产能力下降以及气候和水文变化等负面影响。

而土地利用保护就是基于土地利用变化对生态环境可能产生影响的基础上，基于产权、法律、政策、道德文化等对土地利用方式进行限定，以保障对土地资源的持续利用。因此，土地保护是基于对土地利用变化及其变化过程的可能影响方面做出的有关制度安排、法律保障以及思想道德的约束，并在自然条件、法律和经济条件等约束下进行的土地保护的行动。

要进行更好的土地保护，就必须从研究土地利用及其变化驱动机制入手，分析土地利用变化过程，并对土地利用变化的可能影响进行分析，才能形成土地利用的保护方法以及相关的技术手段，保障土地资源的持续利用。

第二节　农业资源的可持续利用

农业资源，特别是农业自然资源，不仅被人为开发利用，其循环再生亦受人为干预，处于动态变化的状态。只有掌握了农业资源动态变化的规律、原因以及变化的趋势，才能拟订开发与利用农业资源的方案，农业资源的利用质量、数量才能在掌控范围内，其循环恢复状况才能在预计范围内，在开发与利用农业资源的过程中，保护农业资源，保证农业资源利用的长久性，使农业资源开发利用过程中的经济、资源、人口等众多元素之间处于平稳共同发展的状态，才可称之为农业资源可持续利用状态。农业资源可持续利用的特点如下：

时间性：指的是未来人们对农业资源开发与利用的状态与现在人相同，或者优于现在的人们。显示着经过农业资源在开发与利用后质量无衰退，在时间上得以延续。

空间性：农业资源具有地域性，地域农业资源在其开发与利用的过程中，不能对其他地域农业资源造成负面影响，而地域内的一切农业资源，维持着循环平衡的相互依存关系。

效率性：农业资源开发利用过程必须“低耗高效”。农业资源可持续利用实现“低耗高效”，是以农业社会经济资源中的科技为基础的。在农业资源开发利用过程中，完善资源附属设施、采用先进的科学技术，以对农业资源最低的利用度，来获取最大的农产品产量，实现农业经济的高效性。

一、农业可持续利用理论基础

（一）农业生态系统理论

生态系统理论可以看作是发展的心理学，是由生态学与心理学共同组成的新生学科。

1. 生态系统理论

生态系统理论认为人生来就有与环境和其他人交流的能力，人与环境之间彼此作用、互利共生，并且人们个体能够与环境形成良好的协调度。

2. 人们个体的行动

人们个体的行动是有目的的，人们自古以来便遵循着“适者生存、不适者淘汰”的生存原则，人们个体所存在的意义，是由环境赋予的。因此要理解人们个体，就必须将人们个体置于环境中。

3. 人们个体所面对的问题

人们个体所面对的问题，是其在生活过程中所面临的一切问题。对人们个体所面对问题的理解和判定，也必须将此问题放置于人们个体所在的环境中。

农业生态系统理论，是以生态系统理论为前提，个体为生产利用农业资源的人们个体，生态系统理论所提及的“环境”，则是个体在农业生产活动中所涉及的自然环境以及社会经济环境。农业生态系统理论，表示人们在农业生产过程中，人们既影响着环境，环境也对人们的生产历程产生一定的作用。而人们作为利用自然资源的主导者，只有科学合理地利用自然资源，与自然资源形成友好共处的关系，农业的生产才能达到一种生态平衡的现象，农业生产过程才能高质高效进行。

（二）农业资源可持续发展理论

可持续发展是在满足现在人们的需要的前提下，又不对未来人们满足其需要的能力构成危害的发展。然而要实现可持续发展，则需要在当前使用与利用的过程中，规定使用额度与限度，并通过统计计算，统计人口、经济、社会等一系列问题以及发展趋势，计算未来人们的使用需求。资源存储量不够时，现在人们应节约使用，并以“开源节流”的对策，在节制资源使用量之余，制定对策促进资源的恢复功能，以保证未来人们对资源的使用；资源存储丰富时，现在人们虽可按照需求量使用，但必须注意在使用过程中保护资源，切勿伤害资源的恢复功能，甚至要根据资源的形成过程与所需条件，为资源的恢复创造条件，提供契机。

农业资源可持续发展理论，是对人们在农业资源开发与利用过程的考察，是用来揭示人们在农业资源利用过程中，社会对人们利用资源、资源被利用的一种愿景，即农业资源的可持续发展。

1. 转变了传统的单纯经济增长而忽视生态环境保护的发展模式。

2. 由资源型经济过渡到技术性经济，统筹分析社会、经济、资源与环境所

带来的收益。

3. 通过对新型技术的研发与利用，对农业生产方案做出优化，实行清洁生产与文明消费，提升资源的运用效率，减少废弃的水、气、渣的排放，协调农业资源与农业生产之间的发展关系。保证社会经济的发展不仅能够供应现在人们的消费需求，同时不会对未来人们的发展造成一定的威胁，最终目的是使社会、经济、资源、环境与人口持续稳定地发展。

二、农业资源可持续利用的途径与措施

（一）农业资源可持续利用的原则

农业资源可持续利用，应遵循以下原则：

1. 因地制宜

每个地区农业资源的基本特征不同，特别是农业自然资源方面。在实现农业资源可持续利用之前，应将区域农业自然资源作为资料采集并进行数据分析，方能拟订农业资源利用计划与方案。

2. 利用和保护有效结合

农业资源可持续利用，并不是仅仅对农业资源的开发利用，更重要的是，在利用过程中对农业资源的保护。农业资源利用的方法、规模、密度等因素，均在保护范围之内。

3. 经济效益与生态效益相结合

农业资源的利用目的是产生一定的经济效益，在追求经济效益的同时，应维持区域内原有的生态效益，或者优化生态效益。

4. 局部与整体的和谐关系

农业资源所涉及的方面杂而多，农业资源利用的目的需要实现局部性与整体性的和谐统一。农业自然资源、农业社会经济资源以及农业环境资源，每种资源均需实现可持续利用的目标，区域内农业资源的整体性才能完整与高效，农业资源所产生的经济效益与社会意义才能长远。

（二）农业资源可持续利用的措施

1. 合理利用和保护耕地资源

首先需要制定一套完善的节约用地制度。节约用地制度体现的是一种集约的

用地方法，对原耕地的用地方式以及新增用地的开发方式提出了要求。而节约集约用地机制，不仅是一套节约用地的长效机制，限制了新增用地的开发方式，同时也对新增用地的开发范围提出了要求。对建设型新增用地，提出了选址要求，其选址不应对耕地造成影响。节约集约用地制度，还需要对土地资源的评价和考核提出一套指标，对于耕地资源而言，应对其种植目的、种植品种、品种年限以及产出率提出要求；对于建设用地而言，应对其建设过程进行监督与管理，保证区域内用地的有效性与生态性。

其次应对土地有偿使用机制进行改革，将其市场配置范围进行扩展。市场机制也就是产生市场经济效益，对于耕地资源而言，市场机制是促进节约集约用地方式的重要因素。对于耕地资源，将其国有土地有偿使用范围进行扩展；对于建设型用地，如工业用地，应将其土地储备制度进行优化，引入市场机制，有限储备，盘活闲置、空闲和利用率较低的土地。

2. 大力发展生态农业

在利用自然资源的过程中，应以生态学与生态经济学作为理论依托，以全新的科学技术作为技术指导，以完善系统作为工程方案，让自然资源科学得以高效地利用，实现低投入、高产出且维持生态平衡和谐发展的良好局面。

实现生态农业的快速发展，首先需要培养优秀的生态农业建设人才，指导各个区域生态农业的发展。其次，地区政府应在农村普及发展生态农业知识，培养村民发展生态农业意识，并将大力发展生态农业计划有组织、有条理地传达给村干部，形成政府监督村干部、村干部监督村民的紧密结构，将生态农业发展计划进行到底。只有实行生态农业计划，农业资源可持续利用的远景才能实现。在生态农业意识与计划普及的过程中，必须继续研发生态农业生产技术，比如耕地松土技术、施肥配方技术、节水浇灌技术等。

3. 强化市场作用

强化市场作用，带动结构优化。农业结构优化调整。应深入研究潜在市场，找准切入点，进而科学引导农民主动进行农业结构调整，避免盲目调整、被动调整、从众调整和低层次调整，防止结构趋同；建立以产区为中心的区域性批发大市场和专业大市场，通过市场的引导和带动，形成农业主导产业和支柱产业。

4. 加大资金投入，升级农业产业结构

加大资金投入，开辟融资渠道。农业产业结构的优化升级，需要市场化运

作、分工明确的投融资体系，引导社会资金流向，拓宽产业结构优化的投融资渠道。首先应增加财政资金投入量，建立财政农业投入的稳定增长机制，形成稳定的财政支农资金来源；其次应加大农业银行、农业发展银行和农村信用合作社等金融单位的信贷支持力度；最后应积极引导民间资本和国外资本的投入，开发建设农业生产、加工项目。

5. 提升服务管理

改革管理体制，服务结构优化。在宏观管理层面，转变政府工作职能，增强农业社会化服务功能，避免政府职能交叉、政出多门、多头管理，从而提高行政效率。在微观经营层面，应鼓励成立行业协会和大型农业企业，政府将社会职能让位于这些组织，逐渐从直接干预农业中退出。在农业政策方面，加大农业投入比重，完善农业信贷政策，建立农业专项保险制度，降低农业结构调整风险。

6. 构建农业资源核算体系

建立农业资源核算体系，从量上系统地反映农业资源的开发利用状况，以及对资源利用过程中人口、经济、环境和生态各个因素之间的内在系统性的体现，以数据的形式为资源可持续利用评价提供依据。农业资源核算体系的内容，包含了农业资源的核算方法、核算指标以及核算模型。

建立农业资源体系，不仅体现了农业各种资源之间的关系，同时统一规范了资源核算计量方法，使得各个区域的农业资源利用状况可统一计量，有效对比。农业资源核算体系，必须以相应的农业资源开发利用谱系作为评价指标，当核算数据超过指标则农业资源的利用状况不尽乐观，存在潜在危机，需要及时解决；而当核算数据在评价指标范围之内，则说明农业资源的利用具有可持续性，应保持原有的利用方式与状态，或者可进行优化利用。

7. 加强法治建设和管理

首先是“一个平台、三个系统”的有效实行。“一个平台”是指建设产业集中的区域，通过产业的汇集，促进生产主要元素的规模汇集和完善组合，形成竞争的有利条件及发展驱动，营造资本、技艺和英才新高地。“三个系统”，一是现代化产业系统，要求加快构建现代农业及工业主导的产业、高新技术的产业、现代服务产业和基础产业互相扶持、互助成长的产业系统，加快工业化进程；二是现代城镇系统，大力发展城镇化建设；三是自主创新系统，做好科研工作。“一个平台、三个系统”的实施内容要真真切切落实，在实际工作中还需灵活结合耕地利用相关制度，提高执法监察效果。

其次，建立立体化的监管体系。一是加强天空监管。以国家开展卫星执法监察为依托，通过技术等提高卫星监测的密度、频率以及范围。通过卫星监测的方式，对所需关注的重点地区、重点时段以及重点项目进行实时有效的动态监测。二是加强地面落实。建立一套完善的动态巡查监管体系，对资源各个方面的利用监测应划分职责，明确监察任务。省、市、县要以大管小的模式，将巡查监管的责任落实到地区、岗位以及人，做到人人巡查监管，不留监管死角。三是加强网络化控制。通过网络系统进行监督与管理。传统的资源监管模式，是由下级主动将资源利用数据上报上级，而网络管理则可实现上级自主通过网络系统，对资源利用数据进行调查。不仅促进上级对下级工作的监管，同时可以对资源利用计划进行“批、供、用、补”全方位即时监管。

最后，地方政府各部门需要有效沟通与紧密配合，如执法局、建设局、土地管理局等。通过各部门之间的发展目标、营运计划，共同对农业资源的利用情况进行巡查、检查与监察。对违法乱盖的现象严令禁止，对顶风作案的行为严格惩罚。为促进各个部门工作的顺利进行，第一，要对农业资源的有效利用番传播，有效利用的重要性、有效利用的方法等方面的知识应通过教育的方式加以普及。第二，各部门之间应完善其工作职责，只有各自完善了工作职责，部门之间方能实现有效配合。第三，部门工作需要保持公平、公正，对违法现象及时监察、果断处罚。第四，各个部门的监察工作需要公开透明，一方面让群众了解政府部门的工作性质、了解农业资源有效利用具备的法律意义；另一方面满足群众一视同仁之心，让群众自愿监管，自觉实行用地计划。

第三节　发展农业循环经济

农业循环经济实质上是一种生态经济，是对传统农业发展观念、发展模式的一场革命。发展农业循环经济，从根本意义上来说，是由农业大产业自身的特点和发展规律所决定的。宏观层面，农业循环经济是遏制农业污染，提高农业资源利用效率的机制创新。从农业生态文明角度看，发展农业循环经济是确保农产品安全、建设农业生态文明的最有效路径，是实现农业生态环境友好、建设农业生态文明的最佳载体。农业循环经济是建设社会主义新农村的需要，党中央在建设社会主义新农村规划中提出生产发展、生活宽裕、乡风文明、村容整洁、管理民

主的社会形态，这就必须营造良好的农村生态环境。农业循环经济中的原则，则是保护农村生态环境的必要条件，因此离不开农业循环经济的发展。楚永生、初丽霞提出，农业循环经济是在循环经济理念和可持续发展思想指导下出现的新型农业经济发展模式，它摈弃了传统农业的掠夺性经营方式，把农业经济发展与环境保护有机结合起来，从而成为农业经济和国民经济可持续发展的重要形式。

一、政府引导农业循环经济的必要性分析

可持续发展始终是一个动态的过程，必须不断探索新的实现形式以适应经济社会的发展。正是在这样的背景下，近些年来各地方政府和国家有关部门都将目光聚焦在了农业循环经济上，普遍认为追赶发展循环经济的时代大潮是农业可持续发展的迫切需要。

（一）农业循环经济是保持农业可持续发展的有效途径

1. 以现代化为目标的农业可持续性，要求将循环经济与农业相结合以改造传统农业

可持续发展既是现代农业的出发点，又是其最终的目标，未来农业发展的趋势就是建立在可持续性基础上的现代化农业，农业发展的可持续性是一个内涵丰富的概念。高旺盛教授指出，可持续发展主要体现为“三个可持续性”的协调发展，即生产可持续性，保持农产品稳定供给；以满足人类社会发展对农产品的需求；经济可持续性，不断增加农民经济收入，改善其生活质量；主要体现在农村产业结构、农村工业化程度以及农民生活水平等方面；生态可持续性，人类抵御自然灾害的能力以及开发、保护、改善资源环境的能力。这三种能力是整个农业发展与经济增长的前提，没有良好的资源基础和环境条件，常规式的现代农业就会陷入不可持续的困境之中。

然而，传统农业已不能同时满足生产可持续性、经济可持续性和生态可持续性，尤其是在保护农业资源和环境方面显得无能为力，甚至产生负面影响。在我国，传统农业生产的初级产品经过加工后，作为商品开始流通，在完成使用和服务价值后，部分商品变成垃圾，加剧了农业面源污染。循环经济源于可持续发展，它是人类发展到一定阶段受自然“胁迫”后反思的结果，发展循环经济就是对可持续发展道路的探索。而针对传统农业所进行的现代化改造，正是循环经济在农业领域展开探索的时代背景和阶段特征。只有在这个特定的阶段，农业循

环经济的一系列思路和理念才能在保持农业可持续性和发展现代化农业的目标中发挥最大效用。

2. 循环经济适应农业可持续发展的内在要求，是积极、和谐地实现资源、环境与社会经济的可持续发展

农业作为直接利用自然资源进行生产的基础产业，是人类对自然资源与生态环境影响最大、依赖性最强的产业。农业可持续发展的核心是保护农业资源与环境，农业要实现可持续发展很重要的一点就是实现资源的可持续利用，这是本质所在。农业循环经济以资源的高效利用和生态环境保护为核心，以“减量化，再利用，资源化”为原则，如畜禽养殖冲洗用水可用于灌溉农田。也就是说，农业循环经济在资源利用方面强调利用自然生态系统中各要素的特性，形成空间上多层次和时间上多序列的立体多维的资源利用系统。

（二）发展农业循环经济有利于促进农民增收

农民收入是衡量农村经济发展水平的综合指标，是检验农村工作成效的重要尺度。农民收入增长缓慢，不仅影响农村经济的发展，而且制约着工业品市场容量的扩大，不利于整个国民经济的发展。解决农民增收问题的思路不创新，不下大力气缩小城乡贫富差距，就不可能为我国的加工业和服务业提供大的市场，国内巨大的潜在消费能力就难以真正释放，稳中向好的经济增长就难以保持。

1. 有利于大大提高农业资源利用率，节约农民生产性开支，变废为宝

稀缺性、有限性是农业资源的特点，在客观上要求农业各项生产活动都必须十分珍惜利用农业资源，充分开发利用农业有机资源，尽可能提高农业资源的利用率，做到“吃干榨尽”。农业循环经济通过生物之间在生态链中的各个营养能级关系，相应地使剩余农业有机资源转化为经济产品，投入农业生产过程，替代或增加新的生产要素，使农民获得经济效益增加农民收入。

2. 有利于适度规模化生产经营的形成，变“粗放型”为“集约型”农业生产方式

尽管生态效益和经济效益同为政府和包括农民在内的社会公众所关心，但是在市场经济条件下，一种农业模式能否得到推广关键还是在于它能否带来经济效益。农业循环经济要求根据区域农业资源优势、产业结构特征以及废弃物特征和分布状况，实现区域范围的大循环，这无疑将加快由家庭小生产经营向集约化、规模化大生产经营方式的转变，“集体化”可以提高农作物的单位产量，增加农

民的生产性收入，并可以解放大量劳动力向城市和农村非农产业转移，增加农民收入的来源形式。例如在各地蓬勃发展的生态农业旅游、农家乐等都为农民致富开辟了广阔天地。促进农业生产规模化经营不仅可以降低农业生产的成本，增强农业抗风险能力，提高农业生产的经营效益，同时，还可以将市场竞争中长期处于弱势地位的单个农民变为真正具有市场竞争和博弈能力的市场主体，增强农民的市场谈判能力，有效地保护农民权益，降低农民的交易成本，增加农民收入。

3. 有利于促进农民就业，带动人力资源开发

我们依据循环经济原理来分析农业循环经济促进农村人口就业的运行机制。循环经济要求各类产业或企业间具有产业关联度或潜在关联度，能够在各产业间建立起多通道的产业链接，实现产业或企业间的能源共享；提高供应链管理的水平，通过核心业务的选择和调整，进行有效的产业链整合，从根本上提高生产和服务的效率，减少能耗，提高产品和服务质量，提升核心竞争力。产业链的整合会促进产业的延伸和产业间的融合，促使第三产业向第一产业和第二产业的延伸和渗透，以及工业、农业、服务业内部相关联的产业融合，提高竞争力，适应市场新需要。

发展循环农业，通过产业链整合促进产业间的延伸整合，可以使内生就业机会增加，有效解决农民就业问题。农业循环经济要求农业生产是产业化的生产，形成一个良性运转的“产业链”或“产业网”。这提高了农业生产效率和人才资源配置效率，增加了农业就业机会。农业循环经济的发展还扩大了劳动密集型的园艺、畜牧、农产品加工等优势产业的规模，可以吸纳更多农村劳动力就业。

二、政府推动农业循环经济发展的对策措施

（一）制度建设是发展农业循环经济的基础

1. 推进农业循环经济法治建设

实践证明发展循环经济的主要杠杆，一是要靠经济、价格政策；二是要靠法律法规，即法律规范机制，就是说要用立法方式加以推进，才能事半功倍。循环经济无论作为一种经济理论，还是一种现实的经济模式，要在全社会范围内深入人心，要建立农业循环经济体系，实现农业可持续发展，必须建立一个强有力的法律支撑系统、一个规范的行为准则、一个明确的导向系统。发展农业循环经济是一场变革传统生产方式、生活方式的社会经济活动，需要明确的导向。没有明

确是思想和价值观念为其指明方向，没有可靠的行为规范、行为准则来统一其行动，发展循环经济就会陷入混乱。因此，必须加强农业循环经济立法。也只有通过立法，才能把循环经济从一种经济理论转变为人人都能遵守的行为规范。目前，在农业循环经济发展方面，相关的法规制度还十分薄弱，因此，加快有关农业循环经济法治建设工作已是当务之急。应建立和完善农业生态环境保护法、农业废弃物无害化处理与利用标准、绿色农产品认证制度、市场准入制度、生态农业补偿制度以及生态农业发展的激励政策与机制。

法律具有强制和教育、引导的功能。加强农业循环经济立法，可通过发挥法律的强制作用，扭转农民陈旧落后的思想观念，提高其环保意识，使其逐渐抛弃自私自利的小农思想，用长远的眼光看问题，杜绝短期行为。同时，农业循环经济立法还可以充分发挥法律的引导功能，通过规定经济激励制度、技术支撑制度、信息服务制度及政府的职责等内容，帮助农民解决发展循环经济过程中遇到的资金、技术、信息等问题，化解发展农业循环经济可能给农民带来的风险，消除他们对发展农业循环经济的顾虑。

坚持循序渐进和因地制宜原则。全国性农业循环经济立法要兼顾我国区域发展差异条件下的不平衡性，地方性的农业循环经济立法要因地制宜，结合法律的前瞻性和可操作性，结合本地区的农业资源和生态资源情况、农业生产力发展水平，做到科学立法，增强立法的质量与效益。

坚持政府引导和市场推进相结合。农业循环经济的发展要遵循市场经济规律，充分发挥市场经济所具有的市场联系、产品选择、收入分配、信息传递、经济引导与刺激，促进技术研发、保持供求总量平衡，促进政府执法方式转变和提高执法效能，促进贸易与经济发展等功能。但市场经济的这些功能具有互动性和自发性的特点，互动性和自发性如不受政府的合理干预就会产生市场失灵的问题。因此发展农业循环经济，必须强调政府适度的服务性、技术性和政策性引导，甚至强制干预功能。在农业循环经济立法中，要把市场推进与政府引导结合起来，既要解决农业循环经济发展过程中市场失灵的问题，还要解决历史上形成的政府干预过度问题，不能越俎代庖，做一些本应由市场机制就能解决问题的事情。

坚持农业自然资源的开发利用和保护相结合的原则。自然资源是农业生产赖以发展的物质基础，丧失了自然资源，就丧失了农业的劳动对象，也就无法进行农业生产；农业自然资源受到破坏，就会影响农业生产的持续稳定发展。因此，

必须合理利用并注意保护农业资源，才能保障农业的发展，对于开发利用农业自然资源的各种活动，必须加强监督管理。按照生态经济规律的要求，合理开发利用自然资源，并在开发利用过程中，保护好农业自然资源和农业环境，是促进农业生态系统良性循环，实现资源永续利用的关键所在。

2. 建立政府经济激励机制

法律法规体系的建立和完善能够为农业循环经济的发展提供坚强有力的后盾支持，做到有法可依，有据可循；能够规范各行为主体之间的关系。“但法律法规并非循环制度安排的唯一内容，西方国家的循环经济实践表明，经济手段同样具有十分重要的作用”，农业循环经济必须遵循市场经济一般法则，其主体是企业和农户。“经济人”的天然属性要求经济行为必须有利可图，“事实上，无论是传统经济中企业的逐利行为造成的负外部性，还是实施循环经济后所形成的正外部性（生态环境效益），都可通过经济手段予以内部化。由于企业具有天然的‘经济人’特性，使用经济激励可能比强制性制度获得更低的交易成本和更高的效率。”

（二）政府生态服务职能是引导农业循环经济的保障

在我国现代政府范式系统中，生态服务型政府范式被视作服务型政府观念范式的具体表现形式，它是作为观念范式的“服务型政府”和作为操作范式的“生态型政府”相互嵌套和相互契合的产物。而所谓生态型政府就是指以实现人与自然的自然和谐为基本目标，将遵循自然生态规律和促进自然生态系统平衡作为其基本职能，并能够将这种目标与职能渗透与贯穿到政府制度、政府行为、政府能力和政府文化等诸方面之中去的政府。因此，政府引导农业循环经济发展，政府本身应积极构建包括“生态服务型政府”内涵在内的服务型政府，完善政府生态服务职能。换句话说，政府生态服务的价值观念是政府生态服务实现的首要前提，也是政府生态服务实现的规则制度和操作理念及行为的内在灵魂。

从另一个方面来看，市场机制是农业循环经济运行的基础性制度机制，但农业循环经济并不是为经济而经济，它之所以优越于传统的农业经济发展方式，就在于其内含的生态价值导向。一方面是遵循市场经济的价值规律以使农业循环经济获得强大的生命力，而不至于仅仅停留于对改善环境的美好的理论想象；另一方面，存在于社会认可的经济价值背后的生态价值是农业循环经济发展模式的真正根基。正是如此，才使得农业循环经济从短期的经济利益出发，又超越经济利益而兼顾子孙后代赖以生存的生态环境。这样，政府的生态服务职能在农业循环经济生态价值发挥过程中起到关键的主导作用：一是农业生态环境作为比较典型的公共物品，具有广泛的公共意义，明显体现出社会的整体利益、公共利益和长期利益，作为具有独特公共代表性的政府，必须对其行为承担相应的责任，这是其他个人或组织无法比拟的。二是农业生态环境问题本身存在一定的跨区域性，其他组织和个人的合法性与强制性以及宏观调控能力都无法和政府相比拟。三是生态公民社会的成长、企业生态责任感的增强还不足以取代政府在生态环境治理中的主导地位。相反，农业循环经济相关企业的生存成长、非政府生态组织的发育发展、公民的生态治理与意识、教育熏陶还需要现代政府发挥特有的培育、倡导和组织作用。四是我国大多数公民视政府为自己依靠的依赖型政治文化环境，需要政府在生态环境治理中居于主导地位和发挥主要作用。

（三）引导农民积极参与发展农业循环经济

马克思主义认为，人是一切经济社会发展的主体。人自由而全面的发展，是人类社会发展的终极目标。建设社会主义新农村，人是第一资源，没有农民素质的现代化，就不可能有农业和农村的现代化。

1. 转变农民的思想观念，促进农业循环经济理念扩散推广观念更新是发展农业循环经济的重要前提

农民的思想意识和价值观直接影响着农业经济的发展。要转变农民传统、保守的思想观念，树立循环农业发展观念，增强广大农民群众实施循环农业的积极性和自觉性，为循环农业的实施提供强大的社会基础。因此，在农业教育、宣传中，要将转变其思想观念放在首位，应适时引导他们抛弃传统的小农意识，走出安于现状、不思进取的误区，自己融入发展市场经济和建设现代农业的大潮，使之感到知识经济时代已经到来，生产劳动不再是单纯的体力消耗，而是“技能+体能”“知识+勤劳”的复合性支出。同时，使他们明白，日新月异的科技进步、突飞猛进的世界经济发展，唯有不断接受教育，积极学习、运用现代科技，才跟得上社会发展的节拍。要加强对农民的宣传教育，增强农民的资源忧患意识和环保意识，普及循环经济知识，逐步培养起节约资源、保护环境的生产方式和生活方式。

发展循环农业，需要农业劳动者不断学习新知识、掌握新技能，这就要求农民群众树立“终身学习”的理念。当前，农村人力资源开发的一个重要任务是

培养农民的学习习惯、再学习能力，培养学习型的农村社会、学习型家庭。让农民经常学习，科学劳作，增加劳动中的知识含量，通过学习指导日常工作，从而减少各种损失，提高效益。

农业循环经济是知识经济。农民群众还要树立“知识致富”的理念。21 世纪知识就是经济，谁拥有了知识，谁就拥有了财富。没有知识的土地是贫瘠的，农业资源开发，就是要让农民掌握知识，运用知识，耕耘土地，创造财富。开发农民的潜能，在生产中，变“体力劳动为主”为“脑力劳动为主”，运用各种工具辅助劳动，运用各种知识指导劳动，知识致富。

直接面向农民群众的基层领导干部在转变农民思想观念上具有表率作用。在农村现实生活中，一旦正确的政策路线确立后，干部队伍便起着关键性作用，他们直接影响着政策路线的正确实施。因此，转变落后的思想观念，首先是要转变农村干部的思想观念。各级干部要以科学发展观为指导，辩证地认识知识经济增长与环境保护的关系，转变把增长简单等同于发展的观念。在发展思路上要彻底改变片面追求 GDP 增长而忽视资源和环境问题的倾向，树立资源意识和环保意识。要深刻认识发展农业循环经济对于落实科学发展、实现经济和社会可持续发展、全面建设小康社会的重要性、必要性和紧迫性，牢固树立农业循环经济的发展理念。

2. 继续加大农村人力资源开发投入力度

在同等条件下，一个具有较高人力资本的农民与土地、资金结合便能够产生更多的产品，创造更多的财富，进而更多地增加农民的收入。人力资本低，产出效率必然低，从而影响农民收入。政府要加大对农村人力资源建设的投入，在经费上给予大力支持。要增加教育投资力度，继续提高国家财政的教育经费支出比重，使教育费用支持增长率高于国家财政支出增长率。鼓励社会增加教育投入，尤其是鼓励和宣传一部分富裕农民集资捐助教育，为农村教育筹集大量资金。提高个人、家庭对教育的投入。同时，政府为农民提供助学贷款为大学生到农村创业提供融资、信贷等优惠。政府也应加大对农村营业、卫生、医疗、保健等方面的资金投入，努力改善广大农村地区的自然条件、医疗卫生条件等，为农民身体素质的提高提供资金保证。

农民提高认识、转变观念，参与农业循环经济发展，需要的是信息的充分供给。政府需要对现有农业信息传播体系进行集成整合，完善农业循环经济信息网络建设，提高网站质量，扩充信息量，让农民与时俱进；要加强信息标准化建设，构建智能化农村社区信息平台，促进循环农业信息资源共享和开发利用，全面、高效、快捷地为农民提供信息咨询服务；促进农村信息化进程，加快信息进村入户，把政府上网工程的重点放在村组两级，不断提高农村基层适应市场，把握农业、科技发展前沿动态的能力，增强其参与农业循环经济发展的积极性和自觉性。

3. 建立农民群众投身循环农业发展的激励机制

农村广大农民群众的积极参与，是循环农业健康发展的重要保证。我国自20世纪80年代初推行家庭联产承包责任制以来，许多农村地区长期处于无人管状态，农民各自为政，农业生产无序，水利、机耕路长期失修，农田高度分散得不到有效整治，农业资源得不到充分有效利用，农业生产环境恶化，尤其在集体经济完全瓦解的贫困乡村。发展循环农业，号召农民加入循环农业生产，除依靠农民自身的觉悟及个体积极性以外，还需要通过农村社区、乡村集体以及农民自己的合作组织，建立一套激励机制与规章制度，把农民群众吸引到循环经济发展道路上来。

（四）完善农业循环经济技术推广服务体系

农业循环经济科技推广体系对于农业新技术的大面积推广应用所起的作用是无可替代的，进一步推动循环农业科技进步，必须对农业技术推广服务体系进行优化，完善其农业技术推广功能，促进农业科技成果向农业生产力的转化。循环农业科技推广体系具有不可替代的公益性职能，承担着农业科技成果转化、实用技术推广应用和指导、组织农业标准化生产、推动无公害及绿色食品发展、加强农业质量检验监测以及开展农民素质培训等重要职能，是实施科技兴农战略的主要载体和推进农业技术成果产业化的基本力量。由政府建立一支履行公益职能的推广队伍，是我国循环农业技术成果产业化的客观需求，也是各国农业发展的共同经验。因此应首先强化政府事业单位作为循环农业技术推广主体的作用，在此基础上建立健全由科研部门、高等院校、科技企业、农民合作组织、科技示范户等多个主体共同构筑的多元化农业科技推广网络体系。

第六章　玉米的栽培技术

第一节　玉米栽培的生物学基础

一、玉米的一生

（一）玉米的生长发育

玉米从播种开始，经历种子萌发、出苗、拔节、抽雄、开花、吐丝、受精、灌浆、成熟，完成其生长发育的全过程。

玉米的生长发育过程可分为三个阶段，表现出不同的生育特点。

1. 苗期阶段（出苗到拔节前）

玉米苗期指玉米从出苗到拔节前的这一段时间，包括以长根为中心和分化茎叶为主的营养生长阶段。

本阶段的生育特点是：地下部根系发育较快，至拔节前基本形成强大的根系，而地上部茎叶生长较缓慢。田间管理的中心任务是：促进根系发育，培育壮苗，达到早、全、齐、匀、壮的"五苗"要求，为玉米后期高产、稳产、抗倒伏打好基础。

2. 穗期阶段（拔节到抽雄前）

玉米从拔节到抽雄时期，称为穗期阶段。这是玉米营养生长和生殖生长并进的旺盛生长时期。

本阶段的生育特点是：茎秆、节间迅速伸长，叶片增加，叶片面积快速增大，雌雄穗等生殖器官强烈分化形成，是玉米一生中生育最旺盛、需要水肥养分最多的阶段，也是田间管理最关键的时期。田间管理的中心任务是：促叶、壮秆，重点是促进中、上部叶片增大，尤其是“棒三叶”，达到茎秆粗壮敦实，穗多、穗大的丰产长相。

3. 花粒期阶段（抽雄到成熟）

玉米从抽雄到籽粒成熟这一段生长时期，称为花粒期阶段。这时玉米营养生长趋于停止，转入以生殖生长为中心的时期。

本阶段的生育特点是：茎、叶基本停止增长，雄花、雌花先后抽出，接着开花、授粉、受精，籽粒开始形成并灌浆，直至成熟。这是玉米产量形成的关键时期。田间管理的中心任务是：保叶、护根，防止早衰，保证正常灌浆，争取粒多、粒重，实现高产、稳产。

根据玉米一生不同的器官建成先后和内部组织分化特点以及生理变化，又可将玉米分为营养生长（前期）、营养生长与生殖生长并进生长（中期）和生殖生长（后期）三个阶段，它们分别与苗期、穗期和花粒期相对应。

（二）玉米的生育期和生育时期

1. 玉米的生育期

玉米从出苗到新种子成熟所经历的天数称为生育期。

依据玉米一生所需≥10℃的有效积温多少及熟期不同，可将其分为极早熟、早熟、中熟、晚熟和极晚熟五种类型，生产上通常划分为早熟、中熟和晚熟三大类型。

玉米生育期的长短受品种特性、播种时间和当地温度条件等的影响。早熟品种生育期短，晚熟品种则长；早播的生育期长，晚播的气温较高，生育期较短；温度高的地区生育期短，温度低的地区生育期会延长。

2. 玉米的生育时期

玉米从播种到新的种子成熟，由于器官先后形成和栽培环境的作用，其植株外部形态和内部组织呈现出一系列变化，依据不同变化划分为不同的生育时段，通常称为生育时期。

（1）出苗：播种后，种子发芽出土，苗高2cm左右，称为出苗。

（2）拔节：顶部雄穗分化进入伸长期，近地面手摸植株基部可感到有茎节，其长度2~3cm，称为拔节。

（3）抽雄：雄穗尖端从顶叶抽出时，即雄穗（天花）露出时，称为抽雄。

（4）开花：雄穗上部开始开花散粉，称为开花。

（5）吐丝：雌穗（或称果穗）顶上部的花丝开始伸出苞叶，称为吐丝。

（6）成熟：玉米果穗苞叶枯黄而松散，籽粒基部尖冠出现黑层（达到生理成熟的特征），乳线消失，籽粒干燥脱水变硬，呈现本品种固有的特征，称为成熟。

生产上常用大喇叭口期（或称大口期）作为施肥灌水的重要标志。该时期有5个特征：①棒三叶（果穗叶及其上下各一叶）开始甩出而未展开；②心叶丛生，上平、中空，形状如同喇叭；③雌穗进入小花分化期；④最上部展开叶与未展叶之间，在叶鞘部位能摸到发软而有弹性的雄穗；⑤此时叶龄指数为60%左右。雌穗生长锥伸长期称为小喇叭口期（或称小口期），叶龄指数为40%左右。

二、玉米的器官建成

（一）根系的生长

1. 初生根

种子萌发时，先从胚上长出胚芽和一条幼根，这条根垂直向下生长，可达20~40cm，称为初生胚根。经过2~3d，下胚轴处又长出2~6条幼根，称为次生胚根。这两种胚根构成玉米的初生根系，它们很快向下生长并发生分枝，形成许多侧根，吸取土壤中的水分和养分，供幼苗生长。

2. 次生根

幼苗长出两片展开叶时，在中胚轴上方、胚芽鞘基部的节上长出第一层节根，由此往上不断形成茎节，通常每长两片展开叶，可相应长出一层节根。玉米一生的节根层数依品种、水肥供应和种植密度等条件而定，一般可发4~7层节根，根总数可达50~60条。次生根数量多，且会形成大量分枝和根毛，是中后期吸收水分、养分的重要器官，还起到固定、支持和防止倒伏的作用。

3. 支持根

从拔节到抽雄，近地表茎基1~3节上生出一些较粗壮的根，称为支持根，也叫气生根（或气根）。它入土后可吸收水分和养分，并具有强大的固定、支持作用，对玉米后期抗倒、增产作用很大。

（二）茎及其分枝的生长

1. 茎的生长

玉米茎秆粗壮高大，但植株的高矮，因品种、气候、土壤环境和栽培条件不同而有较大差别。早熟品种、矮秆类型通常株高只有1.0~1.5m，中熟品种、中秆类型为2m左右，晚熟品种、高秆类型可高达3~4m。生产上一般把2m以下的玉米称为矮秆，2~2.7m的称为中秆，2.7m以上的称为高秆。株高与栽培条件关系密切，适当降低株高，增加种植密度，有利于高产、稳产。

2. 玉米的分枝

玉米茎秆除最上部5~7节外，每节都有一个腋芽。地下部几节的腋芽可发育成分蘖，生产上叫发杈，须打掉，以减少营养损耗。茎秆中、上部节上的腋芽可发育成果穗，多数只发生1~2个果穗，而其他节上的腋芽发育到中途即停止、退化。

（三）叶的生长

1. 叶的形态及生长

玉米的叶是由叶片、叶鞘和叶舌三部分组成。叶片中央有一主脉，两侧平行分布着许多小侧脉，叶片边缘具有波状皱褶，可起到缓冲外力的作用，避免大风折断叶部。叶片表面有许多运动细胞，可调节叶面的水分蒸腾。大气干旱时，运动细胞因失水而收缩，叶片向上卷缩成筒状，呈萎蔫状态，以减少水分蒸腾。叶片宽大并向上斜挺，连同叶鞘像漏斗一样包住茎秆，有利于接纳雨水，使之流入茎基部，湿润植株周围的土壤。

叶片在茎秆上呈互生排列。玉米一生的叶片数目是品种相对稳定的遗传性状。叶片数目的多少在较大程度上决定着植株光合叶面积的大小。叶片数目与玉米生育期长短、植株高度、单株叶面积呈正相关。一般来说，生育期为90~100d的早熟品种有12~16片叶，生育期为100~120d的中熟品种有17~20片叶，生育期为120~150d及更长的晚熟品种有21~24片叶或更多。

2. 叶的功能

玉米属于C_4植物，叶的光合效能高，称为高光效作物。通常在大气CO_2浓度

为 300mg/L、温度为 25~30℃的条件下，净光合强度值为 46~63mg/（dm^2·h）。光饱和点高，光补偿点低，在自然光条件下不易达到饱和状态，同化效率高，水分吸收利用率高，蒸腾系数为 300~400，而 C_3作物在 600 以上。

（四）穗的分化

玉米属雌雄同株异花植物，其雄穗（俗称天花）是由主茎顶端的茎生长点分化发育而成，雌穗（俗称果穗、棒子）是由茎秆中部节上叶腋内的侧芽生长点分化发育而成。玉米靠风力传粉，自然杂交率在 90%以上，为异花授粉作物。

1. 雄穗和雌穗的结构特征

（1）雄穗

为圆锥花序，着生于茎秆顶部，由主穗轴和若干个分枝构成。雄穗分枝的数目因品种类型而异，一般为 10~20 个。主轴较粗，其上着生 4~11 行成对排列的小穗；分枝较细，通常着生两行成对排列的小穗。每对小穗均由位于上方的一个有柄小穗和位于下方的一个无柄小穗组成。每一小穗基部都有两片颖片（又叫护颖），护颖内有两朵雄花，每朵雄花内有三个雄蕊和内外稃各一片。在外稃和雄蕊间有两个浆片（也叫鳞片），开花时浆片吸水膨大，把外稃推开，并且花丝同时伸长，使花药伸出外面散粉。

（2）雌穗

为肉穗花序，受精结实后称为果穗。从器官发育上来看，果穗实际上是一个变态的侧枝，下部是分节的穗柄，上端连接一个结实的穗轴。果穗外面有苞叶，苞叶数目与穗柄节数相同。有些品种果穗的苞叶顶尖有小剑叶，对光合同化和防虫、抗病有益，但对授粉受精不利。

2. 雄穗和雌穗的分化进程

（1）雄穗分化进程

①生长锥未伸长期：茎顶生长锥尚未伸长，表面光滑，呈半圆形突起，长、宽差异甚小，基部有叶原始体突起，是决定植株节数和叶数的时期。

②生长锥伸长期：开始时，生长锥稍微伸长，长度略大于宽度，基部原始节和节间形成，上部仍是光滑的。随后，生长锥显著伸长，其下部形成叶突起，中部呈棱状突起，开始分节。此期历时 5~8d，叶龄指数约 21%。

③小穗分化期：生长锥继续伸长，基部出现分枝突起，中部出现小穗原基（裂片）；第一小穗原基又继续分化为成对的两个小穗突起，其中一个大的在上，将来发育为有柄小穗；一个小的在下，发育为无柄小穗，此时小穗基部颖片开始形成。与此同时，生长锥基部的分枝突起也迅速地先发育成雄穗分枝，然后按上述方式，分化出成对排列的小穗。此期历时 5~10d，叶龄指数约为 40%左右。

④小花分化期：每个小穗突起又进一步分化出两个大小不等的小花突起，在小花突起的基部形成 3 个雄蕊原始体，中央形成一个雌蕊原始体。雄蕊分化到这一时期，表现为两性花，但继续发育时，雄蕊生长产生药隔，雌蕊原始体逐渐退化。两朵小花发育不平衡，位于上部的第一朵小花比位于下部的第二朵小花发育旺盛，可谓雄长雌退期，即雄蕊生长、雌蕊退化。每一小花具有内、外稃（颖）和两个浆片。此期历时 2~5d，叶龄指数约 47%。

⑤性器官发育形成期：雄蕊原始体迅速生长，当雄穗主轴中、上部小穗颖片长度达 0.8cm 左右，花粉囊中的花粉母细胞进入四分体期，这时雌蕊原始体已经退化，随后花粉粒形成，内容物充实，穗轴节片迅速伸长，护颖及内、外稃也迅速伸长，整个雄穗体积迅速增大，其长度比小花期增长 10 倍左右。此时植株外形为孕穗状，不久雄穗即可抽雄，抽雄时几乎所有叶片均已展开。此期历时 8~14d，叶龄指数在 60%以上。

（2）雌穗分化进程

①生长锥未伸长期：生长锥尚未伸长，呈现为基部较宽、表面光滑的圆锥体，体积小。此时生长锥基部分化的节和节间，将来长成果穗柄，节上的叶原始体以后发育成果穗的苞叶。

②生长锥伸长期：生长锥显著伸长，长度大于宽度，随后生长锥基部出现分节和叶突起，这些叶突起的叶腋内将形成小穗原基（裂片），小穗原基形成以后叶突起退化消失。此期历时 2~4d，叶龄指数约 42%。

③小穗分化期：生长锥进一步伸长，并出现小穗原基，小穗原基再分化为两个并列的小穗突起，小穗突起的基部将分化颖片突起。小穗分化先从雌穗的基部开始，依次向上，属于向顶式分化。当生长锥顶部还是光滑的圆锥体时，其中下部及基部出现成对排列的小穗突起。此期历时 4~8d，叶龄指数约 47%。

④小花分化期：每个小穗进一步分化为上、下两个大小不等的小花突起，上

方较大的小花将发育为结实花，下方较小的小花逐渐退化。在小花突起的基部外围出现三角形排列的 3 个雄蕊突起，中央隆起出现一个雌蕊原始体。在小花分化末期，雄蕊突起生长减慢，最后消失；雌蕊原始体迅速增长，呈雌长雄退状态，即雌蕊生长、雄蕊退化。在良好的栽培条件下，果穗形成的行数、粒数多，排列整齐；反之，则部分小花不能正常发育，行数、粒数少，且长成畸形或行列不整齐的果穗。此期历时 6~8d，叶龄指数约 63%。

⑤性器官发育形成期：雌蕊的花丝逐渐伸长，顶端出现分裂，花丝上出现茸毛，子房体积增大，胚囊母细胞形成，整个果穗急剧增长；不久，花丝即抽出苞叶，进入吐丝期。此期历时 6~10d，叶龄指数在 70%以上。

（五）开花、授粉、受精

玉米雄穗开花时，花药中的花粉粒及雌小穗小花和胚珠中的胚囊都已成熟，花药破裂即散出大量花粉。散粉在一天中以 7~11 时（地方时间）为多，最盛在 7~9 时，下午开花少。花粉落到花丝上称为授粉。

玉米的花为风媒花，花粉粒重量轻，花粉数量多，每个花药可产 2500 多粒花粉，全株整个花序可多达 100 万~250 万粒。散粉时，靠微风即可传至数米远，大风天气可送至 500 米以外。因此，玉米制种田必须设置隔离区。

授粉受精过程：花粉粒落在花丝上，经过约 2h 萌发，形成花粉管，进入胚囊，完成受精过程。花粉粒释放的两个精子，一个与卵细胞结合，形成合子，将来发育成胚；另一个先与两个极核中的一个结合，再与另一个极核融合成一个胚乳细胞核，将来发育成胚乳。

花粉在田间条件下，4h 内生活力最高，6h 后生活力显著降低，22~24h 则全部丧失生活力。实行人工辅助授粉和混合多量花粉授粉，采集新鲜花粉授粉，是提高玉米果穗结实率的有效措施。

（六）籽粒发育

雌花受精后，籽粒即形成，并开始生长发育。从受精到籽粒成熟，一般历时 40~55d。籽粒形成和灌浆过程先后可分为 4 个阶段。

1. 籽粒形成期

受精后 10~12d 原胚形成，14~16d 幼胚分化形成，籽粒呈胶囊状，此时胚乳为清浆状，含水量大，干物质积累少，体积增大快，处于水分增长阶段。

2. 乳熟期

受精后15~35d，种胚基本形成，已分化出胚芽、胚轴、胚根，胚乳由乳状至糊状，籽粒体积达最大，干物质积累呈直线增长，千粒重日增长量最快可达10g左右。此时，籽粒含水量开始下降，为干物质增长的重要阶段。

3. 蜡熟期

受精后35~50d，种子已具有正常的胚，胚乳由糊状变为蜡状，干物质积累继续增加，但灌浆速度减慢，处于缩水阶段，籽粒体积有所缩小，干物质重量占成熟时粒重的70%以上。

4. 完熟期

受精后50~60d，籽粒变硬，干物质积累减慢，含水率继续下降，逐渐呈现出品种固有的色泽特征，皮层具光泽，指甲不易划破。马齿型玉米顶端凹陷，硬粒种外表光亮、坚硬；种子基部尖冠有黑层形成。苞叶黄枯松散，进入完熟期。

三、玉米生长发育对生态条件的要求

（一）温度

玉米在长期的系统发育过程中形成了喜温、好光的特性，整个生长过程都要求较高的温度和较强的光照条件，其中温度是影响玉米生育期长短的决定性因素。

种子在6~8℃条件下发芽，但发芽速度较慢，在10~12℃时发芽较快，生产上常以地表5~10cm土层温度稳定在10~12℃作为适时早播的温度指标。在25~30℃高温下发芽快，但易形成细弱高脚苗。苗期若遇到-2~-3℃的低温，幼苗会受到霜伤，遇-4℃可能会被冻死。一般植株长到6~8叶展开、温度达到18℃时开始拔节，18~22℃是拔节期生长茎叶的适宜温度。在较高温度条件下，茎节伸长迅速。

抽雄开花时，日平均温度以24~26℃最适宜；气温高于32℃，空气相对湿度低于30%，会使花粉失水干枯，花丝枯萎，导致授粉不良，造成缺粒减产。抽雄散粉时，气温低于20℃，花药开裂不正常，影响正常散粉。

籽粒形成和灌浆期间，日平均温度以22~24℃最适宜，若气温低于16℃或高于25℃，则酶的活性受影响，光合产物积累和运输受阻，籽粒灌浆不良；若遇高温逼熟，则千粒重明显下降，减产严重。

在无霜期短的地区，玉米生育后期可能受早霜危害，若遇到3~4℃低温，植株便停止生长，籽粒成熟和产量均受影响；若遇-3℃低温，籽粒尚未完全成熟而含水量又较高，易丧失发芽能力。

玉米全生育期≥10℃的日平均温度的累计之和称为活动积温。北方玉米品种以春播（或称正播）为标准，大体可划分为三类：早熟品种需≥10℃的活动积温为2000~2200℃，中熟品种需2200~2500℃，晚熟品种需2500~3000℃。各地种植玉米应依据当地的气候条件等，选用适宜的品种。

（二）光照

玉米是具有高光效的C_4作物，光照条件充足，其丰产性大。玉米属不典型的短日照作物，在每天8~12h的日照条件下，植株生育加快，可提早抽雄开花，但在较长日照（18h）状况下，也能开花结实。玉米地膜覆盖栽培，既可增温、保墒，也利于反射中、下层漏光，提高光能利用率。

玉米不同生长发育时期对光质要求不同。据研究分析，果穗在蓝光和白光中发育最快，在红光中发育迟缓；天花在蓝光中发育最好，光谱不同对玉米生育有一定的影响。

（三）水分

全生育期的需水规律大体是，苗期植株幼小，以生长地下根系为主，表现耐旱，应以蹲苗来促壮；拔节后，植株生长迅速，株高、叶多，需水量逐渐增大；在抽雄前10d至抽雄后20d这一个月内，消耗水量多，对水分需求很敏感；开花期是玉米的需水临界期，若缺水受旱会造成“卡脖旱”，减产严重；乳熟期后，消耗水量逐渐减少。春、夏玉米的需水规律大体相似，但夏玉米播种时外界气温高，苗期生长快，前期耗水远比春玉米多，应提早灌水。

（四）土壤及养分

玉米根系发达，根量大，分布广，入土深度可达1m以下。玉米全生育期吸收的养分较小麦多，种植玉米土壤应具有较高的肥力，一般要求土壤含有机质

1.2%以上，碱解氮 70~80mg/kg，速效磷 15mg/kg。

第二节　玉米主要栽培技术

一、玉米垄膜沟灌节水栽培技术规程

（一）播前准备

1. 地块的选择

选择土壤团粒结构好、蓄水能力强、土层较厚的地块，前茬以豆类、马铃薯、小麦、秋油菜及其他蔬菜类为佳。

2. 整地

前茬作物收获后，深耕晒垡，熟化土壤，秋季人工或机械深翻 20~25cm，结合深翻每公顷（1 公顷=15 亩，下同）施入优质农家肥 45000~60000kg，冬季灌足冬水。

3. 施肥

每公顷全生育期施入纯 N 390~420kg、P_2O_5 195~210kg、K_2O 90~120kg、$ZnSO_4$22.5~30kg 或根据测土结果进行配方施肥，肥料结合春耕施入或在起垄时集中施入垄底。

4. 选用良种

为了保证出苗和产量，应选用抗旱耐逆优质高产的包衣种子。海拔在 1600m 以下的区域应选用中晚熟品种；1600~1800m 以上的区域应选用中早熟品种。

5. 土壤处理

地下害虫危害严重的地块应在整地起垄时每亩用 40%辛硫磷乳油 0.5kg 加细沙土 30kg 制成毒土撒施。玉米丝黑穗病严重的地块可选用立克锈配合毒土施用。

6. 膜下除草

杂草危害严重的地块整地起垄后用 50%乙草胺乳油全地面喷雾，土壤湿度大、温度较高的地区每公顷用 50%乙草胺乳油 750~1050g，兑水 450kg，冷凉灌

区用 2250～3000g，兑水 600～750kg。

（二）起垄

1. 起垄规格

垄沟宽 80cm，垄宽 50cm，沟宽 30cm，垄高 20～25cm，垄沟、垄面要宽窄均匀，垄脊高低一致。

2. 起垄的方法

起垄时先按照垄沟宽度划线，然后用步犁来回沿划线深犁开沟，将犁臂落土用手耙刮至垄面。

（三）覆膜

1. 地膜选择

用厚度 0.008mm 以上、宽 90cm 的地膜，每公顷用 105kg。

2. 覆膜方法

起垄后将垄面全部覆盖，相邻两垄沟间留 10cm 宽的孔隙，覆膜时地膜要与垄面贴紧拉平，并每隔 3～4m 横压土腰带，防止大风揭膜。

（四）播种

1. 播期

当地温稳定通过 10℃时，一般在 4 月中下旬播种。过早受冻，出苗受阻；过迟受烫，影响产量。

2. 播种密度

行距 40cm，株距 33～38cm，每公顷保苗 67500 株~75000 株。

3. 播种方式

根据土壤墒情和地温采取不同的播种方式，当土壤墒情好、地温高时，可以边起垄边播种边覆膜；在土壤墒情差、地温较低时，应先起垄覆膜，待墒情提高、地温升至适宜温度时，再破膜播种，然后用细沙或草木灰封孔。

（五）田间管理

1. 及时放苗

覆膜玉米从播种到出苗需 10~15d，在幼苗第一片叶展开后应及时放苗。破膜放苗选在晴天下午进行，使幼苗逐步受到锻炼，培育壮苗。在 3~4 叶期间苗，4~5 叶期定苗，每穴留壮苗 1 株。

2. 灌水

灌水掌握在拔节、大喇叭口、抽雄前、吐丝后、乳熟期 5 个时期。一般在 6 月 20 日前后灌头水，全生育期灌 4~6 次水。灌水定额 3750~4500m^3/hm^2。

3. 合理追肥

全生育期结合灌水追施氮肥 2~3 次，追肥以前轻、中重、后补足为原则。当玉米进入拔节期时，结合灌头水进行第一次追肥，每公顷追纯 N120kg。追肥方法是在两株中间穴施覆土。当玉米进入大喇叭口期，进行第二次追肥，每公顷追纯 N150kg。到玉米灌浆期，根据玉米长势，可适当追肥，每公顷追施纯 N 一般不超过 45kg。

（六）病虫害防治

1. 玉米螟

50%辛硫磷乳油 500mL 加适量水，与 25kg 过筛（25~60 目）的煤渣或沙石颗粒拌和均匀而成，玉米心叶末期每株施颗粒剂 1~2g，另外可用杀虫双或溴氢菊酯。

2. 红蜘蛛

秋翻灭茬灭草杀虫源，使用 1.8%虫螨克 3000 倍喷雾。植株生长期间用 40%乐果乳油或 73%g 螨特 1000 倍液喷雾防治。

3. 黏虫

用 20%速灭杀丁 2000~3000 倍液喷雾防治。

4. 丝黑穗病

用 12.5%速保利可湿性粉剂、25%粉锈宁可湿性粉剂，或 50%拌种灵或拌种

双可湿性粉剂，按种子重量的的0.3%~5%用药量拌种。

5. 瘤黑粉病

用15%粉锈宁拌种，用量为种子量的0.4%；在玉米抽雄前喷50%的多菌灵或50%的福美双，防治1~2次。

（七）适时收获

当玉米苞叶变黄、籽粒变硬，有光泽时进行收获。收获后及时清除田间残膜，便于来年生产。

二、玉米全膜覆盖节水栽培技术

（一）选地整地

应选土层深厚、土质疏松、墒情好、肥力中等以上的平地，前茬以马铃薯、小麦、豆类作物为宜；在前茬作物收获后要及时深耕，耕后及时清除根茬，耙耱保墒。

（二）选用良种

主要选用的玉米品种有：沈单16号、豫玉22号、郑单958、金穗2001、凉单系列，一般选用包衣种进行播种。

（三）施足基肥

结合春耕或播种，每公顷施农家肥60000~75000kg以上、过磷酸钙1500kg、尿素225~300kg或磷二铵300~375kg、硫酸钾90~120kg、硫酸锌30kg。

（四）覆膜播种

1. 播种

当表层地温稳定在10℃时即可播种。地膜玉米播期应比露地提早7~10d，但湿度过大的地块不宜过早播种，以防烂种。

2. 合理密植

选用120~140cm超薄膜进行宽窄行种植，窄行40~50cm，宽行70~80cm，株距20~25cm，密度在5000株左右为好，每公顷播种量30~37.5kg。

3. 覆膜

覆膜采用先播种后覆膜或先覆膜后播种的方式。

（1）先播种后覆膜

先在整好的地上，用小犁铧开一小沟，将种子点播于小沟内，播深 4~5cm，每穴 2 粒，然后在垄的两侧开一压膜沟，把播种沟覆土整平后覆膜。

（2）先覆膜后播种

先开沟覆膜，然后破膜点种，此法不用放苗。覆膜时两膜相接不留孔隙，地膜要拉展紧贴地面，膜底压入压膜沟内 5cm，压土踏实。覆膜后膜面每隔 3~5m 压一土腰带，防止大风揭膜。

（五）田间管理

1. 及时放苗

先播种后覆膜的地块，出苗后要及时破膜放苗。放苗最好在无风的晴天进行，千万不要在高温天气或大风降温天气放苗。放苗后随即用潮土把苗孔封严。先覆膜后播种的，雨后要及时破土，助苗出土。

2. 查苗补苗

在破膜放苗时，发现缺苗现象，要及时催芽补种。在苗长出 2~3 片叶时，如发现缺苗或死苗，可结合间苗移苗补栽。4~5 片叶时定苗，留壮苗一株。

3. 中耕除草

在苗期要结合中耕，锄净苗眼的杂草。

4. 追肥灌水

在拔节期结合灌水每公顷施尿素 150kg，在玉米大喇叭口期结合灌水，每公顷施 225kg 尿素对提高地膜玉米产量有显著作用。

5. 病虫害防治

丝黑穗病用 15%粉锈宁 150g，加水 2kg，均匀喷洒在 50kg 种子上。玉米螟用 50%辛硫磷乳油 500mL 加适量水，与 25kg 过筛（25~60 目）煤渣或沙石颗粒拌和均匀而成，玉米心叶末期每株施颗粒剂 1~2g。红蜘蛛用 40%乐果乳油或 73%克螨特 1000 倍液喷雾。黏虫用 20%速灭杀丁 2000 倍液喷雾。蚜虫用 40%克

蚜星乳油 800 倍液喷雾。

（六）适时收获

当玉米苞叶变黄、籽粒变硬有光泽时进行收获。收获后及时清除田间残膜，便于来年生产。

三、玉米露地栽培技术

（一）玉米的播种

1. 播前准备种子

（1）选用良种

根据各地自然条件和种植制度等不同，选用不同良种。

（2）精选种子

一般采用穗选和机械、风力粒选等。穗选应在玉米制种的种子田里或晒场上进行，对所选果穗脱粒做到“去两头、留中间”，然后用风力或机械进行粒选，达到粒大、饱满，生命力强。

对选好的种子，播前应做发芽试验，尤其是从外地调入的种子，更应把好种子发芽试验关，保证种子发芽率达到 90%以上。

（3）种子处理

种子经粒选后，在播种前应摊晒 2~3d，并注意翻动，促进种子内酶的活化，增强种子吸水力，提高发芽势和发芽率。晒种能提早出苗 1~2d。为防治病虫害，须用药剂处理种子，或采用包衣。

2. 播种期

（1）适时早播

当土壤表层 5~10cm 地温稳定通过 10℃~12℃时，即可开始播种。

（2）播种质量要求

机播的质量要求是：地平墒足、播行端直、行距一致、下种均匀、深浅合适、接行准确、不重不漏、镇压严密。播种方式一般采用 60~70cm 等行距或 60cm、30cm 的宽窄行播种，播种深度 5~7cm。墒情好、黏土地可稍浅，干旱、墒情差的沙土地稍深一些。播种量一般为 45~60kg/hm^2，用精量播种机播种可节省种子量 50%以上。

（二）玉米的施肥

1. 合理施肥的生理基础

（1）玉米对肥料三要素的需要量

玉米是需肥水较多的高产作物，一般随着产量提高，所需营养元素数量也随之增加。玉米全生育期吸收的主要养分中，以氮为多，钾次之，磷较少。玉米对微量元素尽管需要量少，但不可忽视，特别是随着施肥水平的提高，施用微肥增产效果更加显著。按照玉米每生产 100kg 籽粒需吸收 N3. 34kg、$P_2O_5$1. 23kg、K_2O3. 26kg，N：P：K 为 3：1：2. 8。玉米吸收的 N、P、K 比例和小麦以及其他禾谷类作物相近。但玉米单产高，单位面积实际吸收养分数量远高于这些作物。

（2）玉米生育期间对肥料三要素的需求规律

苗期生长缓慢，只有施足基肥，施好种肥，就可满足其需要；拔节以后至抽雄前，茎叶旺盛生长，内部的穗部器官迅速分化发育，是玉米一生中养分需求最多的时期，必须供应较多的养分，达到穗大、粒多；生育后期，植株抽雄吐丝和受精结实后，籽粒灌浆时间较长，仍须供应一定量的肥水，使之不早衰，确保正常灌浆。

春玉米全生育期较长，前期外界温度较低，生长较为缓慢，以发根为主，栽培管理上适当蹲苗，需求肥水的高峰比夏玉米来得晚，到拔节、孕穗时对养分吸收开始加快，直到抽雄开花达到高峰，在后期灌浆过程中吸收数量减少。春玉米需肥可分为两个关键时期：一是拔节至孕穗期，二是抽雄至开花期。

2. 玉米施肥原则和技术

（1）施肥原则

施肥以“基肥为主，种肥、追肥为辅；有机肥为主，化肥为辅；基肥、P、K 肥早施，追肥分期施；一般以前轻、中重、后补足”的原则，做好测土配方施肥。

（2）施肥技术

①重施基肥：基肥应以有机肥为主，有机肥与无机肥相结合。基肥用量占总

施肥量的60%～70%，中等肥力的地块须施有机肥45～60t/hm^2。基肥以有机肥为主，磷配合，以70%磷肥量混入有机肥中施用。重视秸秆还田，在前茬收割时，把茎秆粉碎并混拌一定量的氮素化肥，随即耕翻入土。豆科绿肥和复播绿肥，在翻压时，适当配施磷肥，达到以磷增氮、提高肥效的目的。

②带好种肥：种肥有良好的增产效果。种肥一般以速效氮、磷复合化肥为主，也可用腐熟过筛的优质有机肥。化肥用量：磷酸二铵为70～100kg/hm^2。用化肥做种肥时，种肥不能与种子混播，应将种肥和种子分开入土，行间相隔5～7cm，较种子深3～5cm。

③重施拔节肥：在重施基肥和带好种肥的前提下，强调重施拔节肥。此期追肥，植株尚不高大，可采用机械追肥，追肥要与灌水相配合。大多数生产单位浇头水（拔节水）前追施拔节肥，接着灌拔节水。此时，植株进入茎叶旺盛生长和果穗分化形成的两旺时期，需求肥水多，这次肥水可以起到促进茎节伸长和幼穗分化进程的双重作用。追肥宜用腐熟有机肥和化肥配施，若仅用化肥时，须氮、磷复合肥配施，磷酸二铵300～400kg/hm^2。

④酌施穗肥：随着种植密度加大和紧凑型玉米的推广，在重施拔节肥的基础上，抽雄前酌情追施穗肥。此时，玉米植株高大，机械作业困难，尽可能进行人工窝施磷酸二铵，用量为100～200kg/hm^2，以保证穗分化发育对养分的需要。

⑤根外追肥：在抽雄灌浆期将氮肥、生长调节剂和微肥适当配合，叶面喷施。

⑥微肥施用：硼肥在基肥中施入，用量为2～4kg/hm^2，或以0.01%～0.05%硼酸溶液浸种12～24h，还可用0.1%～0.2%硼酸溶液叶面喷施。锌肥可用基、种肥施用，用量为5～10kg/hm^2；也可用0.2%～0.5%硫酸锌溶液浸种12～24h，或用0.05%～0.1%浓度在苗期喷叶。锰肥可作基肥、种肥施用，用量为20～30kg/hm^2；浸种可用0.05%～0.1%硫酸锰溶液；也可用同样浓度进行叶面喷施，用药液量200～500kg/hm^2。

（三）玉米的灌溉

1. 需水规律

玉米一生需水规律大体是：①播种至出苗消耗水分少，土壤田间持水量应保持在 60%～70%；②苗期需水少，耐旱性较强，土壤田间持水量可保持在 60%；③拔节后，茎、叶生长快而数量多，需水量大大增加，土壤田间持水量应保持在 70%～80%；④抽穗开花期间，营养生长和生殖生长两旺，需水最多，在抽穗前 10d 至抽穗后 20d 约一个月时间内，是玉米需水“临界期”，土壤田间持水量应达到 80%；⑤进入乳熟期后，需水逐渐减少，土壤田间持水量应在 60%以下，以利于籽粒脱水和加速成熟。玉米需水规律和生育期间的干物质积累增长相吻合。从拔节至灌浆末这一期间，光合同化物形成多，不可缺水受旱。

2. 灌溉技术

首先要制定合理的灌溉制度，以便充分发挥灌溉水源的高效利用，对盐碱较重的地块，事前须洗盐压碱，适当增加灌水量。

（1）灌溉方法

玉米灌溉的方法较多，以灌溉方式和设施不同可分为畦灌、沟灌、喷灌、滴灌、管道渗灌等。灌沟的毛渠间距，依据条田坡降、地势、土质等而定，一般为 40～50m，流入沟内水的流量以 2～3L/s 为宜，细流沟灌。灌水前结合开沟、培土、追肥，土壤肥沃疏松，保水、保肥性能好的地块，可实行隔沟灌。

（2）灌溉技术分析

①贮备灌：播种前必须保证土壤有足够墒情，既要能满足种子发芽出苗需水，又要保持拔节前对水分的需要，促使根系下扎，壮苗发根。播前贮备灌须灌深、灌透，尤其是盐碱地。贮备灌一般在冬前进行，灌溉水量为 1200～1500m^3/hm^2。若冬前没有冬灌，可实行早春灌，但要做好灌后耙耱保墒工作。

②苗期蹲苗：玉米苗期生长以根系为中心，需水量少，耐旱、怕涝；除非特别干旱外，一般不灌水，采用蹲苗，通过中耕松土，保蓄水分，“以耕代灌”，形成上干下湿、上松下实，起到跑表墒、保底墒的双重作用，以便控制地上茎叶生长，促进根系深扎。从植株叶部形态观察，以中午植株下部叶片出现短时间萎蔫作为停止蹲苗的形态指标。

③生育期灌溉：玉米全生育期一般须灌水 4～5 次，要抓好灌水三个关键时期。玉米灌头水是在拔节孕穗期；第二个需水关键时期，即抽雄扬花期，为玉米需水临界期，应根据苗情和土壤肥水状况，灌水 1～2 次；第三个需水关键时期是玉米灌浆至成熟时期，应灌水 1～2 次。每次灌水量 1000～1200m^3/hm^2。

全生育期灌溉定额 5500～6000m^3/hm^2，高产地块还可适当增加灌水量。

（四）玉米的其他田间管理

1. 苗前耙地

玉米播种后至出苗前，进行苗前耙地，其作用是增温、保墒，破除土壤板结，消灭杂草，促使早出苗，提高出苗率，有利于培育壮苗。苗期耙地在苗高 5～10cm 时进行，耙地深度 3～5cm，要避免伤苗、压苗、埋苗。

2. 查苗补种及时定苗

播后出苗前，必须及早查苗补种，保证全苗。

早间苗，防止幼苗拥挤和互相遮光，利于壮苗早发。定苗一般在 4～5 叶期进行。

3. 中耕除草

玉米中耕，一般进行 2～3 次。机力中耕的深度应掌握“前后两次浅，中间一次深；苗旁浅，行中深”的原则。头次中耕在现行时进行，一般为 6～8cm，防止埋苗；拔节前可耕深至 15cm；拔节后中耕要浅些，保持在 10～12cm，避免损伤次生根。除机力中耕外，还应结合人工进行株间除草。灌头水后，植株迅速长高，机车不便进地作业，须人工除草，或化学除草。

4. 防治病虫

玉米主要病害有黑粉病、丝黑穗病等，虫害有地老虎、玉米螟、蚜虫、叶跳蝉、叶螨等，除进行药剂拌种外，还可根据病虫预测预报，实施综合防治。

5. 去蘖（打杈）

肥沃田块，尤其是分蘖力强的杂交种，易发生分蘖，消耗养分，应在拔节前人工去蘖（打杈）。去蘖时，应避免把主茎叶掰去，以利于主茎生长和果穗的正常分化形成。

6. 去雄授粉

玉米抽雄后可人工配合去雄、授粉。去掉雄穗减少养分消耗，改善顶层叶的光合强度，有利于增产。当玉米刚抽雄、尚未散粉时，隔二行去一行，留下 2/3 雄穗保证花粉量，地边四周不去雄。高温干旱、植株生长不良时不宜去雄。人工辅助授粉是给雌穗增加花粉接受量，提高结实率，这在开花授粉期间遇到干热天气时，增产效果更大。授粉应在玉米散粉盛期、大部分花露出后，选择晴天上午进行，可采用授粉器或拉绳、摇茎秆等方法。

7. 化学调控

玉米化学调控，就是利用植物生长调节剂（玉米健壮素或乙烯利等），在适当时期进行叶面喷施，以控制株高，促进气生根发生和果穗伸长，能使株矮、茎粗、抗倒伏，提高抗旱能力，延长叶片功能期，防止早衰，提高结穗率和结实率，减少缺粒、秃顶，增产可达 15%~20%。

（五）玉米的收获和贮藏

1. 玉米籽粒成熟度及其鉴别

籽粒灌浆的乳线从顶部下移至籽粒 1/3 处作为成熟的标志。乳线即籽粒背面蜡熟固体物与胶状物交接分界线。在乳线消失时可见尖冠黑层出现，是适期收获的标志。

2. 适时收获，安全贮藏

玉米果穗上苞叶干枯松散，籽粒变硬发亮，呈现本品种固有的色泽、粒型等特征，大约 75%籽粒出现黑层，即可开始收获。机械收割既可提高功效，还可结合粉碎秸秆还田、培肥土壤。

玉米种子大，胚也较大，吸湿性强，含水量较高，在贮藏中易霉变。收获采摘的果穗必须晒干。一般以果穗堆垛贮藏或挂于通风处风干贮藏为宜。如以籽粒入库贮藏，其含水量须低于 15%。有条件的地区，收获后用干燥设备适当烘干，再进行贮藏。

四、麦行套种玉米栽培技术

套种是生长季节积温不足的地区，提高复种指数，实现增产、稳产的有效措施。实行小麦留行套种玉米，延长了后作的生育日数，便于选用增产潜力大的中、晚熟品种，使后期能积累较多的干物质。套种错开了收与种“双抢”的大忙季节，便于调节劳力，对人少、地多的地区有重要的现实意义。

（一）优化小麦—玉米品种配置

1. 充分利用生长季节，实行小麦—玉米良种的优化配置。在作物成熟的搭配上，应从全年高产出发，根据当地的自然气候特点，尽量避免不利的自然因素对玉米和下茬作物的影响。玉米成熟过早，不利于增产潜力的发挥；成熟期过晚，容易遭受不良气候的影响，不但产量不稳，还会给下茬作物适期播种造成困难，影响产量。

2. 紧凑型玉米品种具有高产的潜力。这类玉米品种株型紧凑，耐密性好，同时又具有果穗大、籽粒多和千粒重高的特点，使群体和个体都能得到协调发展。

3. 选择具有较强抗逆性的品种。品种应具有较强抗病性和抗倒伏能力，在较好肥水条件下具有良好结实性。双穗型品种往往具有更大的优越性。

4. 选用高产杂交种。应选用中、晚熟高产优良杂交种。

（二）麦套玉米的播种及种植方式

1. 套种玉米播种期的确定

一是不能影响下茬小麦的播种；二是玉米与小麦的共生期不宜超过 1 个月，也不能超过玉米雄穗分化初期（即拔节初期）。

2. 实行带状播种

麦套玉米多采用带状播种，小麦留行要匀、要直，便于玉米套种。如小麦带宽 70~75cm，种 6 行小麦，麦带间行距预留 45~50cm，套种两行玉米；或麦带宽 45cm，种植 4 行小麦，麦带间行距预留 30cm，套种 1 行玉米。为便于机械化作业，也可采用麦带宽 105cm，种植 8 行小麦，麦带间行距预留 45cm，套种两行玉米。

（三）合理密植

合理增加密度是提高单产的重要措施。玉米密度要达到 7.00 万~8.25 万株/hm^2。为确保留苗密度，在精细整地基础上播种量为 45~60kg/hm^2。

（四）合理施肥、适时灌水

实现麦套玉米两季单产超过 15000kg/hm^2 的成功经验，是增施农家肥，小麦、玉米两季一般施农家肥 45~57t/hm^2，磷酸二铵 300kg/hm^2，尿素 900kg/hm^2，并增施油渣 750~1500kg/hm^2。

（五）加强田间管理

小麦收获后，对麦套玉米施肥、灌水应掌握“以促为主，一促到底”的原则。麦套玉米与小麦有近一个月的共生期，在共生期间存在着争光、争水、争肥的矛盾，玉米苗比较弱小，麦收后正是玉米根系和茎节生长发育的关键时期，麦收后，必须早定苗、早松土、早追肥、早灌水，以弥补其共生期间营养生长的不足，促进根系和茎节生长，为雌、雄穗的分化发育和实现高产打下良好基础。在玉米苗期、拔节期和喇叭口期各追施尿素 150kg/hm^2，施肥后立即灌水，做到肥水配合。在灌溉方法上，通常实行沟灌，每次灌水 750~900m^3/hm^2，全生育期共灌水 4~5 次，要结合灌水，进行中耕除草培土，以有利于壮株、大穗、夺高产。成熟期前及时停水，以便于适时收获，有利于干燥贮藏。

第三节　玉米主要病虫害防治技术

一、玉米主要病害防治技术

（一）玉米瘤黑粉病防治技术

玉米瘤黑粉病又称玉米黑粉病，是玉米生产中一种常见病害。病菌常从叶片、茎秆、果穗、雄穗等部位的幼嫩组织或伤口侵入，所形成的黑粉瘤消耗大量的植株养分，影响籽粒商品质量，造成 30%~80%的产量损失，严重发病田块会造成绝收。

1. 危害症状

玉米瘤黑病各个生长期均可能发生，尤其以抽穗期表现明显，被害的部位生出大小不一的瘤状物，大的病瘤直径可达 15cm，小的仅达 1~2cm。初期病瘤外包一层白色薄膜，后变灰色，瘤内含水丰富，干裂后散发出黑色的粉状物，即病原菌孢子，叶子上易产生豆粒大小的瘤状物。雄穗上产生囊状物瘿瘤，其他部位则形成大型瘤状物。

2. 防治方法

（1）种植抗病品种

该病毒可侵染种子幼芽或植株的幼嫩组织，所以，严把种子关是杜绝病害发生的有效措施。因地制宜地选用抗病品种是根本措施。

（2）种子处理

一是选用包衣种子，如8%克·烯玉米种衣剂，或20%福·克悬浮种衣剂。二是药剂拌种，可选用15%三唑酮可湿性粉剂，按种子重量的0.2%~0.3%药量拌种，即50kg种子拌药0.1~0.15kg；或用50%退菌特可湿性粉剂，按种子重量0.2%的药剂拌种，即50kg种子拌药0.1kg；或2%戊唑醇湿拌种剂用0.01kg药，兑少量水成糊状，拌玉米种子3~3.5kg；或50%多菌灵可湿性粉剂重量0.3%~0.7%药量拌种，即50kg种子拌药0.15~0.35kg；或50%甲基硫菌灵可湿性粉剂按种子重量0.5%~0.7%药量拌种，即50kg种子拌药0.25~0.35kg。

（3）减少和控制初侵染来源

施用充分腐熟的堆肥、厩肥，防止病原菌冬孢子随粪肥传病。及时处理病残体，拔除病株，在病瘤未成熟破裂前，摘除病瘤并深埋销毁。摘瘤应定期、持续进行，长期坚持，力求彻底。

（4）加强栽培管理

合理轮作，与马铃薯、大豆等作物实行3年以上轮作倒茬；适期播种，合理密植；加强肥水管理，均衡施肥，避免偏施氮肥，防止植株贪青徒长，缺乏磷、钾肥的土壤应及时补充，适当施用含锌、含硼的微肥。抽雄前后适时灌溉，防止干旱；加强玉米螟等害虫的防治，减少病虫害。

（5）药剂防治

用50%克菌丹可湿性粉剂200倍液，用量3.75kg/hm^2，进行土表喷雾，以减少初侵染菌源。在病瘤未出现前，用三唑酮、烯唑醇、福美双等杀菌剂对植株喷药，以降低发病率。在玉米抽雄前用30%苯甲·丙环唑乳油、50%退菌特可湿性粉剂500~1000倍液，用量0.75~1.5kg/hm^{2}喷雾防治，每隔7d喷一次，连喷1~3次，可有效减轻发病。

（二）玉米丝黑穗病防治技术

玉米丝黑穗病又名乌米、灰包，发病普遍，一般年份发病株率2%~10%，严重发生时病株率达30%以上。该病发生后首先破坏雌雄穗，发病率等于损失率，严重威胁着玉米的生产。

1. 症状危害

玉米丝黑穗病是苗期侵入的系统性侵染病害，一般在穗期表现典型症状，主要危害玉米的雄穗和雌穗，一旦发病，往往全株无收成。

（1）苗期症状

受玉米丝黑穗病侵染严重的植株，在苗期可表现各种症状。幼苗分蘖增多呈丛生形，植株明显矮化，节间缩短，叶片颜色暗绿挺直，农民称此病状是："个头矮、叶子密，下边粗、上边细，叶子暗、颜色绿，身子还是带弯的。"有的品种叶片上出现与叶脉平行的黄白色条斑，有的幼苗心叶紧紧卷在一起弯曲呈鞭状。

（2）成株期症状

玉米成株期病穗上的症状可分为两种类型，即黑穗型和变态畸形穗。

黑穗型。病穗除苞叶外，整个果穗变成一个黑粉包，其内混有丝状的维管束组织，故名为丝黑穗病。受害果穗较短，基部粗、顶端尖，近似球形，不吐花丝。

变态畸形穗。雄穗花器变形而不形成雄蕊，其颖片因受病菌刺激而呈多叶状；雌穗颖片也可能因病菌刺激而过度生长成管状长刺，呈刺猬头状，长刺的基部略粗，顶端稍细，中央空松，长短不一，由穗基部向上丛生，整个果穗呈畸形。

2. 防治方法

玉米丝黑穗病的防治应采取以选育和应用抗病品种为主，结合种子药剂处理以及加强栽培管理的综合防治措施。

（1）选用优良抗病品种

选用抗病品种是解决该病的根本性措施。抗病的杂交种有丹玉13、掖单14、豫玉28、富友968等。

（2）种子处理

一是选用防病的包衣种子；二是可选用2%的戊唑醇湿拌种剂按种子重量0.2%~0.3%用量拌种，即0.15kg药剂拌种50kg；或用12.5%的烯唑可湿性粉剂

按种子重量的0.1%~0.2%用量拌种，即先用适量水将50kg玉米种子拌湿润，然后拌药0.1kg药剂，力求均匀，稍晾干后播种。

（3）土壤处理

可用50%多菌灵可湿性粉剂，或50%甲基硫菌灵可湿性粉剂药土盖种。每50kg细土拌药粉0.05kg，播种时每穴用药土0.1kg左右盖在种子上。

（4）加强栽培管理

合理轮作，与小麦、谷子、大豆、马铃薯等作物实行3年以上轮作。拔除病株，苗期和生长期症状明显时或生长后期病穗未开裂散出黑粉（冬孢子）之前，及时割除发病株并携出田外深埋。施用净肥减少菌量，禁止用带病秸秆等喂牲畜和做积肥。肥料要充分腐熟后再施用。另外，清洁田园，处理田间病株残体，同时秋季深翻土地，减少病菌来源，从而减轻病害发生。

（三）玉米青枯病防治技术

玉米青枯病又称玉米茎基腐病或茎腐病，是对玉米生产危害较重的病害。该病病情发展迅速，来势凶猛，一般病株率在10%~20%，严重的40%~50%，特别严重的高达80%以上，农民称之为“暴死”，对玉米产量影响极大。玉米青枯病是典型的土传根病。

1. 症状危害

在自然条件下该病为成株期病害，在玉米灌浆期开始发病，乳熟末期至蜡熟期为显症高峰。从始见病叶到全株显症，一般经历一周左右，历期短的仅需1~3d，长的可持续15d以上。

茎部症状：开始在茎基节间产生纵向扩展的不规则褐斑，随后很快变软下陷，内部空松，一掐即瘪，手感十分明显。剖茎检查，组织腐烂，维管束呈丝状游离，可见白色或玫瑰红色菌丝，以后产生玫瑰红色菌丝的病秆表面可见蓝色的子囊壳。茎秆腐烂自茎基第一节开始向上扩展，可达第二、三节甚至全株，病株极易倒伏或折断。

叶部症状：叶片不产生病斑，是茎腐所致的附带表现，大体分为青枯型和黄枯型。青枯型也称急性型，发病后，叶片自下而上迅速枯死，呈灰绿色，水烫状或霜打状，发病快，历期短，田间80%以上属于这种类型。病原菌致病力强、品种比较感病，环境条件发病快，则易表现青枯症状。黄枯型，也称慢性型，发病后叶片自下而上或自上而下逐渐变黄枯死，显症历期较长，一般见于抗病品种或环境条件不利于发病的情况。

多数病株明显发生根腐，初生根和次生根不定根腐烂变短，根部表皮松脱，髓部变为空腔，须根和根毛减少，整个根部极易拔出。果穗苞叶青干，松散，穗柄柔软，籽粒干瘪，脱粒困难。

2. 防治方法

（1）用抗病品种

选育和使用抗病品种。

（2）加强栽培管理

合理密植，增施基肥，多施有机肥，注意氮磷钾配合施用，增施钾肥、硅肥。平整土地，及时排除积水，及时防治黏虫、玉米螟和地下害虫。扩大玉米、小麦、马铃薯等间作面积，与大豆等作物轮作。

（3）药剂防治

在播种前进行种子处理。用50%甲基硫菌灵可湿性粉剂500～1000倍液，或50%多菌灵可湿性粉剂500倍液浸种2h，清水洗净后播种；2.5%咯菌腈悬浮种衣剂1∶300包衣。在病害发生初期，可用下列药剂进行喷雾防治：50%多菌灵可湿性粉剂600倍液+25%甲霜灵可湿性粉剂500倍液，或70%甲基硫菌灵可湿性粉剂800倍液+40%乙膦铝可湿性粉剂300倍液+65%代森锌可湿性粉剂600倍液，或50%腐霉利可湿性粉剂1500倍液+72.2%霜霉威盐酸盐水剂800倍液+50%福美双可湿性粉剂600倍液喷淋根茎，间隔7～10d喷1次，连喷2～3次。

（四）玉米大斑病防治技术

玉米大斑病也称条斑病、煤纹病、枯叶病、叶斑病。发病普遍，一般年份可造成减产5%左右，严重发生年份可造成产量损失20%以上。

1. 危害症状

主要危害叶片，严重时波及叶鞘和包叶。田间发病始于下部叶片，逐渐向上发展。发病初期为水渍状青灰色小点，后沿叶脉向两边发展，形成中央黄褐色、边缘深褐色的梭形或纺锤形大斑，湿度大时病斑愈合成大片，斑上产生黑灰色霉状物，致病部纵裂或枯黄萎蔫，果穗包叶染病，病斑不规则。该病在温度18～

22℃，高湿，尤以多雨多雾或连阴雨天气，可引起该病流行。

2. 防治方法

防治玉米大斑病应采取以种植抗病品种为主，合理布局品种和栽培防病措施为辅的综合防治措施。

（1）选用抗病品种

选用高产、优质、抗病品种是控制大斑病发生和流行的根本途径，主要有郑单 2 号、沈单 7 号。

（2）加强栽培管理

加强农业防治，清洁田园，深翻土地，控制菌源；轮作倒茬，合理密植，防止连作和种植过密；摘除下部老叶，减少再侵染菌源；增施钾磷肥，在施足基肥的基础上，适期追肥，尤其在拔节和抽穗期追肥更为重要，防止后期脱肥，保证植株健壮生长。注意灌溉和排水，避免过旱过湿。

（3）药剂防治

在大喇叭口期到抽雄或发病初期喷药。可选用 50%多菌灵可湿性粉剂 500 倍液，用量为 1.5kg/hm^2；或用 50%甲基硫菌灵可湿性粉剂 600 倍液，用量 1.28kg/hm^2；或用 75%百菌清可湿性粉剂 800 倍液，用量 0.975kg/hm^2；或 25%苯菌灵乳油 800 倍液，用量 975mL/hm^2；或用 80%代森锰锌可湿性粉剂 500 倍液，用量 1.5kg/hm^2。用上述药剂均匀喷雾，每隔 10d 喷药 1 次，连续防治 2~3 次。

（五）玉米小斑病防治技术

玉米小斑病又称玉米斑点病，发病较为严重，一般年份可造成减产 10%左右，严重发生年份可造成产量损失 50%以上，甚至绝收。

1. 危害症状

玉米小斑病从苗期到成株期都可发生，在抽雄灌浆期发生严重。该病主要侵害叶片，也可侵染茎、果穗、籽粒等。发病初期，在叶片上出现半透明水渍状褐色小斑点，后扩大为（3~4）mm×（5~10）mm 大小的椭圆形灰褐色病斑。有时病斑上具轮纹，高温条件下病斑出现暗绿色浸润区，病斑呈黄褐色坏死小点。该病在温度高于 25℃和雨水多的条件下发病重。

2. 防治方法

预防玉米小斑病应采取以种植抗病品种为主，合理布局品种和栽培防病措施为辅的综合防治措施。

（1）选用抗病品种

选用高产、优质、抗病品种是控制小斑病发生和流行的根本途径，主要有郑单2号。

（2）加强栽培管理

合理密植，实行间套作；深翻土壤，高温沤肥，杀灭病菌；摘除下部老叶、病叶，减少再侵染菌源；施足基肥，增施磷、钾肥，重施喇叭口肥，增强植株抗病力；加强通风透光、降低田间湿度等措施可防止病害发生。

（3）药剂防治

在玉米抽穗前后，病情扩展前喷药防治。可选用50%多菌灵可湿性粉剂600倍液，用量1.28kg/hm^2；或用75%百菌清可湿性粉剂800倍液，用量0.975kg/hm^2；或70%代森锰锌可湿性粉剂600倍液，用量1.28kg/hm^2；或70%甲基硫菌灵可湿性粉剂600倍液，用量1.28kg/hm^2。用上述药剂均匀喷雾，每隔7~10d喷药1次，连续防治2~3次。

（六）玉米锈病防治技术

近年来，随着玉米种植面积的不断扩大，玉米锈病在玉米田普遍发生，个别年份发生严重，防治不及时，会造成籽粒不饱满而减产。

1. 危害症状

主要侵害叶片，严重时果穗苞叶和雄花上也可发生。植株中上部叶片发病重，最初在叶片正面散生或聚生不明显的淡黄色小点，以后突起并扩展为圆形至椭圆形，黄褐色或褐色，周围表皮翻起，散出铁锈色粉末（病原菌的夏孢子）。后期病斑上生长圆形黑色突起，破裂后露出黑褐色粉末（病原菌冬孢子）。生产上早熟品种易发病，偏施氮肥发病重，高温、多湿，多雨、雾日，光照不足，便于玉米锈病的流行。

2. 防治方法

（1）选用抗病品种

因地制宜选用适合当地种植的抗病品种。

（2）加强栽培管理

施用酵素菌沤制的堆肥，增施磷、钾肥，避免偏施、过施氮肥，提高寄主抗病力。清除杂草和病残体，集中深埋或烧毁，以减少侵染源。

（3）药剂防治

在发病初期开始喷药，常用药剂有25%三唑酮可湿性粉剂1500~2000倍液，用量0.375kg/hm^2；25%丙环唑乳油3000倍液，用量0.225~0.3kg/hm^2、12.5%烯唑醇可湿性粉剂4000~5000倍液，用量0.15~0.225kg/hm^2。用上述药剂均匀喷雾，每隔10d左右喷1次，连续防治2~3次。

二、玉米主要虫害防治技术

（一）玉米螟防治技术

玉米螟又叫钻心虫，是玉米的主要害虫。

1. 形态特征

玉米螟幼虫初孵时体长1.5mm，头壳黑色，体乳白色半透明，老熟幼虫体长20~30mm，头壳棕黑色，背部黄白色至淡红褐色，中央背线明显。两侧有暗褐色条纹。腹部1~8节背面各有两列横排的毛瘤，前4个较大。

2. 发生规律

玉米螟以幼虫为害，可造成玉米花叶、折雄、折秆、雌穗发育不良、籽粒霉烂而导致减产。初孵幼虫危害玉米嫩叶，取食叶片表皮及叶肉后即潜入心叶内蛀食心叶，使被害叶呈半透明薄膜状或成排的小圆孔，称为花叶；玉米打苞时幼虫集中在苞叶或雄穗苞内咬食雄穗；雄穗抽出后，又蛀入茎秆，风吹易造成折雄；雌穗长出后，幼虫虫龄已大，大量幼虫到雌穗上危害籽粒或蛀入雌穗及其附近各节，食害髓部破坏组织，影响养分运输使雌穗发育不良，千粒重降低，虫蛀处易被风吹折断，形成早枯和瘪粒，减产很大。

3. 防治方法

防治玉米螟应采取预防为主的综合防治措施，在玉米螟生长的各个时期采取对应的有效防治方法，在全县的各村屯联防，一定会收到非常好的效果。具体方法如下：

（1）农业防治

实行轮作倒茬，采收后及时清除玉米秸秆，将秸秆粉碎还田，杀死秆内越冬幼虫，减少虫源数量。

（2）生物防治

用白僵菌封垛：越冬幼虫化蛹前（4 月中旬），把秸秆垛按每立方米 0.1kg 白僵菌粉，每立方米垛面喷一个点，喷到垛面飞出白烟（菌粉）；玉米心叶中期，用白僵菌粉 0.5kg 拌过筛的细砂 5kg，制成颗粒剂，投撒玉米心叶内，白僵菌寄生在危害心叶的玉米螟幼虫体内，来杀死田间幼虫。人工放赤眼蜂；利用赤眼蜂卵寄生在玉米螟的卵内吸收其营养，致使玉米螟卵破坏死亡而孵化出赤眼蜂，以消灭玉米螟虫卵来达到防治玉米螟的目的。方法是：在玉米螟化蛹率达 20%后推 10d，就是第一次放蜂的最佳时期，6 月末到 7 月初，隔 5d 为第二次放蜂期，两次每亩放 1.5 万头，放 2 万头效果更好。

（3）物理防治

灯光诱杀成虫。因为玉米螟成虫在夜间活动，有很强的趋光性，所以设频振式杀虫灯、黑光灯、高压汞灯等诱杀玉米螟成虫。一般在 5 月下旬开始诱杀，7 月末结束，每 4 公顷安放 1~2 盏，两灯间距 100m 以上，悬挂在高出作物 1m 左右的地方，晚上太阳落下开灯，早晨太阳出来闭灯，并定期清理虫袋，不但诱杀玉米螟成虫，还能诱杀所有趋光性的害虫。

（4）药剂防治

在抽雄前心叶末期（大喇叭口期）以颗粒剂防治效果最佳。可用 0.1%氯氰菊酯，每株施用 0.16g，0.3%辛硫磷颗粒剂，按 1∶15 拌煤渣后，每株施 2g；1.5%辛硫磷颗粒剂，每株施 1g；5%的杀虫双颗粒剂，每公顷用 3kg 与细土 60kg 拌匀后撒施到心叶内，如心叶期花叶率已达 30%以上，应先防治一次，到心叶末期再防治一次。穗期发生时，每公顷可用 25%杀虫双水剂 1.5L，或 4.5%高效氯氰菊酯乳油 0.3L，或 48%毒死蜱乳油 0.75L，或 0.5%阿维菌素乳油 0.75L，或 5%氟虫脲乳油 0.3L，以上药剂均兑水 750kg 灌注雌雄穗。还可用 4.5%高效氯氰菊酯乳油 0.3L，兑水 750kg，在玉米散粉结束时蘸花丝，可杀死在穗部为害的幼虫。

（二）玉米红蜘蛛防治技术

玉米红蜘蛛，是一种繁殖能力强、虫口密度高、防治难度大、危害损失重的暴发性有害叶螨。

1. 形态特征

红蜘蛛体形很小，一般体长0.28~0.59mm，椭圆形，多为深红色。

2. 发生规律

危害玉米的红蜘蛛是一个复合种群，包括截形叶螨、朱砂叶螨和二斑叶螨。玉米红蜘蛛食性较杂，除危害玉米外，还危害豆类、瓜类、蔬菜、果树、杂草等。主要于10月下旬开始向玉米秸秆、枯叶和土块缝隙、田埂杂草根际群居越冬。翌年4月随气温上升在田埂、沟渠、树下杂草上取食、产卵，繁殖1~2代后，于5月下旬向玉米田迁移，危害下部叶片主脉两侧，逐渐向上部叶片蔓延。被害叶片起初出现黄白斑点，后期变黄褐色焦枯斑。6月下旬是其危害高峰期，危害严重的叶片背面虫口密度高、拉丝结网、全株叶片焦黄干枯。9月中旬虫口逐步下降，10月中旬开始蛰伏越冬。

3. 防治方法

（1）农业防治

①消灭越冬成虫。早春和秋后灌水，可以消灭大量的越冬红蜘蛛。

②清除杂草。清除田埂、地畔、沟渠上的杂草，减少叶螨的食料和繁殖场所，压低虫源基数。

③摘除基部叶片。利用红蜘蛛在玉米生长前期主要在玉米基部叶片集中为害的特性，在红蜘蛛虫害发生初期剪除玉米底部有螨叶片，并装入袋内统一深埋或烧毁。

（2）药剂防治

每公顷用阿维菌素0.37~0.45kg，或10%浏阳霉素0.45kg，或32%阿维·毒死蜱乳油0.45kg，或20%哒螨灵乳油0.45kg，或5%噻螨酮乳油0.45~0.6kg，以上均兑水750kg均匀喷雾。可加0.3%磷酸二氢钾（2.25kg），增强玉米抗逆性，提高防治效果。

喷药时注意，喷雾器压力要足，雾化要好，喷雾力求均匀周到，将药液集中喷布于叶片背面，严防漏喷；喷药后检查防治效果及害螨回升情况，及时补防；高温施药应注意安全，严禁施用剧毒、高毒农药，以防人畜中毒事故发生。

（三）玉米蚜虫防治技术

玉米蚜虫俗名“蜜虫”。分有翅和无翅两型。广泛分布于玉米产区，可危害玉米、小麦、高粱及多种禾本科杂草。

1. 形态特征及为害症状

一般体长 1.6~2mm，有触角，表皮光滑，有纹。受作物、生育期、环境等的影响，体色有淡绿色、淡黄色、褐色、黑色等。为害初期，蚜虫多集中于玉米下中部叶鞘和叶片背面叶脉处，到蜡熟阶段，多集中到雌雄穗附近或入苞叶内为害。蚜虫群集于玉米叶片背面、心叶、花丝和雄穗刺吸植株汁液，能分泌“蜜露”并常在被害部位形成黑色霉状物。

2. 防治方法

（1）清除田边沟旁的杂草，消灭滋生基地，减少虫量。

（2）药剂防治。种子处理，用 70%噻虫嗪种衣剂包衣，或用 10%的吡虫啉可湿性粉剂拌种，对苗期蚜虫有一定防治效果。在玉米大喇叭口期，发现玉米上蚜虫数量大增，群集为害时，每公顷用 3%辛硫磷颗粒剂 22.5~30kg 撒于心叶内。或用 15%毒死蜱颗粒剂 4.5~7.5kg/hm^2，按 1：（30~40）比例与细沙土拌匀，把毒土均匀地撒在植株心叶上，可兼治玉米螟。在苗期和抽雄初期玉米红蜘蛛防治关键期，发现蚜虫较多，平均每株有蚜虫 40 头以上、有蚜株率 50%以上时，可选用药剂喷雾防治，用 10%吡虫啉可湿性粉剂每公顷用 0.75kg，兑水 750kg；或 10%高效氯氰菊酯乳油 0.45kg，兑水 750kg；或 50%抗蚜威可湿性粉剂 0.45kg，兑水 750kg；或 25%噻虫嗪水分散剂 0.15kg，兑水 750kg，连续喷药 2~3 次，每隔 10d 一次。

第七章　马铃薯与小麦的栽培技术

第一节　马铃薯生产技术

一、马铃薯主要栽培技术

（一）马铃薯全膜垄侧栽培技术

1. 选择地块

宜选用地势平坦、土层深厚、土质疏松，肥力中上等、保肥保水能力较强的地块。切忌选用陡坡地、石砾地、沙土地、瘠薄地、洼地、涝地、重盐碱地等地块。应优先选用豆类、小麦茬。

2. 整地施肥

一般在前茬作物收获后及时灭茬，深耕翻土，耕后要及时耙耱保墒，做到无大土块，表土疏松，地面平整。一般每公顷施农家肥 60000kg 以上、纯氮 95~150kg、纯磷 75kg、纯钾 75kg。结合整地全田施入或在起垄时集中施入窄行垄带内。

3. 种薯准备

选择生长期适宜、品质优良、薯形好、产量高的抗病品种。最好选用脱毒小型（75~100g）种薯，进行整薯播种。播前准备种块时，选择无病种薯，切成 40~50g 的种块，每个种块留两个芽眼。每次切薯后用 75%的酒精对切刀消毒，以免病菌传染。种块切好每公顷用稀土旱地宝 1.5kg 药液兑 75kg 水浸种 10~20min，捞出晾晒后播种；也可用草木灰拌种。

4. 划行起垄

每行分为大小双垄，大小双垄总宽 110cm，大垄宽 70cm，高 12~15cm；小

垄宽 40cm，高 15~18cm。每个播种沟对应一大一小两个集雨垄面。

（1）划行

用齿距为小行宽 40cm、大行宽 70cm 的划行器进行划行，大小行相间排列。

（2）起垄

缓坡地沿等高线开沟起垄，要求垄和垄沟宽窄均匀，垄脊高低一致。一般在 4 月上中旬起垄。用步犁起垄时，步犁来回沿小垄的划线向中间翻耕起小垄，将起垄时的犁臂落土用手耙刮至大行中间形成大垄面。用机械起垄时，如人手较少，可用起垄机起垄，起完垄后再一次性覆膜；如果人手较多，可用起垄覆膜机一次性起垄覆膜。

5. 覆膜

整地起垄后，用宽 120cm、厚 0. 008~0. 01mm 的地膜，每公顷用量为 75~90kg，全地面覆膜。膜与膜间不留空隙，两幅膜相接处在大垄的中间，用下一垄沟或大垄垄面的表土压住地膜，覆膜时地膜与垄面、垄沟贴紧。

每隔 2~3m 横压土腰带，一是防止大风揭膜，二是拦截垄沟内的降水径流。机械覆膜质量好，进度快，节省地膜，但必须按操作规程进行，要有专人检查质量和压土腰带。覆膜后，要防止人畜践踏、弄破地膜。覆膜后要经常检查，防止大风揭膜。如有破损，及时用细土盖严。覆膜后在垄沟内及时打开渗水孔，以便降水入渗。

6. 适时播种

播种时期各地可结合当地气候特点，一般在 4 月中下旬开始播种。株距 30cm，行距 40cm，每公顷保苗 55500 株左右。

播种深度 10cm 左右，若春季较旱、干土层较厚、墒情较差的地块要浇水播种，以保证马铃薯全苗。

7. 田间管理

（1）查苗

及时检查出苗情况，若幼苗钻入膜下，要及时掏苗，并用湿土壅苗封孔。缺苗的地方应及时补种，以求全苗。

（2）防病

田间发现疫病中心病株要及时拔除。早疫病在发病初期可用 70%的代森锰锌可湿性粉剂 100g 兑水 40~50kg，叶面喷雾防治。用 40%的氧化乐果乳油 1500 倍

液叶面喷雾防治蚜虫，可有效地阻断病毒病的传播。

（3）收获清膜

当地上茎叶由绿转黄并逐渐枯萎时即可收获。收获时，捡拾清除残膜，回收利用。

（二）马铃薯起垄覆膜高产栽培技术

马铃薯地膜覆盖栽培技术始于 20 世纪 80 年代末。地膜覆盖栽培马铃薯，可加快马铃薯生育进程，提早出苗，提前封行，增加株高及茎粗，提高茎叶鲜物质量和叶面积系数，提早成熟，单株结薯增多且质量增加，生理及形态效益均比较明显。然而，随着马铃薯产业的壮大，面积不断扩大，地膜覆盖（平作）栽培技术苗期存在放苗问题，造成烧苗、烫苗、放苗不及时，苗弱、出苗不整齐，易导致缺苗断垄、感染病害，马铃薯生长后期块茎青头率较高，商品性降低。为了克服这些问题，近几年，我们对地膜覆盖技术加以改进，采取起垄覆膜栽培技术模式，该栽培技术在增产、防病效果等方面都好于平作马铃薯。

马铃薯起垄覆膜栽培技术的优点：一是有利于增加密度，尤其是对大西洋等加工型马铃薯来说，增加密度后马铃薯商品性进一步提高。二是提高地温、通风透光，有效减轻病虫、杂草危害。三是增产效果明显，马铃薯起垄覆膜栽培比平作栽培增产 10%以上，合格薯、商品率提高 20%以上。薯块整齐、无畸形，青头数减少。具体栽培技术如下：

1. 选地整地

应选地势较高、土壤疏松肥沃、土层深厚的中性或微酸性土壤种植，忌重茬，也不要在茄果类或白菜、甘蓝等为前茬的地块上种植。地块选好后，进行深耕、耙耱、镇压，做到地平、土细、上虚下实，以利保墒。

2. 施足基肥

一般需在播种前整地时每公顷施优质农家肥 60000～75000kg，在中等肥力的地块每公顷施磷酸二铵 300kg、尿素 150kg、硫酸钾 150～225kg，或每公顷施马铃薯专用肥 750kg。施化肥时应混合均匀，随犁开沟时撒于沟中。

3. 种薯准备

川水灌区种植应选择克星系列、大西洋、夏波蒂、陇薯 7 号等。选定品种后，还要进行优质种薯的挑选，要除去冻、烂、病、萎蔫块茎。晒种时把种薯摊为 2～3 层，摆放在光线充足的空房间或日光温室内，使温度保持 10～15℃，让阳光照射，并经常翻动，当薯皮发绿、芽眼萌动时，就可切块播种。为了防止环腐病、黑胫病通过切刀传毒，切芽块时要多准备几把切刀，放在75%的酒精溶液或0.1%的高锰酸钾溶液中浸泡，种薯切好后可用旱地宝或草木灰拌种。

4. 起垄播种

地膜种植马铃薯最好起垄栽培，要求垄底宽70~80cm，沟宽40cm，垄高25~30cm，用幅宽120~140cm、厚0.008mm的地膜。为防止大风揭膜，覆膜后在膜面每隔2~3m横压土腰带。一般播种穴距23~25cm，播深8cm左右，行距40cm，每公顷保苗75000株左右。一般在覆膜后5d左右地温上升后开始用小铲或打孔工具破膜挖穴播种，播种后用湿土盖严膜孔。也可先播种后覆膜，成三角形种植。

5. 田间管理

（1）引苗封孔

当幼苗拱土时，及时用小铲或利器在对准幼苗的地方将膜割成“T”字形，把苗引出膜外后，用湿土封住膜孔。

（2）水肥管理

在施足底肥的情况下，不能放松生长期间的水肥管理，以免造成脱肥早衰而影响产量。要在垄侧半坡距植株12cm左右处打孔追肥，结合追肥顺垄浇水。在开花前摘除花蕾，促进块茎生长。

（3）后期培土

沟中挖土培在根部，以免块茎露出土面。

6. 马铃薯病虫害防治

马铃薯的病虫害较多，目前比较普遍的病害有晚疫病、早疫病、环腐病、黑胫病、病毒病、疮痂病等，主要虫害有蚜虫、蛴、金针虫、地老虎等。现将防治方法介绍如下：

（1）马铃薯晚疫病

一是选用抗病品种，二是选用无病种薯，三是药物防治。发病初期喷洒58%甲霜灵锰锌可湿性粉剂600~800倍液；或25%的甲霜灵可湿性粉剂500倍液；或64%杀毒矾可湿性粉剂500倍液；或75%百菌清可湿性粉剂500倍液；或1：1：200波尔多液，每隔7~10d喷药一次，连续2~3次。马铃薯苗期和开花初期喷1000倍植物动力2003可明显减轻病害的危害。总之，防治马铃薯晚疫病，应以

推广抗病品种、选用无病种薯为基础，并结合预防，消灭中心病株，加强药剂防治和改进栽培技术进行综合防治。

（2）马铃薯早疫病

一是与非茄科作物轮作倒茬；二是施足基肥，增施磷钾肥，提高植株抗病力；三是药物防治。发病初期喷 1∶1∶150 的波尔多液、80%代森锌 600~800 倍液、75%百菌清 600~800 倍液，根据发病情况 5~7d 喷洒一次，共喷 3~4 次进行防治。

（3）马铃薯环腐病

环腐病主要是种薯带菌传播，带菌种薯是初侵染来源，切块是传播的主要途径。实验表明，一般切一刀病薯可传染 20 个以上的健康薯，最多可以传播 60 个，经田间调查，发病株率可达到 69%。防治应采取选用抗病品种、田间拔除病株与选用低毒农药防治相结合的综合措施。在苗期和成株期挖除病株，集中处理。田间发生病害可喷洒 72%农用链霉素 4000 倍液，或 2%春雷霉素可湿性粉剂 500 倍液，或 77%可杀得可湿性微粒粉剂 500 倍液，或 50%DT 可湿性粉剂 500 倍液。

（4）马铃薯黑胫病

一是选用抗病品种，二是建立无病留种田，三是采取以农业措施为主的防治原则。发病防治方法同环腐病。

（5）马铃薯病毒病

到目前为止，尚无特效药剂，只能从农业技术上加以防止。选用脱毒种薯。发病初期喷洒 1.5%植病灵乳剂 1000 倍液，或 20%病毒 A 可湿性粉剂 500 倍液，或 5%菌素清可湿性粉剂 500 倍液，或乐果乳剂 2000 倍液，每隔 7~10d 喷药一次，连续喷洒 2~3 次。

（三）马铃薯垄作覆膜高产栽培技术规程

1. 选地整地

应选地势较高、土壤疏松肥沃、土层深厚、土壤砂质、中性或微酸性的平地或缓坡地种植，忌重茬，也不要在茄果类或白菜、甘蓝等为前茬的地块上种植。地块选好后，进行深耕、耙耱、镇压，做到地平、土细、上虚下实，以利保墒。

2. 施足基肥

一般需在播种前整地时每公顷施优质农家肥 60000~75000kg，在中等肥力的

地块每公顷施磷酸二铵 300kg、尿素 150kg、50%的硫酸钾 150~300kg；或每公顷施马铃薯专用肥 750kg。施化肥时应混合均匀，随犁开沟撒于沟中。结合整地施肥，每公顷施 5%的辛硫磷颗粒剂 30~45kg，防止地下害虫危害。

3. 种薯准备

川水灌区种植应选择克星系列、大西洋、夏波蒂等品种。选定品种后，还要进行优质种薯的挑选，要除去冻、烂、病、萎蔫块茎。晒种时把种薯摊为 2~3 层，摆放在光线充足的空房间或日光温室内，使温度保持 10~15℃，让阳光照射，并经常翻动，当薯皮发绿、芽眼萌动时，就可切块播种。为了防止晚疫病、环腐病、黑胫病等通过切刀传播，切种块时要多准备几把切刀，放在 75%的酒精溶液或0.1%的高锰酸钾（每千克水中加入 1g 高锰酸钾配成溶液）溶液中浸泡消毒。每个种薯块带有 1~2 个芽眼，重量 30~40g。种薯块切好后，在 10kg 水中加入 58%甲霜灵锰锌可湿性粉剂 30~40g 和 70%农用链霉素可湿性粉剂 10~15g，充分搅匀后洒在薯块表面（每 100kg 薯块约需药液 3~5kg），晾干播种。

4. 起垄播种

要求垄高 30~35cm，垄底宽 70cm，沟宽 40cm。起垄前用总宽 110cm，齿距以沟宽 40cm、垄底宽 70cm 的划行器进行划行，然后起垄覆膜，用幅宽 140cm、厚0.008mm 的地膜。为防止大风揭膜，覆膜后在膜面每隔 2~3m 横压土腰带。播种时将种子种在垄上，每垄双行种植，株距 28cm，行距 40cm，播深 8cm 左右，亩保苗 4300 株左右。一般在起垄覆膜后 4~6d 地温上升后开始用小铲或打孔工具破膜挖穴播种，播后用湿土盖严膜孔；也可先起垄播种后覆膜，膜面覆土 3~4cm。

5. 田间管理

（1）引苗

当幼苗拱土时，膜孔错位或膜面无覆土时应及时用小铲或利器在对准幼苗的地方将膜割成“T”字形，把苗引出膜外后，用湿土封住膜孔。膜孔覆土结块时应及时破碎土块。

（2）水肥管理

在施足底肥的情况下，不能放松生长期间的水肥管理，以免造成脱肥早衰而影响产量。要在垄侧半坡距植株 12cm 左右处打孔追肥，结合追肥顺垄浇水。生长期间每千克水加 50~100mg 的多效唑或膨大素进行叶面喷施，可在开花前摘除

花蕾，促进块茎生长。

（3）后期培土

沟中挖土培在根部，以免块茎露出土面。

6. 病虫害防治

环腐病可采用选无病种薯、小薯整薯播种、切刀消毒等方法防治；早疫病除采用选无病种薯、实行轮作倒茬外，发病初期用64%杀毒矾可湿性粉剂500倍液喷雾防治；晚疫病应在发病初期用58%甲霜灵锰锌可湿性粉剂600倍液喷雾防治；二十八星瓢虫、蚜虫可选2.5%功夫乳油2500倍液或50%辛硫磷乳油1000倍液喷雾防治。

(四) 马铃薯地膜覆盖高产栽培技术

1. 选地整地

马铃薯种植应选择土层深厚、土质疏松、肥力中等以上的地块，忌重茬，也不要在茄果类或白菜、甘蓝等为前茬的地块上种植。地块选好后，进行深耕、耙耱、镇压，做到地平、土细、上虚下实，以利保墒。

2. 施足基肥

一般需在播种前整地时每公顷施优质农家肥60000~75000kg，在中等肥力的地块每公顷施磷酸二铵300kg、尿素150kg、50%的硫酸钾150~300kg；或每公顷施马铃薯专用肥750kg。施化肥时应混合均匀，随犁开沟时撒于沟中。

3. 种薯准备

川水灌区种植应选择克星系列、大西洋、夏波蒂等品种。选定品种后，还要进行优质种薯的挑选，要除去冻、烂、病、萎蔫块茎。晒种时把种薯摊为2~3层，摆放在光线充足的空房间或日光温室内，使温度保持10~15℃，让阳光照射，并经常翻动，当薯皮发绿、芽眼萌动时，就可切块播种。为了防止环腐病、黑胫病通过切刀传毒，切芽块时要多准备几把切刀，放在75%的酒精溶液或0.1%的高锰酸钾溶液中浸泡，种薯切好后可用旱地宝或草木灰拌种。

4. 起垄播种

地膜种植马铃薯最好起垄栽培，要求垄底宽70~80cm，沟宽40cm，垄高25~30cm，用幅宽120~140cm、厚0.008mm的地膜。为防止大风揭膜，覆膜后在膜面每隔2~3m横压土腰带。一般播种穴距23~25cm，播深8cm左右，行距

40cm，亩保苗5000株左右。一般在覆膜后4~6d地温上升后开始用小铲或打孔工具破膜挖穴播种，播后用湿土盖严膜孔，也可先播种后覆膜，成三角形种植。

5. 田间管理

（1）引苗

当幼苗拱土时，及时用小铲或利器在对准幼苗的地方将膜割成“T”字形，把苗引出膜外后，用湿土封住膜孔。

（2）水肥管理

在施足底肥的情况下，不能放松生长期间的水肥管理，以免造成脱肥早衰而影响产量。要在垄侧半坡距植株12cm左右处打孔追肥，结合追肥顺垄浇水。生长期间喷施50~100mg/kg的多效唑或膨大素，可在开花前摘除花蕾，促进块茎生长。

（3）后期培土

沟中挖土培在根部，以免块茎露出土面。

6. 病虫害防治

环腐病可采用无病种薯、小整薯播种、切刀消毒等方法防治；早疫病除采用无病种薯、实行轮作倒茬外，发病初期用64%杀毒矾可湿性粉剂500倍液喷雾等防治；晚疫病应在发病初期用58%甲霜灵锰锌可湿性粉剂喷雾防治；二十八星瓢虫、蚜虫可选2.5%功夫乳油2500倍液或50%辛硫磷乳油1000倍液喷雾防治。

（五）专用马铃薯高产栽培技术

马铃薯营养价值高，口感好，既是重要的粮菜兼用作物，又是重要的加工原料，因此在增加农民经济收入中占有重要地位。为了更好地促进马铃薯产业的发展，提高马铃薯的生产水平，有效增加收入，根据实际，我们在总结马铃薯栽培技术的基础上总结出专用马铃薯高产栽培技术。

1. 品种选择

选用马铃薯专用脱毒微型薯，可比未脱毒的马铃薯增产30%以上。

2. 选地整地

选择3年内未种过马铃薯或茄科作物的土地肥沃的地块，并且从未施用过氯磺隆、脂草酮等除草剂，以阴湿或有一定灌溉条件的沙壤土最好。地块应进行深翻或早春翻，深度25cm以上，播前打碎土块，拾净根茬，做到精细整地。在种

植脱毒马铃薯的周围，不种未经脱毒的马铃薯，杜绝病虫病的传播、蔓延，造成减产。

3. 施足种肥，适时追肥

每公顷施优质农家肥 75000kg、磷酸二铵 225~300kg、尿素 75~110kg、硫酸钾 150kg，农家肥和所有化肥均以种肥基施。氮、磷、钾配比为 1∶1∶1 的混合肥 375~600kg 最好。现蕾期追硝铵 150kg。

4. 播种

当土壤温度稳定在 7℃后开始播种，适宜播种期为 3 月下旬至 4 月中旬。

开沟 12~14cm 深，先顺沟撒施种肥和农药，切忌用硝铵做种肥，以免硝铵与马铃薯的伤口接触而造成烂薯，亩施 5%辛硫磷颗粒剂 2kg 可有效防治地下害虫，再施入农家肥盖住化肥、农药，如盖不住，应加土覆盖，最后点播微型种薯，起垄，播深 8~10cm。

密度：双行错位种植，株行距均 30cm，种植密度 67500~82500 株/hm^2。

5. 田间管理

有灌溉条件的地方应保证现蕾期至开花期灌水 1 次，灌水时水面以达到垄高的 1/3 为宜。及时防治病虫害，幼苗出齐后 10 天，用 40%乐果乳油 1500g/hm^2，兑 50kg 水喷洒，以后每隔 10d 喷 1 次。6 月底开始清除田间晚疫病病株，7—8 月份下雨后喷施 58%甲霜灵锰锌可湿性粉剂 500 倍液，每隔 7~10d 喷 1 次，连续喷洒 2~3 次，防治晚疫病，确保增产增收。

6. 收获与窖藏

收获前 15d 彻底清除病株、杂株、杂薯，以保证种薯纯度。选择晴天收获，待块茎晾晒半天，表皮老化后，运至干燥通风的室内暂时保存。

收获后贮藏时，再次拣去病薯、破损薯和杂薯。种薯入窖前，先对贮藏窖进行清扫消毒，窖藏种薯不可堆积太厚。贮藏期间应及时检查管理，防止烂窖。

二、马铃薯主要病虫害防治技术

（一）马铃薯主要病害防治技术

1. 马铃薯晚疫病防治技术

马铃薯晚疫病是一种暴发性、毁灭性病害，在高湿、多雨、凉爽的条件下病

害扩散迅速，7~10d 可使地上部分全部枯死。马铃薯感染晚疫病后，叶片、茎秆、薯块均可表现症状。

（1）危害症状

主要侵害叶、茎和薯块。叶片染病，首先在叶尖或叶缘出现水浸状绿褐色病斑，天气干燥时，病斑干枯成褐色，不产生霉轮；湿度增大，病斑就向外围扩展，病斑与康健部分无明显界限，病斑边缘有白色稀疏的霉轮，叶背更明显。茎部或叶柄染病，出现褐色条斑。发病严重的叶片萎垂、卷缩，最后整个植株变为焦黑，空气干燥就枯萎，空气湿润叶片就腐烂，全田一片枯焦，散发出腐败气味。薯块染病，初生褐色或紫褐色大块病斑，稍凹陷，病部皮下的薯肉呈深度不同的褐色坏死。薯块可能在田间发病烂掉，也会在田间受侵染而储藏后大量腐烂。

（2）防治方法

①选用抗病品种。因地制宜地推广普及抗病品种及优良原种，最好选用当年调运的健康种薯进行播种，目前，较抗晚疫病的品种有陇薯 3 号、陇薯 5 号、陇薯 6 号等，选用抗病品种才能从根本上控制和减轻晚疫病对马铃薯的危害。

②进行种薯消毒。切块时，准备两把以上切刀，浸在 0.1%的高锰酸钾溶液或 75%的酒精液中，用一把刀切块，当切到病、烂薯后，立即换另一把切刀。也可在炉火中烧一锅沸水，一把放入沸水中，另一把切块，切到病、烂薯时，即换另一把切刀。切好的种薯用 58%甲霜灵锰锌可湿性粉剂 0.05~0.1kg 或用 25%甲霜灵或克露 0.05kg，加水 2~3kg，均匀喷洒 150kg 种薯薯块，晾干后播种。

③改进栽培措施。一是推广全膜垄侧种植技术，垄作技术是防止疫病发生的有效措施，在马铃薯生产上广泛应用；二是科学施肥，增施腐熟的农家肥，氮磷钾配合施用；三是早熟品种催芽，适时早播；四是加强田间管理，及时除草、中耕培土，并在收获前 1~2 周割除地上部茎叶，将植株运出田外；在入窖、播种前淘汰并处理好病薯。

④药剂防治。在初花期，当株高 30~40cm 时，每公顷用 15%的多效唑可湿性粉剂 0.75kg 兑水 750kg，均匀喷洒，做到不漏喷、不重喷；另外要加强监测，发现中心病株及时拔除，带出田外深埋（1m 以下），病穴处撒石灰消毒，对病株周围 50m 范围内喷洒代森锰锌、甲霜灵、甲霜灵锰锌等药剂进行预防处理。对常发重病区，应加强预防工作，喷药防治 1~3 次，每隔 7d 喷药 1 次，并注意轮换用药。一般常用的防治药剂有：25%的甲霜灵可湿性粉剂 500 倍液，58%的甲霜

灵锰锌可湿性粉剂600倍液、40%的乙磷铝300倍液、80%的代森锰锌干悬浮剂（必得利）800倍液。

2. 马铃薯旱疫病防治技术

马铃薯早疫病又称夏疫病、轮纹病，是马铃薯发病普遍的病害。干旱、瘠薄地块发病重。

（1）危害症状

叶片症状：叶片发病初期，出现黑褐色水浸状小斑点，然后逐渐扩大成近似圆形的黑褐色病斑，直径3~4mm，有同心轮纹，有的呈多角形。病斑与健康组织有明显的界限，严重时病斑连成一片，整个叶片枯死，但不脱落。天气潮湿时，病斑上生出黑色茸毛状霉层。一般植株下部的叶片先发病，再向上部蔓延。

叶柄和茎秆症状：多发生于分枝处，病斑呈圆形，黑褐色，有轮纹。

薯块症状：薯块很少发病，一旦受侵后，薯皮略下凹，出现边缘清楚的褐黑色圆形或不规则病斑，病斑下的薯肉呈现褐色、海绵状干腐。潮湿时，病斑上均可生黑色霉层。

（2）防治方法

①加强栽培管理。选用健薯播种；合理密植，增施有机肥，推行配方施肥，增施钾肥，适时喷施叶面肥；合理灌溉，控制湿度，雨后及时清沟排渍降湿，促使植株稳生稳长，增强抗病性。初见病株及时拔除或摘除病叶；收获时避免损伤，减少侵染；收获后及时翻地，压埋病菌，减少病源。

②药剂防治。发病初期，每公顷用80%代森锰锌可湿性粉剂0.9kg，或75%百菌清可湿性粉剂1.2kg，或77%氢氧化铜可湿性微粒粉剂1.5kg，或70%丙森辛可湿性粉剂1.05kg，或64%恶霜锰锌可湿性粉剂1.5kg，均兑水750kg喷雾防治，每隔7~10d喷1次，连续喷2~3次。

3. 马铃薯环腐病防治技术

马铃薯环腐病是危害马铃薯的主要病害之一，造成死苗、死株，发病严重的地块可减产13%以上，如果收获时有病薯存在，常造成大量薯块腐烂，甚至引起烂窖。

（1）危害症状

①薯块症状。切开薯块可见皮层内现环纹或弧环死部，故称环腐。经窖藏，块茎芽眼变黑干枯或外表爆裂，播种不出芽，或出芽后枯死或形成病株。病株的根、茎部维管束变褐，病蔓有时溢出白色菌脓。

②茎叶症状。茎叶染病有枯斑和萎蔫两种类型。枯斑型：多在植物复叶的顶上发病，叶尖和叶缘及叶脉呈绿色，叶肉黄绿色或灰绿色，具明显斑驳，且叶尖干枯或向内卷，病情向上扩展，致全株枯死。萎蔫型：初期从顶端复叶开始萎蔫，叶肉稍内卷，似缺水状，病情向下扩展，全株叶片开始褪绿，内卷下垂，终致植株倒伏枯死。

（2）防治方法

①选用抗病品种。因地制宜地选择种植适合当地的抗病品种，如克星 1 号、陇薯 7 号、陇薯 5 号、新大坪、庄薯 3 号等，有条件的可种植脱毒种薯，二级种薯和二级以上无感染环腐病种薯。

②精选种薯。播种前把种薯堆放在室内进行晾种，精选无病种薯，剔除病、烂薯。

③进行种薯和切刀消毒。切块时，准备两把以上切刀，浸在 0.1%的高锰酸钾溶液或 75%的酒精液中，先取出一把切刀，切一个薯块后，将刀放回药液，再用另一把切刀切下一个薯块，如此交替使用。切好种薯后，进行种薯消毒，可用多抗霉素 100~200mg/kg 溶液，或用硫酸铜 50mg/kg 溶液浸泡种薯 10min，或用 47%春雷霉素 0.167kg，或链霉素 0.017kg 兑水 50kg 浸种 10min。

④栽培管理。施用磷酸钙做种肥，在开花后期，加强田间检查，拔除病株及时处理，及时防治田间地下害虫，防止大水漫灌，减少传染机会。

（二）马铃薯田金针虫防治方法

金针虫是叩头甲的幼虫，俗名铁棍子、火蚰蜒、钢丝虫等，是一种杂食性地下害虫。各地均有发生，主要危害麦类、玉米、马铃薯、瓜类、蔬菜等。

1. 金针虫危害症状

金针虫以幼虫为害，在土中咬食刚发芽的种子和幼苗的地下部分，造成缺苗断垄。成株期钻入根茎取食，可使植株逐渐枯萎死亡。马铃薯块茎常被蛀食成空洞，不堪食用，有的还会引起腐烂。

2. 防治方法

（1）药剂拌种

马铃薯播种前，每公顷用 50%的辛硫磷乳油或 48%的乐斯本乳油或 48%毒死蜱乳油 750mL，兑水 22.5~30kg，搅匀后混拌 1950~2250kg 种块（即 1 公顷地种块），晾干后播种，可有效防治金针虫、蛴等地下害虫。

（2）毒土处理

每公顷用50%的辛硫磷乳油2.25～3kg兑水75kg左右，拌粪土，起垄时均匀撒入垄底，然后起垄，既起到集中施肥的作用，又能有效防治金针虫等地下害虫；或用5%的毒死蜱颗粒剂每公顷30～45kg拌细土750kg，制成毒土均匀撒入垄底，然后起垄，也可有效防治金针虫。

（3）灌根防治

播种后出苗期若发现有金针虫危害，可用40%甲基异柳磷乳油2000倍液灌根（即每公顷用本药剂1.125～1.5L兑水2250～3000kg配成药液灌根，每穴不少于40mL该药液），或用50%的辛硫磷乳油1500倍液灌根（即每公顷用本药剂2.25L兑水3300kg配成药液灌根，每穴不少于40mL该药液）。

（4）注意事项

甲基异柳磷毒性较高，使用时要严格按照使用安全说明进行操作，严防中毒事故发生；装过农药的空瓶要及时深埋地下，不能乱扔或做他用。

第二节　小麦的栽培技术

一、小麦主要栽培技术

（一）春小麦全膜覆土穴播节水栽培技术

1. 地块选择

选择土层深厚、土质疏松、土壤肥沃的条田、川地、塬地等平整灌溉土地，以豆类、麦类、油菜、胡麻等茬口较佳，马铃薯、玉米等茬次之。

2. 深耕蓄墒

前茬作物收获后深耕晒垡，熟化土壤，接纳降水，耙耱收墒，做到深、细、平、净，以利于覆膜播种。伏秋深耕即在前茬收获后及时深耕灭茬，深翻晒土，以利保墒，耕深25～30cm；覆膜前采用旋耕机浅耕，耕深18～20cm，然后平整地块，做到“上虚下实无根茬、地面平整无坷垃”。玉米茬口地最好先深耕捡出玉米根茬，再采用旋耕机浅耕后镇压，以打破犁底层及破碎玉米根茬。

3. 施肥

全膜覆土穴播一次覆膜连续多茬种植时应重施有机肥、施足化肥。结合最后一次整地施入优质腐熟农家肥 45～75t/hm^2、N180～240kg/hm^2、$P_2O_5$120～180kg/hm^2，缺钾土壤适当补充钾肥。

4. 土壤处理

对地下害虫危害严重的地块，用 50%辛硫磷乳油 7.5kg/hm^2，或 48%毒死蜱乳油 7.5kg/hm^2，加水 7.50kg，喷拌细沙土 750.0kg，制成毒土于旋耕前撒施。

5. 地膜选择

选择厚度为 0.008～0.010mm、幅宽为 120cm 的抗老化地膜，用量 90kg/hm^2 左右。

6. 覆膜覆土

覆膜与膜上覆土一次性完成，覆膜时间依据土壤墒情而定。如土壤湿度大，应在翻耕后晾晒 1～2d，然后耙耱整平覆膜，以免播种时播种孔（鸭嘴）堵塞。覆膜后要防止人畜践踏，以延长地膜使用寿命，提高保墒效果。

（1）人工覆膜覆土

全地面平铺地膜，不开沟压膜，下一幅膜与前一幅膜要紧靠对接，膜与膜之间不留空隙、不重叠。膜上覆土厚度 1.0～1.5cm。覆膜用土必须是细绵土，不能将土块或土疙瘩覆在膜上，以免影响播种质量，膜上覆土要均匀，薄厚要一致，覆土不留空白，地膜不能外露。

（2）机械覆膜

覆膜覆土一体机以小四轮拖拉机作为牵引动力，实行旋耕、镇压、覆膜、覆土一体化作业，具有作业速度快、覆土均匀、覆膜平整、镇压提墒、苗床平实、减轻劳动强度、有效防止地膜风化损伤和苗孔错位等优点，每台每天可完成 2.7hm^2。作业量、作业效率较人工作业提高 20 倍以上。

7. 品种选择

选择抗倒伏、抗条锈病、抗逆性强的高产优质中矮秆春小麦品种。如陇春 26 号、陇辐 2 号、宁春 4 号、宁春 15 号、武春 5 号、陇春 26 号、银春 8 号、甘春 24 号等。

8. 种子处理

小麦条锈病、白粉病易发地区，可用 15%三唑酮可湿性粉剂，按 100kg 种子用药量 100g 均匀拌种，随拌随播。

9. 播种

（1）播种机调试

不同机型和型号的播种机控制下种的方式、方法不同，下种的最大量和最小量范围也不同。种子装在穴播机外靠外槽轮控制排放量的穴播机，需调整齿轮大小；种子装在穴播机葫芦头内的穴播机，需打开葫芦头逐穴调整排放量。播种机调试应由技术人员指导，以免播种过稀或过密。

（2）播种时期

春小麦一般不推迟播期，但必须在土壤解冻 10cm 后进行。为了避免覆土板结给出苗带来困难，各地应关注天气预报，尽量避开雨天，在天气晴朗的条件下播种，要尽量保证播种后小麦能在降水前出苗，以防板结，争取保全苗，为高产稳产奠定基础。

（3）播种规格

播种深度 3~5cm，行距 15cm 左右，穴距 12cm，采用幅宽为 120cm 的膜时，每幅膜播 8 行。同一幅膜上同方向播种，以避免苗孔错位。播种时步速要均匀，步速快下种太少，步速慢下种太多。同一幅膜先播两边，由外向里播种，既可以控制地膜不移动，又便于控制每幅膜的行数。当土壤较湿时，为避免播种过浅，应在穴播机上加一个土袋施加压力。

（4）播种密度

春小麦以主茎成穗为主，应适当加大播种量，根据品种的特征特性、海拔高度等确定播种量。一般行距 15cm，穴距 12cm，每穴 13~15 粒，播种量 675 万~825 万粒/hm^2。大穗品种（千粒重 50~55g）播种量 360~450kg/hm^2，常规品种（千粒重 42~48g）播种量以 300~405kg/hm^2 为宜。

10. 田间管理

（1）前期管理

播种后如遇雨，要及时破除板结。一般采用人力耙糖器或专用破除板结器，趁地表湿润破除板结，地表土干裂时则影响破除效果。若发现苗孔错位膜下压苗，应及时放苗封口。遇少量杂草则进行人工除草。

（2）灌水

在灌好冬水的基础上，分别于小麦拔节期、抽雄-扬花期、灌浆期各灌水 1 次，每次灌水量均为 1125m^3/hm^2。对于免冬灌的地块，于 2 月下旬进行播前浅灌，灌水量 450~750m^3/hm^2；出苗后分别于拔节期、抽雄—扬花期、灌浆期各灌水 1 次，每次灌水量均为 1125m^3/hm^2。

（3）预防倒伏

全膜覆土穴播春小麦易出现旺长，造成倒伏。为了有效控制旺长，首先要选择抗倒伏的中矮秆品种，一般株高不超过 85cm；其次，采取喷施矮壮素、多效唑的办法控制小麦株高。对群体大、长势旺的麦田，在返青至拔节初期喷施 1000～2000mg/kg 矮壮素溶液，或用 10%多效唑可湿性粉剂 750～900g/hm^2 兑水 750kg 喷雾，可有效地抑制节间伸长，使植株矮化，茎基部粗硬，防止倒伏。另外，合理控制密度是预防倒伏的重要措施，一般灌溉地种植密度不能超过 750 万株/hm^2。

（4）追肥

春小麦进入分蘖期后，结合灌水追施尿素 112.5～150.0kg，以促壮、增蘖。进入扬花灌浆期，应结合灌水少量追肥，或用磷酸二氢钾、多元微肥及尿素等进行叶面追肥，以补充养分，促进灌浆，增加粒重，提高产量。

11. 病虫草害防治

（1）病虫害防治。条锈病、白粉病用 20%三唑酮乳油 675～900mL/hm^2 兑水 750kg 进行喷雾防治，或用 15%粉锈宁可湿性粉剂 750～1125g/hm^2 兑水 750kg 喷雾防治，间隔 7～10d 喷 1 次，连喷 2～3 次。麦蚜用 50%抗蚜威可湿性粉剂 4000 倍液，或 10%吡虫啉可湿性粉剂 1000 倍液，或 3%蚜克星乳油 1500 倍液喷雾防治。小麦红蜘蛛用 20%哒螨灵可湿性粉剂 1000～1500 倍液，或 40%螨克净悬浮剂 2000 倍液喷雾防治。

（2）杂草防治。膜上覆土可有效预防杂草，但若播种孔和膜间有杂草生长，如野燕麦等禾科杂草，可在 3 叶期前用 6.9%精噁唑禾草灵水剂 1050～1200mL/hm^2 兑水 450kg 喷雾防除；对阔叶类杂草，可用 2,4-D-丁酯 300～375mL/hm^2 加 75%苯磺隆水分散粒剂 15.0～22.5g，兑水 450kg 喷雾防除。

12. 适时收获

春小麦进入蜡熟期末期籽粒变硬即可收获。全膜覆土穴播小麦收获后，要实行留膜免耕多茬种植，收获时一定要保护好地膜。一般采取人工收获，或采用小型收割机收获。若采用大型收割机收获，小麦留茬高度要达到 10cm 左右，以免损坏地膜。

（二）春小麦高产栽培技术规程

1. 分区轮作

采用两年两区或两年四区分区轮作制度，统一规划，统一整地，统一播期播量，统一机播、统一管理，对示范片区进行科学规范管理。轮作倒茬，避免重茬；早春顶凌耙耱镇压保墒，做到土面平整、土绵墒足。

2. 选用良种

选用永良4号、永良15号等优质高产品种。

3. 种子处理

选择粒大饱满的种子，并晒种1~2d，每50kg种子用15%的粉锈宁可湿性粉剂75g或12.5%的禾果利75~100g干拌，现拌现种，以防锈病和地下害虫。

4. 测土配方施肥

按照小麦创高产的要求，结合测土配方项目土壤测试结果和目标产量，在每公顷施农家肥60000kg的基础上，施纯氮195kg、纯磷150kg、纯钾45kg，除25%氮肥做追肥外，其余全部做底肥施用，提高肥料的利用率。

5. 机械化耕作

大力推广保护性耕作技术，推广机械松耕、高茬收割、秸秆还田、机收机播等机械化耕作技术，提高机械化作业水平，使项目区综合农业机械化程度达到85%以上。

6. 精量播种，合理密植

在3月上旬，土壤解冻到适宜播种深度时适时播种，先施肥后播种，亩播种量25~26kg。

7. 加强田间管理，防治病虫草害

灌水：全生育期浇灌3~4次，最好头水三叶一心、二水拔节期、三水孕穗期、四水灌浆期；若浇三次水，灌水时间分别在三叶一心、孕穗期和灌浆期。追肥：结合浇头水每公顷施纯氮45~60kg，折合尿素105~135kg；播前亩用40%野麦畏200mL加水30~50kg均匀喷施地面，防除燕麦草；头水前后亩用2,4-D-丁酯50g，兑水30kg，喷雾防除阔叶杂草，抽穗后及时人工拔除田间燕麦草，生育期间如有病虫害发生，及时防治。

8. 适时收获

小麦成熟后及时收获，早打碾、早入仓，做到丰产丰收。

（三）小麦宽幅精播特点及高产栽培技术

小麦是我国种植的主要农作物，有生产分散经营、规模小、种植模式多、品种更换频繁、种植机械种类多、机械老化等现象，造成小麦高产栽培技术应用面积降低，小麦播种量快速升高，平均播量在 375kg/hm^2 以上，个别农户播量 525kg/hm^2 左右。造成群体差、个体弱、产量徘徊不前的局面，直接影响小麦产量、品质和效益的提高。

小麦宽幅精播特点：扩大播幅，播种均匀，健壮个体，提高产量。

1. 小麦宽幅精播优点

（1）扩大行距，改传统小行距 15~20cm 密集条播为等行距 22~26cm 宽幅播种。由于宽幅播种籽粒分散均匀，扩大了小麦单株营养面积，植株根系发达，苗蘖健壮，个体素质高，群体质量好，提高了植株的抗寒性、抗逆性。

（2）扩大播幅，改传统密集条播籽粒拥挤一条线为宽播幅 8cm 种子分散式粒播，有利于种子分布均匀，无缺苗断垄、无疙瘩苗，克服了传统播种机密集条播、籽粒拥挤、争肥、争水、争营养、根少苗弱的缺点。

（3）实行宽幅精播有利于个体健壮，群体合理，边际优势好，成穗率高，后期绿叶面积大，功能时间长，光能利用效率高，不早衰，落黄好，穗粒多，粒重高，产量高。

（4）降低了播量，有利于个体发育健壮，群体生长合理，无效分蘖少。

（5）小麦宽幅精量播种机播种能一次性完成，质量好，省工省时，同时宽幅播种机行距宽，并采取前二后四形耧腿脚安装，解决了因秸秆还田造成的播种不匀等问题。小麦播种后形成波浪形沟垄，有利于集雨蓄水，墒足根多苗壮。

2. 栽培技术

（1）分区轮作：采用分区轮作制度，轮作倒茬，避免重茬。

（2）深耕细耙，早春顶凌耙耱、镇压保墒，造足底墒。耕深 23~25cm，打破犁底层，不漏耕，耕透耙透，增加土壤蓄水保墒能力。深耕要和细耙紧密结合，无明暗坷垃，达到上松下实，做到土面平整，土绵墒足。

（3）选用良种。单株生产力高、抗倒伏、抗逆性强、株型紧凑、光合能力强、经济系数高的品种，如永良 4 号、永良 15 号等优质高产品种。

（4）种子处理。选择粒大饱满的种子，并晒种1~2d，每50kg种子用15%的粉锈宁可湿性粉剂75g或12.5%的禾果利75~100g干拌，现拌现种，以防锈病和地下害虫。种衣剂包衣。

（5）测土配方施肥。按照小麦创高产的要求，结合测土配方项目土壤测试结果和目标产量，在每公顷施农肥60000kg的基础上，每公顷施N195kg、$P_2O_5$150kg、K_2O 40kg，除25%N肥做追肥外，其余全部做底肥施用，提高肥料的利用率。

（6）小麦宽幅精量播种机播种。采用2BJK系列小麦宽幅精量播种机播种。改传统小行距（15~20cm）密集条播为等行距（22~26cm）宽幅播种，播种深度严格控制在3~5cm，播幅6~8cm。改传统密集条播籽粒拥挤一条线为宽播种子分散式粒播，有利于种子分布均匀，无缺苗断垄、无疙瘩苗，克服了传统播种机密集条播，籽粒拥挤，争肥、争水、争营养，根少、苗弱的生长状况。

（7）适期适量播种。播期为3月下旬，播量270~330kg/hm^2。

（8）加强田间管理，防治病虫草害。灌水：全生育期浇灌3~4次，最好头水在三叶一心、二水拔节期、三水孕穗期、四水灌浆期；若浇三次水，灌水时间分别在三叶一心、孕穗期和灌浆期。追肥：结合浇头水每公顷施纯氮45~60kg，折合尿素105~135kg；播前每公顷用40%野麦畏3000mL加水450~750kg均匀喷施地面，防除燕麦草；头水前后每公顷用2,4-D-丁酯750g，兑水450kg，喷雾防除阔叶杂草，抽穗后及时人工拔除田间燕麦草，生育期间如有病虫害发生，及时防治。重视叶面喷肥，延缓植株衰老。

（9）适时收获。小麦成熟后及时收获，收获最佳时期为蜡熟末期，蜡熟末期籽粒的千粒重最高，籽粒的营养品质和加工品质也最优。蜡熟末期的长相为植株茎秆全部黄色，叶片枯黄，茎秆尚有弹性，籽粒含水率22%左右，籽粒颜色接近本品种固有光泽，籽粒较为坚硬。提倡用联合收割机收割，麦秸还田。

二、小麦主要病虫害防治技术

（一）小麦主要病害防治技术

1. 小麦条锈病防治技术

小麦条锈病俗称“黄疸病”，是一种气流传播的病害，是小麦生产上的主要病害。小麦感染条锈病后，光合作用受阻，从而影响产量，产量损失高达

15%~50%。

（1）危害症状

条锈病主要发生在叶片上，其次是叶鞘和茎秆及穗部。苗期到收获期都可染病。小麦感染条锈病后，叶片、叶鞘、茎秆可出现黄色圆形或椭圆形病斑，排列成行，呈虚线状，后期表皮破裂，出现黄色粉状物，用手触摸病斑，黄粉可散落。穗部感病后，麦穗表面发红，剥开颖壳，内部充满黄色病菌孢子，籽粒不能灌浆。

（2）防治方法

①选用抗病品种。选择抗病性强的品种，同时注意品种合理布局。避免品种单一化，并定期轮换。

②适期播种、合理施肥。适当晚播，可减轻秋苗期条锈病发生。施用腐熟有机肥，增施磷钾肥，搞好氮磷钾合理搭配，增强小麦抗病力。

③消除自生麦。小麦收获后的 8 月下旬至冬小麦播种前，对田间、田埂、麦场等有自生麦的地方，用灭生性除草剂 17%百草枯水剂每公顷 0. 75L 兑水 750kg 喷雾消除，或对休闲麦田进行深翻并耙耱，消除自生苗。

④药剂拌种。用 15%三唑酮可湿性粉剂 0. 1kg 拌种 50kg，或 20%三唑酮乳油 75mL 拌种 50kg，或 2%戊唑醇干拌剂或湿拌剂 0. 05~0. 75kg 拌种 50kg，拌种一定要均匀，且药剂不能过量，避免发生药害。

⑤药剂喷雾。当条锈病田间发生率 1%~2%时，开始喷洒防治，每公顷用 20%三唑酮乳油 675~900mL，或 12. 5%烯唑醇可湿性粉剂 0. 45~0. 6kg，或 25%丙环唑乳油 450mL，以上药剂均兑水 750kg，选择上午 9—11 点或下午 4 点以后喷雾防治。每隔 7~10d 喷一次，连喷 2~3 次。

2. 小麦黑穗病防治技术

小麦黑穗病包括散黑穗病、腥黑穗病、秆黑粉病，是小麦生产上的常见病害。

（1）危害症状

①散黑穗病。俗称黑疸、灰包等，是典型的种子传播病害。该病主要危害穗部，病株在孕穗前不表现症状。但抽穗比健株早，穗小，且比健株矮小。抽穗初期，小穗外包裹一层灰色薄膜，里面充满黑粉。薄膜破裂后黑粉随风吹散，只残留裸露的穗轴。而在穗轴的节部还可以见到残余的黑粉。在大多数情况下，病株主秆、分蘖都出现病穗，但有时部分分蘖未受到病菌的危害而生长正常。

②腥黑穗病。俗称“乌麦”“黑疤”。小麦感染腥黑穗病后，病株较健株稍矮，分蘖增多，病穗较短、直立，颜色较健株深，最初表现为灰绿色，后期变为灰白色。颖片略向外张开，露出部分病粒。病粒短而圆，外包一层灰褐色薄膜，里面充满黑褐色粉。

③秆黑粉病。俗称乌麦、黑枪、黑疸、锁口疸。主要发生在小麦的秆、叶和叶鞘上。发病时期较早，在小麦幼苗期即可发病，茎秆、叶片和叶鞘上产生初为黄白色后为银灰色与叶脉平行的条斑，以后条斑逐渐隆起，呈灰黑色，最后表皮破裂，散出黑粉。病株较健株矮，分蘖增多，叶片畸形或卷缩，重病株大部分不能抽穗而枯死，有些病株虽能抽穗，穗卷缩于叶鞘内，大多不能结实，少数结实的也是籽粒秕瘦。

（2）防治方法

①加强栽培措施及田间管理。合理轮作倒茬，深翻耕土壤；选用大粒种子播种。加强田间管理，发现病穗要及时拔除，带出田间烧毁或深埋。

②土壤处理。播种前，每公顷用50%多菌灵可湿性粉剂30～45kg或70%甲基硫菌灵可湿性粉剂15～22.5kg，兑细干土675～750kg，搅拌均匀后制成毒土，在犁地后均匀撒在地面，再耙地，然后播种。

③药剂拌种。小麦播种时，用0.06kg/L的戊唑醇悬浮种衣剂0.06～0.08kg拌种100kg，或15%三唑酮可湿性粉剂0.2kg拌种100kg，或用2%戊唑醇湿拌剂0.1kg拌种100kg，或50%多菌灵可湿性粉剂0.2～0.25kg，或70%甲基硫菌灵可湿性粉剂0.2kg拌种100kg，以上任选一种药剂均先兑2～3kg水稀释，然后拌种。拌过药的种子堆闷6h后播种。

④温汤浸种，先将麦种在50～55℃温水中搅拌，使水温迅速稳定至45℃浸泡3h后捞出，移入冷水中冷却，晾干后播种。

⑤喷药防治。在孕穗至抽穗初期，可用20%三唑酮乳油每公顷0.75～1.05L，或50%多菌灵可湿性粉剂每公顷1.5kg，或70%甲基硫菌灵可湿性粉剂1.05～1.5kg，兑水750kg喷雾，控制再侵染。

3. 小麦全蚀病防治技术

小麦全蚀病又称死穗病、白穗病、根腐病等。小麦全蚀病是一种典型的根部病害，全蚀病是小麦上的毁灭性病害，引起植株成簇或大片枯死，降低有效穗数、穗粒数及千粒重，造成严重的产量损失。

（1）危害症状

病菌侵染的部位只限于小麦根部和茎基 15cm 以内，染病后根系及茎基部变黑，俗称“黑脚”，分蘖期地上部无明显症状，仅重病植株表现稍矮化，基部黄叶多、分蘖减少。冲洗麦根可见种子根与地下茎变灰黑色。拔节期病株返青迟缓，黄叶多，拔节后期重病株矮化、稀疏，叶片自下向上变黄，似干旱、缺肥。在茎基部表面和叶鞘内侧，生有较明显的灰黑菌丝层。抽穗灌浆期，病株成簇或点片出现早枯白穗，干枯致死的病株与绿色的健株形成鲜明的对照。在潮湿麦田中，茎基部表面布满条点状黑斑，俗称“黑膏药”。

（2）防治方法

①合理轮作。发病重的田块要实行轮作倒茬，2~3 年以后可改种玉米、马铃薯等作物。

②合理施肥。增施有机肥、磷钾肥、微肥，调整氮磷比例。

③土壤处理。播种前，用 70%甲基硫菌灵可湿性粉剂每公顷 30~45kg 加细土 300~450kg，均匀施入播种沟内，或 15%三唑酮可湿性粉剂每公顷 15kg 加细土 150kg 施入小麦播种沟内。

④药剂拌种。播种时，用 15%三唑酮可湿性粉剂 0. 08~0. 1kg 拌麦种 50kg，或用 2%戊唑醇湿拌种剂 0. 05kg 拌麦种 50kg，或 25%丙环唑乳油 25mL 拌麦种 50kg。此类药有抑制发芽的作用，播种时要加大播种量 10%~15%。

⑤喷药防治。在苗期，每公顷用 20%三唑酮乳油 1. 2~1. 5L，兑水 750kg，或用 50%氯溴异氰尿酸可溶性粉剂 1500 倍液，每公顷用量 0. 52kg 喷洒麦苗。

⑥药剂灌根。小麦返青期，每公顷用消蚀灵可湿性粉剂 1. 5~2. 25kg，兑水 2. 25kg 灌根。

（二）小麦主要虫害防治技术

1. 小麦吸浆虫防治技术

小麦吸浆虫有两种，一种叫麦红吸浆虫，另一种叫麦黄吸浆虫。川水灌区一般发生的是麦红吸浆虫，以幼虫潜伏在小麦穗子颖壳内吸食正在发育灌浆的麦粒汁液，造成小麦籽粒秕瘦，出粉率降低，品质变劣，受害严重时颗粒无收，几乎绝产，是一种毁灭性害虫。

（1）形态及危害特征

小麦吸浆虫虫体相当小，成虫可以飞，体长只有 1. 5~3mm，形状可形容为

“黑头红身白膀子”，虽然很小，但繁殖力强，每头雌虫一生能产卵 40～60 粒，最高的达 90～100 粒。麦粒受害程度除与侵入的虫量多少有关外，还与幼虫侵入危害的早迟有关，一般侵入愈早，麦粒受害也愈重。

该虫一年发生一代，以老熟幼虫在土层内休眠过冬，到来年 5 月中上旬，小麦拔节期幼虫开始破茧上升；5 月中下旬，小麦开始孕穗时，幼虫逐渐上升到土表化蛹，经 8～10d 羽化成为成虫，此时正值小麦抽穗期，羽化后的成虫开始在麦穗上产卵，卵经历 5～6d 孵化为幼虫，从麦颖缝隙中潜入，刺吸浆液，15～20d 后老熟，老熟幼虫遇雨水从颖壳中爬出，弹落到地表，从土壤缝隙潜入土中，结茧休眠。如环境不适，可多年潜伏土中，遇条件适宜，即能出土为害。

（2）防治办法

①生态防治

A. 调整作物种植结构。在有灌溉条件的田块，要建立粮经和夏秋比例适宜、高产优质高效的种植制度。目前宜大力发展地膜玉米种植和优质啤酒大麦，适当减少小麦种植面积，尽量实行轮作倒茬，避免小麦重茬，切断吸浆虫食物链。

B. 实行茬后深翻。小麦收获后尽可能及早深耕晒垡，利用吸浆虫怕高温、干燥的习性，杀死吸浆虫越夏幼虫，提高越夏死亡率。

C. 推广抗（避）虫丰产优质品种，优化栽培技术。在川区一般选用早熟品种，抽穗扬花早，正好避过小麦吸浆虫产卵期，如 2014、永良 4 号、永良 15 号等，避过产卵高峰期，减轻危害。通过适期早播，精量播种，不宜过量施用氮肥，合理灌水等措施，促进小麦早抽穗，保持小麦抽穗整齐一致，避开吸浆虫产卵期。

②药剂防治

A. 蛹期防治。拔节、孕穗期是蛹期防治小麦吸浆虫的适期，施药防治效果最好。小麦抽穗前选择有代表性的麦田 2～3 块，每块取 5 个点以上，掏土检查，根据每样方幼虫头数分区，其分区标准是：分布区，4 头以下/样方；轻发生区，4～15 头/样方；重发区，15～35 头/样方；严重区，35～90 头/样方和极严重区，90 头以上/样方。结合灌水每公顷用 40%甲基异柳磷乳油，危害区 3.75kg、重害区 2.25kg、严重区 7.5kg，兑水 30kg，稀释后拌入 750kg 细沙，充分拌匀后均匀撒于麦田后灌水，并采取有效措施使药沙充分落到地面，可以直接杀死一部分蛹和上升到土表的幼虫，同时也能抑制成虫。当抽穗前 3～5d，每样方土样平均蛹达到 2～3 头时，需防治一次，5 头以上需防治两次。

B. 成虫期防治。在抽穗露脸期，展开双臂拨开麦垄以一眼看到2～3头成虫飞翔或10复网次捕到10头以上成虫为防治指标，应立即喷药防治，普遍查到成虫的村组应统一防治，局部发生成虫的要分户防治，做到小麦扬花不结束，查防工作不间断、不终止；喷药时间在下午7点后，每公顷用80%敌敌畏乳油750mL，或4.5%高效氯氰菊酯微乳剂750mL，兑水750kg，于下午天黑前成虫活动旺盛时喷雾。

2. 小麦蚜虫防治技术

蚜虫又叫腻虫，分布极广，小麦产区都有发生，危害小麦的蚜虫主要有：麦长管蚜、麦二叉蚜、黍缢管蚜、无网长管蚜。

（1）危害特征

小麦苗期，蚜虫主要集中在叶背面、叶鞘及心叶处为害，使小麦叶片发黄；当小麦拔节、抽穗后，蚜虫主要群集危害麦穗、茎和心叶，吸取汁，并排出蜜露，影响植株的呼吸和光合作用。当虫口密集时，造成叶片枯黄，植株生长不良；麦穗部被害后，造成籽粒不饱满，严重时，麦穗枯白，不能结实，甚至整株枯死，造成严重减产。另外，麦蚜还是传播病毒的昆虫媒介，可传播小麦黄矮病。

（2）防治方法

当苗期平均10株有蚜虫1～2头时、孕穗期平均10株有蚜虫50头时及时喷药防治。每公顷可用吡虫啉可湿性粉剂0.3kg，或3%啶虫咪乳油0.3～0.45L，或48%毒死蜱乳油0.75L，或25%吡虫啉·噻嗪酮可湿性粉剂0.24～0.3kg，或12%甲氰菊酯·吡虫啉乳油0.6～0.9L，或5%高效氯氰菊酯·吡虫啉乳油0.3～0.75L，以上药剂均兑水750kg均匀喷雾，为防止害虫产生抗药性，注意农药的交替使用。一般防治1～2次，每隔10d一次。

第八章　其他农作物的栽培技术

第一节　向日葵的栽培技术

一、向日葵主要栽培技术

（一）向日葵双垄沟播节水栽培技术

1. 播前准备

（1）轮作倒茬

向日葵是较为抗旱、耐瘠薄、耐盐碱的作物，除沼泽土、重沙质土和石灰质土外，均可种植。必须坚持四年以上轮作，不应和深根作物连作，忌重茬和迎茬，禾谷类作物（小麦、大麦等）是较好的前茬。

（2）精细整地

平整土地，机械深翻20~25cm，结合深翻每公顷施用农家肥30000~45000kg。

（3）施足底肥

结合整地每公顷施磷酸二铵300~375kg或过磷酸钙1500kg、尿素300~450kg、硫酸钾300kg，基肥在起垄时集中施入垄底效果较好。

（4）选用良种

选用适应当地环境、抗病性强、产量高的优质高产品种。播前应晒种2~3d，以增强种子内部酶的活性，提高发芽势和发芽率。同时用40%锌硫磷150mL，兑水5~7kg，拌种25~30kg；用种衣剂进行拌种包衣，以防地下害虫。用多菌灵500倍液浸种6h，或用菌核净、甲基托布津等拌种，用药量为种子量的0.5%~0.6%，以防治菌核病。

（5）土壤处理

地下害虫危害严重的地块应在整地起垄时每公顷用40%辛硫磷乳油7.5kg加

细沙土 450kg 制成毒土撒施，杂草严重的地块在整地起垄后覆膜前用 48%的仲丁灵乳油每公顷 1875~2250mL 兑水 450~750kg 喷洒垄面。

（6）起垄覆膜

向日葵双垄沟灌节水栽培采用双垄、宽窄行栽培，宽行 70~80cm，窄行 40cm，垄高 10~12cm。一般 4 月上旬土壤耕层解冻约 10~15cm 时及时起垄，以利保墒。起垄时用起垄全铺膜联合作业机一次完成起垄覆膜作业。选用厚度 0.008mm、宽 120cm 的聚乙烯农用地膜，每公顷用量 75kg。

（7）压膜打孔

机械起垄覆膜后，检查覆膜质量及宽垄上两幅膜相接处的压土情况，加以人工整理加固。两幅膜相接处必须用土压紧压实，每隔 2~3m 横压土腰带。在垄沟内及时打渗水孔，以便降水、灌水渗入土壤。

2. 播种

（1）播种时间

当地温稳定通过 10℃时，一般在 4 月中旬播种。播期根据生长特性调整，使开花灌浆期避开 28℃以上高温天气。LD5009 在 4 月 20 日左右播种产量最高，5 月 10 日后播种会出现成熟不足，造成产量、质量下降，秕粒增加，空壳率高。

（2）播种密度

向日葵全膜双垄沟灌节水技术，种子播种在大小垄阳面垄侧，株距 30~35cm（35~40cm），每公顷保苗 52500~60000 株。

（3）播种方式

采用先覆膜后播种方式，播种时将两行的播种穴错开位置播种，破膜播种，然后用细沙或草木灰封孔。沙土地和不易板结的地块，可点播于沟底，每公顷播量根据品种而定，一般 9.75~10.5kg。

3. 田间管理

（1）防虫保苗

幼苗期主要有地老虎、黑绒金龟子、金针虫等害虫，一经发现虫情，立即用锌硫磷 800~1000 倍液灌根。用符合无公害要求的农药杀灭田鼠，及时进行地面锄草杀卵。盐碱地适时早浇亦可起到降低地下害虫危害的作用。

（2）间苗定苗

在出苗 1~2 对真叶时间苗，在 2~3 对真叶时定苗。

（3）中耕除草

在苗期要结合中耕除净垄间和苗眼的杂草。

（4）灌水追肥

苗期一般不追肥。现蕾期到开花期是向日葵需要营养物质的主要时期，在现蕾期结合浇头水每公顷追施尿素150~300kg，在开花期结合浇二水追施尿素150kg。根据苗情在灌浆期浇第三水。全生育期灌3~5次水（现蕾期、初花期、盛花期、灌浆期灌水），灌水采用沟内灌水，每次灌水750~900m^3/hm^2。

（5）辅助受粉

引蜂传粉。在开花季节把蜂箱均匀分布在向日葵田附近，距离100m左右，进行引蜂授粉。

人工辅助授粉。当田间开花株数达到70%以上，进行第一次人工辅助授粉，每隔3d进行一次，共授粉2~3次。授粉方法是：用直径10cm左右的圆形硬纸板，上面铺一层棉花后再包上一层干净的纱布，做成“粉扑子”。授粉时，一手握住花盘背面脖颈处，另一手用“粉扑子”在花盘开花部位轻扑几下。

（6）病虫害防治

向日葵生长中后期如有锈病发生，用70%代森锰锌600倍液或25%粉锈宁每公顷600g兑水450kg喷雾。为防治菌核病，用50%速克灵可湿性粉剂1000倍液或菌核净800倍液在初花期将药喷在花盘的正反两面，隔10d喷药一次；为防治锈病，一般可在7月中旬，每亩用15%三唑酮可湿性粉剂800~1200倍液进行喷施，时间要选择在阴天或下午6时以后进行。

4. 适时收获

当葵花秆变黄，上部叶片变成黄绿色，下部叶片枯黄下垂，花盘背面变成褐色时，舌状花朵干枯脱落，苞叶黄枯变成本品种特有颜色，黑中透亮，带有小白条纹，种仁里没有过多水分时收获。收获后及时晾晒，防止籽粒损伤和霉变，影响品质。

（二）全膜宽窄双垄沟播沟灌葵花栽培技术

全膜双垄沟播沟灌技术就是在田间起大小双垄，用地膜全覆盖，在沟内、垄侧播种作物的种植技术，主要技术要点如下：

1. 冬前工作

（1）整地

上年前茬作物收获后，及时深耕耙耱，拾净旧膜和根茬，尤其是玉米和葵花

茬，必须将根茬拾净，否则在起垄覆膜时会直接影响机器操作和起垄覆膜质量，进而影响作物出苗和产量。

（2）灌水

泡地可以是冬水或春水，但要灌足灌好，一般用水 $1800m^3/hm^2$，冬灌地及时做好镇压保墒工作。有条件的话，每公顷施农家肥 60000kg 左右。

2. 起垄前工作

（1）土壤处理

如果金针虫等地下害虫严重可用40%辛硫磷乳油在旋地时喷洒。如野燕麦草严重，可用燕麦畏毒土在旋地前撒入地面。

（2）施肥

施肥方法、数量同大田玉米。

（3）除草剂使用

除草剂种类和施肥方法同大田玉米。

（4）起垄机具及物资准备

用专用起垄覆膜机，配套动力为 18 马力以上的带有后动力输出轴的四轮拖拉机。用宽 1.2m 的地膜，每公顷一般用地膜 90kg 左右。

3. 起垄覆膜工作

选用能熟练操作四轮拖拉机的机手，顺着地块的长边开始起垄覆膜，最好是顺着灌水水流方向起垄，一般需要辅助人员 2 人，一人及时排除起垄机上土槽内堵塞的前茬根系、废地膜、杂物及土块，一人及时补压机子未压土部分地膜，以防大风扯膜。

每一作业面幅宽 1.1m，其中双窄垄宽 60cm，两边压膜垄各宽 25cm，下一幅起垄时，四轮拖拉机的后轮要压到前一幅膜的边缘，膜与膜刚好接住。这样就形成了双垄沟宽 60cm、宽垄 50cm。特别要注意接膜的垄距不能宽于 50cm。

地块两头不能横着起垄，只能在机子作业时，留 5~6m 地膜，人工开沟起垄压膜。这样就能更好地起到节水和增产的效果（通风条件好）。

一块地作业完后，要仔细检查地膜压土情况，若有未压实压好的地方，人工要压好，防止大风揭膜。

起垄后要及时打渗水孔，方法是用铁叉在沟内每隔 1m 左右扎一下，这是为了使降水及时地渗入地膜内，充分利用自然降水，增加地膜内湿度，保证苗全。

4. 播种工作

播种位置：在每条沟的阳面，距沟底 5cm 处点播种子，在沙性较大的地块，可以直接播到沟内（利于机播）。严禁种在垄上（一是因为墒情差；二是播种后失墒严重，影响出苗）。

播种密度：根据不同品种密度要求调整株距（在包装袋上都会有密度要求）。具体调整公式为：株距=22020/密度，比如当密度为 9000 株/hm^2时，则株距为 22020/90000=0.25，株距为 25cm；当向日葵密度为 67500 株/hm^2时，株距为 22020/67500=0.33，株距为 33cm。

播种时要随时用土封住播种孔，防止钻风后揭膜和失墒。

在灌水条件好的地方可以在接膜的垄上套种两行黄豆、豌豆等矮秆作物。

5. 田间管理工作

灌水：根据各地配水时间进行灌溉，每次灌水时，水刚灌满沟即可。

其他管理同大田玉米。

（三）向日葵露地栽培技术

1. 播前准备

（1）选地与整地

向日葵对土壤适应范围广、耐瘠能力强，可在粮食作物与经济作物生长差、产量低的地块种植。向日葵也是新垦荒地的先锋作物，较好的前茬作物是麦类、油菜、草木樨、黍类等。在有菌核病、蒙古灰象甲危害地区，不宜与豆科作物连作。向日葵需肥多，特别是钾肥的需要量大，不宜连作，要求土壤耕作层为 30~35cm。

（2）选用良种，做好种子处理

选择适合本地区的高产优良品种，大力推广胞质雄性不育杂交种，目前推广的优良品种为新葵杂 4、5、6 号及 G101。种子播种之前进行筛选或人工粒选，去掉杂粒、小粒、秕粒、虫蛀粒及其他杂质，提高纯度。播种前应晒种 1~2d，以提高发芽率。霜霉病、黑斑病重和地下害虫严重的地区，要做好药剂拌种。

2. 播种

（1）播种时期

适时早播出苗早、产量高，可避免和减轻病虫危害。向日葵对短时间的早霜和晚霜均有耐受力，幼苗可耐短期-3~5℃的低温，植株可耐-7℃短时的低温。早春可抢雪墒播种，当5cm地温连续4~5d稳定在8~10℃时即可播种，播种期一般在4月上中旬。

向日葵可采用临冬播种，但须掌握好播种适期，防止冬前出苗冻死。

向日葵复播，应选择生育期较短的油葵品种，播种期越早越好，大部分地区可在6月下旬复播。应在7月5日前播完种，浇上水。

（2）播种质量

向日葵属双子叶植物，顶土力弱，播种不宜过深，一般为4~5cm，但过浅因墒情不足，不易发芽，甚至发芽时幼苗带壳出土，影响光合作用，影响全苗、壮苗。在盐碱较重地区，向日葵能否丰收，关键在于保全苗。播种方法为机械条播、点播，也可人工穴播。每穴种子2~3粒，播量7.5~10kg/hm^2。

3. 查苗补种，适时间苗和定苗

向日葵为双子叶作物，幼苗出土较困难。春播向日葵一般种在瘠薄地上，特别是播在盐碱地上，播后遇雨使表层结成硬壳，出苗更加困难。受鸟、鼠、虫等危害，都可造成严重缺苗。因此，出苗后应及时查苗补种或小苗移栽。

一般情况下，1~2对真叶时间苗，2~3对真叶时定苗，但间、定苗具体时间还应视当年病虫预报情况而决定。定苗密度随品种、土壤盐碱轻重不同而定，一般油用种植株矮小，种植密度可在45000株/hm^{2}左右，重盐碱地瘦地密度宜在52500~60000株/hm^2；新开垦盐碱荒地92000株/hm^2；复播地60000~75000株/hm^2。食用种植株高大，密度30000~45000株/hm^2。

4. 中耕除草

生育期间一般中耕2~3次，第一次在现行时进行，深度8~10cm；第二次在定苗前进行，中耕后再定苗；第三次在封垄前结合追肥开沟进行，沟深14~16cm。

5. 施肥

向日葵株繁叶茂，需要养分比一般作物多，其肥料的丰缺，直接影响它的生长发育和产量的形成，与油分的形成也有密切关系。生产上往往将向日葵种在薄地上，因此，合理施肥显得更为重要。苗期是向日葵需磷的“临界期”，种肥应以磷肥为主，配合部分氮肥。追肥以氮素化肥为主，配合一定量的钾肥。向日葵从现蕾期到开花期正是营养生长和生殖生长同时并进的旺盛阶段，需要养分多而

集中。追肥可结合中耕开沟一起进行。

6. 灌水

向日葵从出苗到现蕾前，在底墒好的情况下可不灌水，主要进行蹲苗。向日葵生育期灌水要掌握三个关键时期，即现蕾、开花、灌浆期。一般在现蕾时浇头水，此后12~15d即初花期浇第二水，再隔10d浇第三水，灌浆期浇第四水。浇水时要注意浇水质量，盐碱较重的地块必须采用大水浇灌，一是为了满足向日葵需水，二是为了淋盐洗盐，减少盐碱危害。

7. 打杈和打老叶

向日葵除对多头品种留3~5个分枝外，其余杈均要及时打掉，确保主茎花盘养分充足，籽粒饱满。打杈要及时，当中、上部叶腋中分枝一冒头即打掉，打杈时要避免伤茎皮。

8. 人工辅助授粉

向日葵是虫媒异花授粉作物，往往授粉不良，空壳率较高。为了提高结实率，可采用养蜂和人工辅助授粉两种方法。每0.33~0.47hm^2向日葵放养一群蜜蜂，可提高结实率10%~20%，增产效果显著，并能兼收蜂蜜15kg左右，应予以大力推广。

人工辅助授粉应在盛花期进行，每隔1~2d进行一次，连续进行2~3次。授粉时间在上午露水消失后9：00~11：00。这时花粉较多，生命力强，授粉效果较好。

9. 防治病、虫、草害

向日葵的病、虫、草害种类很多，其中以苗期害虫和危害葵盘籽实害虫以及寄生性杂草的发生较为普遍而严重，如向日葵锈病、向日葵霜霉病和向日葵螟虫等，应加强防治。

10. 收获及贮藏

生理成熟期前25d，是油分旺盛形成期，可形成籽实含油量的80%，不宜过早收获。过晚收获，种子过干，遇风易落粒，遇雨易烂头，鸟害严重，产量损失大。

适宜收获最好的时机，从植株外形上看，大部分花盘背面变色，从花盘背面边缘向里有2~3cm变成褐色，茎秆变黄或黄绿，中上部叶黄化或脱落，种子皮壳硬化呈本品种固有的颜色。收获方法除用人工收获外，大面积则将谷物联合收割机（康拜因）加以改装，加大滚筒间隙，降低转速，直接在田间收割脱粒。

向日葵的安全贮藏，主要决定于种子含水量，其次是杂质，食用种的安全含水量要求达到10%~12%，高油种子含水量要低于7%，并且在干燥低温下贮藏。

二、向日葵主要病虫害防治技术

（一）向日葵主要病害防治

1. 向日葵菌核病的防治技术

向日葵菌核病，又叫白腐病，俗称烂盘病，是一种土传病害，整个生育期均可发病，造成茎秆、叶、花盘及种仁腐烂。常见的有根腐型、茎腐型、叶腐型、花腐型（也叫盘腐型）4种症状，其中根腐型、盘腐型受害最重。近几年来，随着向日葵种植面积的不断扩大，向日葵菌核病在每年都有不同程度的发生，对向日葵的产量和品质都有很大影响。

（1）危害症状

①根腐型。从苗期至收获期均可发生，苗期染病时幼芽和胚根生水浸状褐色斑，扩展后腐烂，幼苗不能出土或虽能出土，但随病斑扩展萎蔫而死。成株期染病，根或茎基部产生褐色病斑，逐渐扩展到根的其他部位和茎，后向上或左右扩展，长可达1m，有同心轮纹，潮湿时病部长出白色菌丝和鼠粪状菌核，重病株萎蔫枯死，组织腐朽易断，内部有黑色菌核。

②茎腐型。茎腐型主要发生在茎的中上部，初呈椭圆形褐色斑，后扩展，病斑中央浅褐色具同心轮纹，病部以上叶片萎蔫，病斑表面很少形成菌核。

③叶腐型。病斑为褐色椭圆形，稍有同心轮纹，湿度大时迅速蔓延至全叶，天气干燥时病斑从中间裂开穿孔或脱落。

④花腐型。花腐型表现为花盘受害后，盘背面出现水浸状病斑，后期变褐腐烂，长出白色菌丝，在瘦果和果座之间蔓延，形成黑色菌核，花盘腐烂后脱落，瘦果不能成熟。受害较轻的花盘，结出的种子粒小，无光泽、味苦、表皮脱落，多数种子不能发芽。

（2）防治方法

①加强栽培管理。实行轮作，与禾本科作物实行5~6年轮作。菌核在土壤中可存活数年，一般3年后活力大部分丧失，所以采取向日葵与禾本科作物轮作换茬，能大大减轻发病。轮作时间越长效果越好，但不能与豆科、十字花科等作

物轮作；深翻耕，将地面上菌核翻入深土中10cm以下，使其不能萌发；适当晚播，使花期和多雨季节错开。强调开花期是因为：雨季是孢子弹射的盛期，且弹射到葵盘上对向日葵产量损失最大，且葵盘的海绵组织为菌核的易侵染部位，孢子萌发所需湿度在90%以上。

②清除田间病残体，发现病株拔除并烧毁。搞好田园卫生，将病株、残枝败叶、病花盘、籽粒彻底清除出田间深埋，或烧掉以减少病源，同时增施磷钾肥。

③药剂防治。用40%纹枯利800~1000倍液，在向日葵现蕾前或在盛花期，喷洒植物的下部和花盘背面1~2次。用50%托布津可湿性粉剂1000倍液，在向日葵现蕾前或在盛花期喷洒1~2次。用50%速克灵500~1000倍液，在苗期或开花期喷洒，防治效果可达80%以上。当气温达18~20℃、0~5cm深表土含水量在11%以上、子囊盘开始出土时，是地面撒药的最佳时期，每公顷可用70%五氯硝基苯30~45kg，加湿润的细土150~225kg，掺拌均匀后撒在田间，可抑制菌核的萌发和杀死刚萌发的幼嫩芽管，抑菌率可达91.3%，防治效果达78.5%以上。

④滴灌防治。利用滴灌控制水量。利用膜下滴灌调节供水量，避免了低洼积水现象，控制田间湿度，从而降低向日葵菌核病的发生。也可以利用滴灌进行随水施肥，膜下滴灌提高了作物抗病的能力，亦可做到适时适量，可省肥20%左右。膜下滴灌节水50%，减少深层渗漏，能较好地防止土壤次生盐碱化。滴灌随水施肥、施药，既节约了化肥和农药，又减少了对土壤和环境的污染。

2. 向日葵黄萎病的防治技术

向日葵黄萎病是向日葵生产的一种重要病害，可大幅度降低向日葵籽粒的产量和品质。近年来，随着向日葵播种面积的不断增加，黄萎病的发生日趋严重。

(1) 危害症状

主要在成株期发生，开花前后叶尖叶肉部分开始褪绿，后整个叶片的叶肉组织褪绿，叶缘和侧脉之间发黄，后转褐坏死；后期病情逐渐向上位叶扩展，横剖病茎维管束褐变。发病重的植株下部叶片全部干枯死亡，中位叶呈斑驳状，严重的花前即枯死，湿度大时叶两面或茎部均可出现白霉。

(2) 防治方法

①农业防治。种植抗病品种；与禾本科作物实行3年以上轮作；加强田间管理，发现病株要及时把病株及残体清除出田间烧毁。

②药剂防治。播种前用2.5%适乐时种衣剂，用量按药种重量比1：200进行包衣，晾干后播种。必要时用30%土菌消水剂1000倍稀释液、3.2%噁甲水剂

300倍液或20%萎锈灵乳油400倍液灌根，每株灌兑好的药液400~500mL。

3. 向日葵霜霉病的防治技术

向日葵霜霉病是向日葵的主要病害，造成向日葵植株矮化，不能结盘或幼苗死亡，严重影响产量和品质。

（1）危害症状

向日葵霜霉病在苗期、成株期均可发病。苗期染病2~3片真叶时开始显症，叶片受害后叶面沿叶脉开始出现褪绿斑块，叶背可见白色茸状霉层，病株生长缓慢或朽住不长。成株染病初期近叶柄处生淡绿色褪色斑，沿叶脉向两侧扩展，后变黄色并向叶尖蔓延，出现褪绿黄斑，湿度大时叶背面沿叶脉间或整个叶背出现白色茸层，厚密。后期叶片变褐焦枯，茎顶端叶簇生状。病株较健株矮，节间缩短，茎变粗，叶柄缩短，随病情扩展，花盘畸形，失去向阳性能，开花时间较健株延长，结实失常或空秆。

（2）防治方法

①农业防治。与禾本科作物实行3~5年轮作；选用抗病品种，适期播种，合理密植。田间发现病株要及时拔除。

②药剂防治。发病重的地区用种子重量0.5%的25%甲霜灵拌种，或用350mL精甲霜灵种子处理乳剂包衣，拌种比例为0.035~0.105kg/100kg种子，晾干后播种。苗期或成株发病后，喷洒58%甲霜灵锰锌可湿性粉剂1000倍液，或40%增效瑞毒霉可湿性粉剂600~800倍液、72%杜邦克露或72%克霜氰或72%霜脲·锰锌或72%霜霸可湿性粉剂700~800倍液。

4. 向日葵列当的防治技术

向日葵列当又称毒根草、兔子拐棍，是1年生草本植物，属双子叶植物，是一种危害性极强的检疫性杂草，主要寄生在向日葵、烟草、番茄、瓜类等双子叶植物的根上，用吸盘深入向日葵根部组织吸收养分。向日葵被列当寄生后，植株细弱，花盘较小，秕粒增加，一株向日葵寄生15株列当，便会出现30%~40%的秕粒。向日葵幼苗被列当寄生后，不能正常生长，甚至干枯死亡。

（1）传播途径和发病条件

向日葵列当以种子在土壤中或混在向日葵种子中越冬，每株列当能产生极小的深褐色种子上万粒。落入土中的列当种子接触寄主植物的根部，列当种子即萌发，形成幼芽，长出幼苗，下部形成吸盘，深入寄主根内吸取养分和水分。当列当种子落土后没有与寄主植物接触，在土中仍然能保持5~10年发芽力。列当发

生期不整齐，7 月初到 9 月中旬均有列当出土、开花、结实。从向日葵根部土表上生出的黄色、肉质粗茎，不分枝，开紫花的草本列当，叶片退化，无真正的根，以吸根固着在向日葵根部，吸收向日葵的营养物质和水分。向日葵受害后，生长缓慢或停滞，严重时，在开花前枯死。列当适于在中碱性土壤上生长，在 pH 值低于 6.5 的酸性土壤上很少见到这类植物。向日葵开花期列当肉质茎伸出土面，很快开花结实。因而连作地列当种子多，发病重；干旱或施肥不当的情况下发病也多；向日葵品种间抗病性有差异。

（2）防治方法

①列当对不同的向日葵品种的寄生程度明显不同，所以选用经过鉴定在当地对列当具有抗性的品种是防除列当的经济有效措施。

②对重茬、迎茬地实行一定年限的轮作倒茬。由于列当的种子在无寄主根的分泌物时不能萌芽，且在土壤中休眠期长达 10 年之久，而且列当不寄生单子叶植物，所以对重发生田块可改种非寄主作物，宜与麦类、甜菜、玉米、谷子、糜子等作物轮作，年限不少于 6 年。在受列当危害的地区，种植向日葵的间断周期不得少于 5~6 年。在轮作种植其他作物的田间，必须彻底铲除向日葵自生苗。

③及时铲除田间列当苗和向日葵自生苗。在列当出土盛期和结实前中耕锄草 2~3 次。由于列当从向日葵开始形成花盘到成熟均可寄生出土，药剂防治成本较高，因此，增加中耕次数、及时拔除列当苗及向日葵自生苗是一项经济有效的防治方法。对不分枝列当开花前要连根拔除或人工铲除并将其烧毁或深埋。

④严格检疫制度，严禁从病区调运混有列当的向日葵种子。列当靠种子传播，其种子异常小，极易随风、雨、土壤以及人、畜、农具等进行传播，尤其易随换种或调种远距离传播。因此，要禁止从发生列当的区域调运向日葵种子，以杜绝列当蔓延传播。

⑤药剂防治。用 0.2%的 2,4-D-丁脂水溶液，喷洒于列当植株和土壤表面，8~12d 后可杀列当 80%左右。当向日葵花盘直径普遍超过 10cm 时，才能田间喷药，否则易发生药害。因豆类易受药害死亡，所以在向日葵和豆类间作地不能施药。另外，在播种前至出苗前喷氟乐灵 10000 倍液于表土，或在列当盛花期之前，用 10%硝氨水灌根，每株 150mL 左右，9 日后即死亡。

⑥诱发列当出苗后铲除。根据列当发芽离不开向日葵根系分泌物刺激的特点，可采用诱发列当萌发的办法进行防治。此法可与轮作相结合防治列当。在列当危害严重的春播玉米田内，将另一块高密度播种的向日葵在列当正常萌发出土

时期将向日葵苗连根拔起，趁鲜嫩时切短捣碎，施入玉米行间的垄沟里，覆土掩埋，诱使列当种子萌发，列当种子萌发后由于没有寄主而后全部枯死，如此连续进行 2 年则可将田间积蓄的列当种子全部消灭。

（二）向日葵螟的防治技术

向日葵螟又称葵螟，是以幼虫危害向日葵花盘、花萼片和籽粒的一种主要害虫。幼虫蛀入花盘后，由外向中心逐渐延伸，将种仁部分全部吃掉，形成空壳或深蛀花盘，将花盘内蛀成很多隧道，并将咬下的碎屑和排出的粪便填充其中，污染花盘，遇雨后可造成花盘和籽粒发霉腐烂。一头幼虫可蛀食 7~12 粒种子，严重影响了向日葵的产量和品质。

1. 形态特征

向日葵螟成虫是一种灰褐色小蛾，体长 8~12mm，翅展 20~27mm，前翅狭长，近中央处有 4 个黑斑，灰褐色，后翅浅灰褐色，具有暗色脉纹和边缘，成虫静止时，前后翅紧贴体两侧，与向日葵种子很相似；卵呈乳白色，椭圆形，长 0.8mm，卵壳有光泽，具有不规则的浅网纹；幼虫体长约 9mm，呈淡灰色，腹部色泽更浅一些。背部有 3 条暗色或淡棕色纵带，头部黄褐色，前胸盾板淡黄色，气门黑色，体被稀疏的淡棕毛。蛹体长约 9~12mm，为浅棕色，羽化成虫之前为深棕色。

2. 防治方法

（1）农业防治

选用抗虫品种，硬壳品种受害轻，小粒黑色油用种较食用种受害轻。第一，二代幼虫老熟后从向日葵盘上吐丝落地，潜入 15~20cm 深的土层中越冬。收获后用大型耕作机械进行秋深翻并冬灌，将大量越冬虫茧翻压入土 25cm 以下。春季在向日葵螟出土前进行整地镇压，可阻止向日葵螟幼虫出土，减少大量越冬虫源。

（2）物理防治

用频振式杀虫灯诱杀成虫。在通电条件较为方便的田间或村边，每隔 120m 安置一盏频振式杀虫灯，每盏灯控制面积为 3~4hm^2。从成虫羽化期开始，一般在 5 月中下旬开灯到 8 月底结束，开灯 3 个月。天黑开灯，天亮关灯。定期清理虫袋。

（3）药剂防治

幼虫危害初期，用 90%敌百虫晶体或 50%巴丹 500 倍液进行喷雾，也可用 20%高效氯氰菊酯乳油 2000 倍液，或 2. 5%溴氰菊酯乳油或生物制剂 BT 乳剂 300 倍液进行喷雾，每株花盘喷洒 40～50mL，每隔 5～7d 喷一次效果较好。在 7 月末 8 月初成虫盛发期的夜间 8—9 时，用喷烟机施放烟雾剂 1～2 次。使用的烟雾药剂有 80%敌敌畏乳油，每公顷用药 150～225mL。

第二节 大麦的栽培技术

一、大麦栽培的生物学基础

（一）大麦的阶段发育

大麦的春化阶段一般比小麦短，对温度要求的范围比小麦宽。冬性大麦在 0～8℃经过 20～45d，春性大麦在 10～25℃经过 5～10d，半冬性品种要求的温度和经历天数介于两者之间。

大麦是长日照作物，在光照阶段每天的光照时间必须达到 10～12h，方能开花结实。若延长光照时间，可以促进其发育；若缩短光照时间，则会使其发育时间延长，甚至不能完成生活周期。大麦品种不同，对光照时间长短的反应也不一样。原产在南方低纬度地区的品种，对日照长度反应比较迟钝；原产在北方高纬度地区的品种，对日照长度反应敏感。大麦“北种南移”时，一般比南方品种迟熟，甚至不能抽穗；“南种北移”时，生育期缩短，提前抽穗，甚至越冬期间容易发生冻害。一般情况下，同一纬度不同地区之间相互引种，容易成功。

（二）大麦的生育期

冬大麦生育期一般为 150～270d，春大麦为 60～140d。同一品种随着海拔高度增加，生育期延长；随着播期推迟，生育期明显缩短。

（三）根、茎、叶、蘖的形态及生长特点

1. 根

大麦的根与小麦一样均属须根系，由种子根和次生根组成。种子根一般 5～7 条，多的可达 7～9 条，比小麦多 1～2 条。但大麦的种子根和次生根发育较弱。

2. 茎

成熟的大麦茎秆是直立的圆柱体，茎的表面光滑，浅黄色，也有少数品种带紫色，大麦茎秆结构与小麦的主要不同点是：①茎节表皮硅质细胞发育差，细胞壁上沉积的硅酸盐比小麦少，所以茎秆一般比小麦弱；②大麦茎秆内的机械组织细胞层较少，茎壁较薄，节间空隙较大，其茎壁厚度、充实度和弹性、韧性都不如小麦，因而脆弱，抗倒伏能力差（也有一些品种例外）。普通栽培的大麦品种，主茎伸长节间数一般为5~6节，分蘖茎通常比主茎短，节间数也少。大麦各节间长短差异较小，基部节间粗短，抗倒伏能力增加。粗壮的茎秆，有利于形成大穗和增加粒重。

3. 叶

大麦叶片比小麦叶片略宽，叶色较淡，叶耳和叶舌比小麦大，叶耳上无茸毛。叶片下表皮光滑，上表皮有陷沟，叶片含水量普遍比小麦高，大麦第一片真叶顶端比小麦钝，顶土能力弱，出土较慢。大麦各个叶片的面积（六棱状品种除外），自下而上逐渐增大，但旗叶面积比小麦小。

大麦主茎叶片数比小麦稍多，不同的类型和品种之间，叶片数也有差别。同一品种在一定地区的生态条件下，主茎叶片数比较稳定。大麦叶片生长要求≥0℃的积温比小麦低5~10℃，所以其出叶速度比小麦快，出叶间隔的时间短，出叶属“重叠生长型”。在高产栽培的条件下，苗期叶面积指数与小麦接近，但拔节后则明显超过小麦，因为大麦分蘖能力强，分蘖高峰期后，全田总茎蘖数和单位面积上的有效穗数都比小麦多，所以高产田后期群体往往较大，控制倒伏难度增加。

4. 蘖

大麦比小麦分蘖能力强，成穗率高，分蘖起点温度要求比小麦低，整个分蘖时间和有效分蘖期限均大于小麦，大麦分蘖终止期随品种而异，出叶数量多，分蘖终止期则延迟。二棱大麦分蘖早，分蘖成穗率比多棱大麦高。

（四）穗部形态结构和幼穗分化

1. 穗部形态结构

大麦是穗状花序。穗由穗轴和小穗组成，每个穗轴节片上并排生三个带有枝梗的小穗，称“三联小穗”。每个小穗上仅有一朵小花，这与小麦明显不同。小

穗轴位于籽粒腹沟内，连接在每一穗轴节的顶端处，已退化成刺状，称为基刺。护颖细长，已退化成刺状物，位于外稃（颖）之外。多数品种外稃（颖）具有芒，有的品种的芒变成帽状的钩芒，称为帽大麦或钩大麦。一般有芒品种蒸腾量比无芒品种大，且早熟、高产。大麦籽实为颖果，比小麦扁平，两头较长，中间较宽，呈梭形。果实含有纤维较高的皮壳，因皮壳和籽粒脱离难易不同，故大麦分为皮（稃）大麦和裸粒大麦两类。

2. 幼穗分化进程

大麦幼穗分化一般划分为伸长期、单棱期、二棱期、三联小穗分化期、内外颖分化期、雌雄蕊分化期、药隔分化期、四分体分化期和抽穗期。

（1）大麦幼穗分化各个时期的形态：大麦幼穗分化在二棱期以前与小麦相同，到小穗原基分化时与小麦则有不同。大麦每个穗轴节上分化出三个并列的小穗原基，每个小穗原基只分化一朵小花，之后每个小穗原基分化护颖、内外颖和形成雌雄蕊器官的过程，又与小麦相同。

（2）大麦幼穗分化起步早，进程快，不同类型品种的大麦，其幼穗分化进程均比小麦早。大麦幼穗分化前后各个时期延续过程均有重叠现象。由于幼穗分化早，出叶速度快，大麦生长前期需要养分较多。

（3）大麦幼穗分化持续时间长：大麦幼穗分化为无限式，从生长锥开始伸长起，自下而上连续不断分化出穗轴节片，一直延续到小穗开始退化才停止，当幼穗中部分化雌雄蕊原基时，顶部还在分化苞叶原基。所以，大麦小穗数要比小麦多得多。

（4）大麦小穗退化发生的时间晚：大麦小穗退化的部位主要集中在穗的顶部。退化的时间集中在抽穗前的15~20d，叶龄为倒3叶至倒2叶。

（五）抽穗开花及灌浆成熟

西北春大麦区，大麦抽穗期间日照强烈，气温较高，空气干燥，蒸发量大，抽穗与开花几乎同步。有些品种，在穗未完全抽出之前便开始开花授粉，大麦开花授粉顺序与小麦相似。开花时内外颖是否开放，因品种而不同。四棱及二棱大麦开花时内外颖开放，但六棱及二棱直立大麦，多为闭颖授粉。

开花期是大麦植株体内新陈代谢最旺盛的阶段，水肥消耗多，如高温干燥或阴雨过多、日照不足或遇低温等，雌雄蕊均受害而丧失授粉能力，使空壳率增加，穗粒数减少，产量降低。大麦开花授粉后，子房膨大，种子的胚、胚乳、皮

层等随后形成。从抽穗到籽粒充分成熟，这一时期持续时间越长，籽粒灌浆越饱满，蛋白质含量越低，淀粉含量越高，酿制的啤酒品质越好。籽粒灌浆成熟期要求的条件是：气温20℃左右，土壤水分为田间持水量的70%~75%，营养充分，光照充足。

二、大麦主要栽培技术

（一）啤酒大麦丰产栽培技术

1. 选用良种

良种是啤酒大麦优质高产的基础。生产上曾推广的啤酒大麦品种以匈84（原名法瓦维特）为主，近几年以甘啤3号、4号，欧麦1号、2号等优良品种为主，从品质、产量、适应性和厂家需求看，这些优良品种，表现良好。种子在播前要用谷物精选机或筛子进行精选，剔除土块、砂砾、秸秆、草籽和秕、瘦小籽，达到大小一致，籽粒饱满，无霉变、无虫害的纯净种子标准。为促根壮苗、早生快发和防治苗期病害，应进行种子处理。具体方法：一是播前晒种，提高种子生活力、发芽率和杀死种子表面的病菌；二是用化学药剂处理种子。常用的方法有：用1%的石灰水，在水温30℃条件下浸种24h，或5%的硫酸亚铁水溶液浸种6h，或1%的硫酸粉拌种或0.2%~0.3%的粉锈宁拌种。三是实施种子包衣，对啤酒大麦条纹病具有较好的防治效果。

2. 精细整地

啤酒大麦是夏禾作物，适宜在地力肥沃的豆类、洋芋、玉米等茬口上种植，不宜与小麦重茬连作。选茬后进行深翻整地，首先是前作收后及时进行深翻，夏茬地力争在伏天耕完头遍，秋茬地随收随耕，熟化土壤；其次是搞好秋、冬灌溉，贮水保墒；第三是早春土表化冻时进行顶凌耙地，创造“平、细、松、净、墒足”上虚下实的苗床，防止土壤水分大量蒸发，结合整地施足基肥。

3. 科学施肥

在施足优质腐熟农家肥75t/hm^{2}的基础上，一般中等肥力的地块每公顷施磷二铵300kg、尿素225~300kg、钾肥135~150kg，高肥力地块亩施磷二铵150~225kg、尿素150~225kg、钾肥75~120kg，一次施入做底肥。

4. 适期早播

在日均气温稳定在2℃左右，表土化冻5~8cm时开始播种，川区在3月中下

旬、沿山地区在4月上中旬播种较适宜。播种量的大小要根据品种特性、地力状况和栽培条件来确定。其原则是分蘖力强的品种要求播量小些，反之播量要大些；土壤肥力高、栽培条件好的播量要大些，反之播量要小些。根据这一原则，每公顷播量控制在195~225kg，保苗在390万~420万株/hm^2，成穗525万~600万穗表现高产，所采用的方法是宽窄行机播，播深4~5cm。

5. 提高播种质量

准确调试播种机，做到播量准确，下粒均匀，播行笔直，不漏不重，播深一致（3~4cm），覆土镇压。

6. 田间管理

（1）适时灌水

幼苗在两叶一心至三叶一心时灌大水，挑旗前后灌二水，开花至灌浆初期灌三水。

（2）适量追肥

地力差、基肥不足、苗色淡黄的大麦田，结合灌头水，每亩追施尿素5~10kg。

（3）干搂湿锄

啤酒大麦出苗后至头水前，要抓紧时机干搂锄草；灌水后要及时湿锄，以达到保墒、增温、除草、促进麦苗生长发育的目的。

（4）防治病虫

麦苗生长期间，用乐果或氧化乐果酯乳剂每公顷0.75g兑水450kg喷洒，防治麦蚜等病虫害，用多菌灵600~800倍液喷洒防治网斑病。啤酒大麦抽穗前后若空气湿度大，对发生条纹病田可用50%多菌灵可湿性粉剂1500倍液、75%百菌清可湿性粉剂800倍液或50%甲基托布津可湿性粉剂1000倍液喷雾防治，可有效控制病情蔓延。

（5）田间去杂

为提高啤酒大麦纯度，收获前在田间清除小麦、野燕麦和其他品种的大麦，确保产品质量和效益。

7. 适时收获

酿造用啤酒大麦要求在黄熟期收获，以保持较高的粒重、适宜的蛋白质含量、淡黄有光泽的粒色。割后要立即晾晒打碾，防止雨淋，未干麦捆不能码垛，以防发热霉变，影响发芽。同时要做到单收、单打、单贮，严防混杂，确保产品质量。

(二) 啤酒大麦标准化高产栽培技术

1. 播前整地

秋冬灌后适期打干茬，冬季及时镇压保墒，整平田块，达到待播状态；播前采用圆盘耙对角耙地一遍。

2. 土壤处理

结合播前整地，以40%燕麦畏乳油3.00～3.75kg/hm^{2}兑水300～375kg均匀喷施地表，紧跟着进行耙地混土，间隔不超过2h，耙地深度达到6～8cm，使药土充分混合均匀。

3. 合理选用品种，做好种子处理

根据现有的大麦品种和土地肥力状况选用适合的品种，一般选用甘啤6号或甘啤4号为宜。种子处理主要以预防大麦条纹病和培育壮苗为目的，目前采用0.89%立克锈+6%磷酸二氢钾+0.2‰福乐定+1.2%代森锰锌+1.5%硫酸锌+1‰黏合剂进行混合包衣。使用种子包衣前必须经过精选机精选，使种子达到大小均匀，无破碎，无草籽，纯度99%以上，净度99%。

4. 播种

(1) 种子处理

条锈病、白粉病、黑穗病、地下害虫发生较重的地区，播种前全覆盖药剂拌种。

(2) 播种期

水浇地大麦提倡适期早播，地表解冻6～8cm即可播种。沿黄灌区播期在3月5—10日，河西平川灌区在3月上中旬，河西沿山冷凉灌区和陇中海拔1900米以上灌区在3月下旬至4月上旬。

(4) 播种量

播种量应根据产量目标、品种特性、当地出苗率来确定，一般每公顷产量在6000～7500kg的田块，适宜播量大致为262～337kg/hm^2。

(5) 播种方式

推广机械条播，播后耱平。过分暄松的土壤，播后需要镇压。播前若墒情

差，可采用深种浅盖法。播种深度以 4～5cm 为宜。

5. 科学配肥，施足基肥

（1）施肥总量

产量在 7500kg/hm^2 以上的麦田，全生育期施肥量：每公顷施腐熟有机肥 45000～75000kg，纯氮 150～225kg、磷（P_2O_5）90～180kg，氮：磷比一般以 1：0.8 为宜。较肥沃的豆茬地、蔬菜地、庄园地，氮、磷化肥用量可取下限，未使用有机肥做基肥或春施有机肥的地块，氮、磷化肥用量取上限。施用化肥的质量要符合国家相关标准的规定。

（2）施基肥与种肥

全部用有机肥和磷肥做基肥，基肥最好结合秋季深耕一次性翻埋施入。前氮后移有利于提高产量和品质，氮素化肥最好 30%做基肥、70%做追肥（50%拔节期追施，20%抽穗期追施）。

6. 田间管理

（1）出苗前管理

播种后的田间管理十分重要，对田边、地头及个别漏播地段应于播种 3～5d 内及时补播，并根据地势进行一次全面扶埂，可用小四轮扶埂，依地势情况采用“取高补低”的办法，个别地段小畦埂“合二为一”，甚至“合三为一”，扶埂不宜过晚，以免土壤下塌造成浮籽。

（2）苗期管理

在灌头水前 5～7d，一般用尿素进行条施，施肥深度 4～5cm。头水适期早灌，大致在一叶一心时进行灌溉，灌溉定额 1200～1350m^3/hm^2 · 次，同时结合化学除草，选用 2,4-D-丁酯 1350～1500g/hm^2 机械喷施，消灭双子叶杂草，燕麦严重的地块可用野燕枯或燕麦枯防除。根外追肥叶面喷施多元素微肥 1500～2250g/hm^2，兑水量不少于 300kg。

（3）拔节期管理

灌好二水，可根据灌头水状况及时扶埂，对个别高旱低涝和积水地段的小畦埂仍然用“合二为一”的办法扶埂，保证灌水均匀，灌溉定额为 1200～1500m^3/hm^2 次。重施二水追肥，可采用播种机撒播或人工均匀撒施的办法，撒肥灌水同步进行。

（4）抽穗、成熟期管理

抽穗后灌 2～3 次水，灌溉定额 1200～1500m^3/hm^2，应尽力做到穗抽齐三水结束。

7. 病虫害防治

啤酒大麦病害主要有条纹病、网斑病等，病虫害防治可结合根外追肥同步进行。条纹病可通过种子处理进行；网斑病等病害防治可于抽穗期喷施石硫合剂一次，抽穗以后及时喷施代森锰锌、抗枯灵等防治。啤酒大麦虫害主要为蚜虫，掌握在抽穗后百穗蚜量 500 头时及时喷施乐果防治。严格按照无公害农产品生产规程选择使用农药。

8. 适时收获

秸秆还田一般于啤酒大麦黄熟期进行。收获时通过秸秆粉碎深翻还田，培肥土壤。

第三节　胡麻的栽培技术

一、胡麻（亚麻）主要栽培技术

（一）胡麻标准化栽培技术

1. 选地及整地

胡麻立枯病、萎蔫病是胡麻的毁灭性病害，其病原菌可在土壤中存活 5~6 年，故胡麻切不可连作或迎茬种植。

胡麻种子小，幼芽顶土力弱，不论在何种土壤上种植，都必须精细整地，使土壤保持疏松和适墒状态，多利用旱地种植胡麻，春播期间土壤水分往往不足，土壤耕作的中心任务是蓄水保墒。来年种胡麻的地，应采用秋深翻 25cm 以上，露垡越冬，使之接纳更多的雪水和改变土壤理化性状，如有条件应秋灌蓄墒。翌年春季融雪时顶凌耙耱、镇压，保墒待播或立即播种。

2. 种子选用及播种

选用优良品种，播前精选种子，清除菟丝子等杂草种子，并做好发芽试验。种子播前需晒种 2~3d。

胡麻于春季 5cm 地温达 4℃时即可播种，沿山以北地区的适宜播种期为 3 月下旬至 4 月上旬为宜。

胡麻植株和叶片都较小，是靠群体增产的作物。山旱地一般播种量为70~80kg/hm^2，保苗400万~600万株；灌溉区播量为75~90kg/hm^2，保苗525万~750万株。胡麻为密植作物，一般采用窄行条播，行距15~20cm，播深3cm左右。如采用宽幅条播，行距以20~25cm为宜。

3. 田间管理

（1）苗前管理

播种后遇雨，土壤表面板结，幼芽便不能顶出地面，必须及时耙地破除板结。

（2）中耕除草

胡麻幼苗生长比较缓慢，而杂草却生长很快，必须早中耕细除草，疏松土壤提高地温，保墒防碱，以促进幼苗健壮生长和根系发育。中耕时要做到“头遍既早又认真，二遍要深不伤根”。一般在苗高3~6cm时进行第一次中耕，在苗高15~18cm时进行第二次中耕除草。

（3）科学施肥

①胡麻生育期短，施肥应以基肥为主，以秋季深翻时施入有机肥30~45t/hm^2，配合施磷肥60~75kg及一定量的氮肥。

②提苗肥：胡麻苗期吸收营养以氮为主。提苗肥一般追施尿素120~150kg/hm^2，结合灌第一次水施入。

③攻蕾肥：到苗高15~20cm，麻苗顶端低头时即进入营养生长和生殖生长并进时期，这时胡麻茎秆生长很快，顶端膨大形成花蕾，需要吸收大量的营养物质，因此早施攻蕾肥（又称旺长肥）是保蕾增果的一项重要措施。一般宜追尿素150~180kg/hm^2。

④胡麻从现蕾到开花期间，不仅需氮较多，也是需磷、钾最多的时期，此时叶面喷施磷酸二氢钾有一定增产效果。一般施用量为3750g/hm^2，兑水750kg/hm^2。

（4）合理灌溉

胡麻苗期生长量小，比较耐旱，在苗高6~10cm时灌第一次水，灌水量宜小；现蕾至开花期，生长十分旺盛，灌水量要大，以满足植株迅速生长和开花结实对水分的需要；终花至成熟期，酌情灌水，以提高种子产量和含油量。

（5）化学除草

胡麻苗期容易发生草荒，用化学除草剂除草，省工省钱，简便易行，除草速度快、效果好。化学除草可采取播前土壤处理，也可采用叶面施药。

（6）防治病虫

胡麻病害主要有胡麻炭疽病、胡麻立枯病、胡麻枯萎病和亚麻锈病等。除合理轮作、选用抗病品种外，应及时用药防治；主要虫害有草地蛾、甘蓝夜蛾、棉铃虫、地老虎和胡麻象甲等，应注意防治。

4. 收获

适时收获的标准是：胡麻在黄熟期，下部叶片脱落，上部叶片变黄，茎秆和75%的蒴果发黄，种子变硬时即可收获。收获过晚，植株干枯，蒴果易爆裂落粒，影响产量和品质。胡麻种子一定要晒干扬净，切忌种子带潮入库，防止霉烂变质。

二、胡麻（亚麻）主要病虫害防治技术

（一）亚麻（胡麻）主要病害防治技术

1. 亚麻（胡麻）枯萎病防治技术

亚麻（胡麻）枯萎病又称亚麻萎蔫病，是亚麻（胡麻）种植区普遍发生的重要病害，已成为亚麻（胡麻）生产的严重障碍。

（1）危害症状

苗期至成株期均可发病。幼苗感病后地上部表现萎蔫猝死，呈黄褐色。幼株发病多从顶部开始，叶片下垂发黄，植株生长迟缓，最后植株干枯死亡。有时茎基部以下腐烂缢缩，倒伏而死。成株发病自上部叶片开始，叶片初成黄绿色，后变成黄褐色，植株长势衰弱，最后叶片黄化枯萎，全株枯死，直立田间。在田间比较潮湿的情况下，茎基部产生淡粉色的粉状霉层。

（2）防治方法

①农业防治。选用抗病品种，与小麦、玉米、豆类、马铃薯等实行 5 年以上的轮作倒茬。

②药剂防治。播前用种子重量 0.2%的 15%三唑酮可湿性粉剂，即用 0.1kg 药剂拌 50kg 种子，或种子重量 0.3%～0.4%的 50%多菌灵可湿性粉剂，即用 0.15～0.2kg 的药剂拌种 50kg，或种子重量 0.2%的 40%福美双粉剂，即 0.1kg 药剂拌 50kg 种子，均能起到很好的预防作用。发病初期，可用 65%的恶霜灵可湿性粉剂 800～1000 倍液，每公顷用量 0.75～0.975kg，喷雾防治。

2. 亚麻（胡麻）炭疽病防治技术

亚麻（胡麻）炭疽病是亚麻种植区普遍发生的病害，此病常与亚麻（胡麻）立枯病混合发生。病原菌为真菌，不断侵染胡麻的根、茎、叶及蒴果，造成严重减产。

（1）危害症状

在亚麻（胡麻）整个生育期都有发生，导致幼苗死亡，茎秆枯死和烂果。幼苗受到侵染后，子叶出现褐色病斑，逐渐扩大呈圆形或半圆形，有同心轮纹；病势发展导致子叶全部腐烂，使幼芽枯死。近地面茎部染病，病斑黄褐色，长条形，稍凹陷，病苗倒伏死亡。成株期叶片病斑圆形，上生粉红色子实体，病斑布满全叶，导致叶片枯死。茎上病斑初为褐色小点，后为椭圆形褐色溃疡斑，稍凹陷，有裂痕，边缘模糊，病茎早枯。

（2）防治方法

①选用高产抗病品种。因地制宜，选用适合本地的抗病品种。

②合理轮作。以小麦、大麦、马铃薯、豆类作物为前茬，最好实行 5 年的轮作倒茬。

③药剂防治。播前用种子重量 0.2%的 15%三唑酮可湿性粉剂，即用 0.1kg 药剂拌 50kg 种子，或种子重量 0.3%～0.4%的 50%多菌灵可湿性粉剂，即用 0.15～0.2kg 的药剂拌种 50kg，均能起到很好的预防作用。发病初期，用 40%多福可湿性粉剂 800 倍液，或 80%炭疽福美 1000 倍液，或 70%代森锰锌 800 倍液，或 50%多菌灵、70%甲基托布津 1000 倍液喷雾，每隔 7～10d 一次，连喷 2～3 次。

3. 亚麻（胡麻）锈病防治技术

亚麻（胡麻）锈病在亚麻（胡麻）产区普遍发生，常与枯萎病重复感染。病害能引起植株同化作用降低，造成种子减产，给亚麻（胡麻）生产带来较大的损失。

（1）危害症状

该病主要危害亚麻（胡麻）的叶片、茎、花及蒴果，多发生在开花期前后。植株上部叶片呈现鲜黄色至橙黄色凸起的夏孢子堆，圆形；后期在下部叶片上产生不规则形黑褐色冬孢子堆。茎、花、蒴果染病也可形成夏孢子堆和冬孢子堆。

（2）防治方法

①选用早熟丰产抗病品种，并注意小种的变化。

②合理轮作。收获后及时清除病残体。适当早播。不要偏施、过施氮肥，适当增施磷钾肥，提高抗病力。

③药剂防治。播种前用种子重量 0.3%的 20%萎锈灵可湿性粉剂拌种。发病初期喷洒 20%三唑酮（粉锈宁）乳油 2000 倍液，或 20%萎锈灵乳油或可湿性粉剂 500 倍液、12.5%三唑醇（羟锈宁）可湿性粉剂 1500~2000 倍液。隔 10d 一次，连防 2~3 次。

（二）亚麻（胡麻）的主要虫害防治技术

常见的亚麻（胡麻）害虫主要有胡麻漏油虫、蚜虫、黑绒金龟甲、胡麻象鼻虫等。

1. 危害及习性

亚麻（胡麻）漏油虫每年发生 1 代，以老熟幼虫越冬，成虫白天在亚麻（胡麻）植株下部或地面静伏不动，傍晚、清晨、阴天活动，飞翔力弱，6—7 月化蛹羽化，幼虫孵化后爬到植株上，从刚谢花蒴果中部或萼片基部蛀小孔钻进为害，取食种子。蚜虫每年多代发生，以春季为害为主，吸食茎叶汁液。黑绒金龟甲每年发生 1 代，老熟幼虫在地下筑土室内越冬，翌春 4 月中旬出土活动，具“雨后出土”习性，4 月末至 6 月上旬为活动盛期，成虫飞翔力强，主要咬食发芽至刚出土期的亚麻（胡麻）幼苗，造成缺苗断垄。亚麻（胡麻）象鼻虫幼虫成虫均可为害，造成缺刻。盲蝽主要有苜蓿盲蝽和牧草盲蝽两种，幼虫或成虫一般十几头聚在一株植物上取食，喜食幼苗、花蕾、花器等幼嫩组织，活动高峰在每天的早晨和傍晚，中午气温高时多在植物叶片背面、土块或枯枝落叶下潜伏，以卵在枯枝落叶内越冬。

2. 防治方法

（1）农业防治

前茬收获后及时深耕晒垡，整地时仔细耙耱镇压，减少虫源；根据成虫趋光性，安置黑灯光或在无风闷热的傍晚用火堆诱杀成虫；合理轮作倒茬，适期早播；人工捕杀黑绒金龟甲；施用充分腐熟的农家肥，严禁生粪直接施入地块；彻底铲除田间杂草，带出田间集中处理。

（2）农药防治

每公顷用 2.5%敌百虫粉剂 22.5kg 与细土 450kg 混匀，于播前处理土壤。也可每公顷撒施 3%辛硫磷颗粒剂或 3%毒死蜱颗粒 75kg 进行土壤处理。也可在亚

麻现蕾开花期，选用40%毒死蜱或4.5%高效氯氰菊酯乳油2000～2500倍液，每公顷用药300～375mL，或10%吡虫啉可湿性粉剂1500～2000倍液每公顷用量0.375～0.45kg，或3%啶虫脒乳油1500～2000倍液，每公顷用量0.375～0.45kg，或90%晶体敌百虫800倍液每公顷用量0.975kg，或20%氰戊菊酯乳油2000倍液，每公顷用药375mL，或1.8%阿维菌素乳油1000倍液，每公顷用药750mL，喷雾防治各种害虫。

第四节　甜高粱的栽培技术

一、高粱栽培的生物学基础

（一）高粱的生育期

高粱的一生，根据器官的发生与形态的变化，可分为种子萌发、出苗、拔节、孕穗、抽穗、开苞、灌浆、成熟等几个时期。一般将种子萌发至幼苗生长称为前期，拔节至抽穗称为中期，开花至成熟称为后期，它们各约占全生育期的1/3。前期为营养生长时期，中期为营养生长和生殖生长并进时期，后期为生殖生长时期。拔节期和开花期是生育期中两个重要的转折时期。

生育期长短因品种而不同。生育期在120d以下的称为早熟品种，生育期在120～130d的称为中熟品种，生育期在130d以上的称为晚熟品种。品种生育期长短，除受遗传特性决定外，也受光照、温度等自然环境和栽培条件的综合影响。同一品种在高纬度或高海拔地区种植则生育期长，在低纬度或平原地区种植则生育期短；春播则生育期长，夏播则生育期短。

（二）种子的发芽和出苗

1. 种子的构造

高粱的种子在植物学上称为颖果，生产上称为种子。其粒形有卵、圆、椭圆形等，粒色有红、黄、橙红和褐红等。粒色与单宁含量有关，白粒或浅色品种单宁含量少，深色品种含量多。单宁有涩味，含量高者品质差，但它有防腐、耐贮藏的作用。种子千粒重一般品种为26～28g，杂交在30g以上。高粱种子由胚、胚乳、果皮和种皮（部分品种无种皮）组成。因胚乳组成成分不同而分为粉质、角质、蜡质等几种。

2. 种子萌发、出苗

成熟的种子通过休眠期后，在适宜的水分、温度和氧气条件下萌发。当种子吸水达到自身干重的40%~50%时，胚芽开始长出，称为发芽。胚芽在胚芽鞘的保护下露出地面并伸出第一片绿叶，当绿叶伸出地面1.0~1.5cm时，称为出苗。

（三）根的生长

1. 根的生长与功能

高粱根属于须根系，由初生根、次生根和支持根组成。

（1）初生根（种子根）

种子发芽时由胚根长出一条种子根，称为初生根。其主要作用是吸收并提供幼苗生长所需的养分和水分。

（2）次生根（节根）

当幼苗长出3~4片叶时，由地下茎节开始长出一层次生根，之后随着叶片和每个茎节的出现，由下而上陆续环生一层层的次生根，其层次、数目因品种、栽培条件而不同，一般可长8~10层。根系与叶片生长有一定的关系，大致在3片叶以后，每出现两片叶长出一层次生根。次生根从发生至高粱种子成熟，一直担负着吸收土壤中养分和水分的重任。

（3）支持根（气生根）

茎秆拔节后，在靠近地面的1~3茎节上长出几层支持根，支持根入土后又形成许多分枝，吸收养分、水分，并支持植株直立生长，防止倒伏。

2. 影响根系生长的因素

土壤湿度过大，通气不良，影响根系呼吸和物质转化，严重抑制根的生长，根少而浅；土壤干旱，妨碍养分吸收，减少有机物合成，使根系分枝减少；土壤盐碱过多，渗透压增高，增加根系吸水阻力，并造成盐害；土壤肥沃，氮素充足，则发根力强，根多，植株健壮，产量高。磷肥能促进根长和根重增加，吸收能力增强，植株干物质积累增加，缺磷则会显著抑制根的生长，根少而短粗，生长缓慢。生产上要重视氮、磷肥的施用。

（四）茎的生长

茎秆由节和节间组成。每节生一叶，节间数及其长度因品种而异。早熟种为

8~12节，中熟种为13~18节，晚熟种在20节以上。

品种间茎秆高度差异大。矮秆者株高为1.0~1.5m，中秆者为1.5~2.0m，高秆者达2.0m以上。目前栽培的粒用高粱杂交种一般为中高秆类型，饲用甜高粱杂交种为高秆类型。节间上有纵沟，内有腋芽。腋芽一般呈休眠状态，在肥水充足或主穗受伤时，腋芽发育成分蘖。分蘖消耗养分，不能成熟，生产上一般把它去掉。

茎秆分地上（10~18个节间）和地下（5~8个不伸长的节间）两部分。节间的伸长由下而上按顺序进行而又相互重叠生长。当顶端生长锥分化茎叶原基结束后，基部的3个节间开始伸长；当1~2节伸长停止，第3节伸长加剧，第4~6节缓慢伸长，依此类推。基部第1节最短，由下而上逐渐增长。一般茎秆上下粗细均匀，基部和穗下节间较短，是一种丰产长相，抗倒伏能力强，穗大粒多，千粒重高。如茎秆上粗下细或下粗上细，一般穗小，粒轻，难以高产。

（五）叶的生长

高粱叶片比玉米窄，边缘较平直，叶面光滑无茸毛而有蜡质，叶片中央有一条较大的主脉（中脉），颜色因品种而异，一般有白、黄、灰绿三种。脉色灰绿的称为蜡质叶脉，其茎秆中含有较多的汁液，抵抗叶部病害能力较强，而中脉白、黄色的，茎内含汁液较少，一般抗病力较弱。中脉颜色是田间去杂、鉴别品种的依据。

叶片的上下表皮组织紧密，分布的气孔较玉米少而小，其长度为玉米的2/3，能减少水分蒸腾。气孔两侧的保卫细胞，细胞壁的弹性较大，在连续两周严重干旱后，仍能恢复正常作用。叶片表皮上有一些大型薄壁的运动细胞，当水分缺乏时，细胞失水，叶片卷缩，体积缩小，借此增强抗旱性。高粱拔节后，叶面生有白色蜡质，干旱时能减少水分蒸发，增强抗旱能力；水淹时能防止水分渗入茎内，增强耐涝能力。高粱的蒸腾系数较玉米小。上述特征特性，是高粱具有较强的抗旱性的表现。

叶片数因品种、播期不同而不同，但在同一个地区，各品种的叶片数是比较稳定的。早熟品种为8~12片叶，中晚熟品种为18~21片叶。春播的比夏播的多1~3片叶。

（六）穗的分化与形成

1. 穗的构造

高粱穗为圆锥花序，生长在植株顶部，由穗轴、枝梗、小穗和小花构成，穗

着生于穗柄顶部。穗轴有4~11节，每节上轮生5~10个一级枝梗，每一级枝梗上又着生数十个二级枝梗，每个二级枝梗上又着生5~6个三级枝梗，在三级枝梗上着生一对小穗（有柄和无柄各一个），在枝梗顶端上着生三枚小穗（中间的无柄，两侧的有柄）。不同品种的各级枝梗长短不同。形成各种各样的穗形，如纺锤形、筒形（棒形）、卵圆形、帚形等。根据各级枝梗的长短、软硬、小穗着生疏密不同，高粱穗分为紧穗、中紧穗、中散穗和散穗。

无柄小穗较大，有两枚颖片（即高粱壳），其形状因品种而异，内有两朵小花：上位花为完全花，有内、外稃，两枚鳞片，三枚雄蕊和一枚雌蕊，能结籽粒；下位花为退化花，仅残留外稃，所以每个小穗只结实一个。有柄小穗较小，颖片内有两朵不完全小花，一个发育、一个退化。能发育的花一般只有雄蕊的单性花，通常不能结实，但也有少数雌蕊发育正常的品种能结实，如忻粱52号和晋辐1号。

雌蕊由子房、花柱和柱头组成。雄蕊由花丝和花药组成。每个花药贮藏约5000个花粉粒，抽穗开花时，花粉粒散落在雌蕊柱头上，子房受精后发育为籽粒。

2. 幼穗分化进程

（1）生长锥伸长期

顶端生长锥由营养生长转向生殖生长，幼穗开始分化，生长锥体积膨大，顶端变为尖圆锥体，长度大于宽度。此时植株进入拔节期，基部第一节开始伸长。

（2）枝梗分化期

生长锥基部发生乳头状突起，由下而上不断分化，为向顶式分化。这些突起是一级枝梗原基。当其分化至顶端接近完毕时，基部一级枝梗形成扁平锥体，并在其两侧产生二级枝梗原基，由下而上逐渐分化。在生长锥上部二级枝梗正分化时，中部二级枝梗原基开始产生三级枝梗原基，然后向上下两端依次分化。但下部分化速度比上部快，数目也比上部多，故高粱穗是圆锥状。当三级枝梗全部分化形成时，生长锥体积明显增大。枝梗分化约经历4个出叶周期，10~12d。这是决定枝梗数与穗大、穗码疏密的关键时期，对肥水要求较高，也是调节花期措施的有效阶段。

（3）小穗小花期

小穗小花分化由穗上部三级枝梗原基开始，逐渐向下推移。首先由三级枝梗原基顶端一侧产生裂片状突起（第一颖片原基），当其膨大即将包围整个小穗原

基时，其另一侧产生第二颖片原基，接着分化出第一朵花的外稃，并出现下位花的小花原基，体积很小，不久退化，然后产生第二朵花（上位花）的外稃、小花原基和内稃。与此同时，各级枝梗迅速伸长。这是决定小穗小花总数目多少的主要时期。

（4）雌雄蕊分化期

在上位花的内稃出现后，小花原基顶端分化三个圆形突起，即雄蕊原基，不久在其中形成雌蕊原基，以后发育成子房。与此同时，穗轴、枝梗、小穗各器官继续以较快的速度增长。

（5）减数分裂期

雄蕊花药增大呈四棱状，花粉囊内形成花粉母细胞，经减数分裂形成四分体，最后发育成花粉粒。与此同时，雌蕊形成二裂柱头，花部各器官迅速增大。此期是决定结实或退化的关键时期，此时植株正在挑旗。

（6）花粉粒充实完成期

植株孕穗时，正是花粉粒物质充实、颜色变黄、花丝迅速伸长、柱头产生羽毛状突起、颖片有大量叶绿素的时期。当雌雄蕊全部发育成熟，植株开始抽穗开花。

（七）开花授粉及籽粒形成与成熟

抽穗后 2~6d 开花，开花顺序由穗顶向下顺序进行。同一轮小穗同时开花。同一对小穗，无柄的比有柄的小穗先开花，花朵于夜间开放，盛花开放时间一般在凌晨 4：00—7：00，开花最适温度为 20~22℃，空气湿度为 70%~90%，低于 14℃花朵不开放，同时高温会使花粉失活。

高粱是常异交作物，在颖外授粉，开花时间又长，易产生天然杂交，生产上应注意保证良种纯度，在制种和亲本繁殖期间隔离区应保持 500~1000m。高粱开花前 1h 花粉粒成熟，落到柱头上的花粉粒立即发芽，授粉后 4~7h 受精。

高粱抽穗开花至成熟，一般需要 40~60d，可分为籽粒形成期、乳熟期、蜡熟期、完熟期。

籽粒在灌浆成熟过程中，由于着生部位、分化发育时间以及灌浆速度的不同，不同粒位的粒重不同。从一个穗来看，中部籽粒最重，其次是中上部、上部及中下部，下部最轻。如条件不好，下部籽粒易退化或停止发育，降低结实数与粒重，影响产量。生产上注重提高中上部粒重，促进下部结实数和增加粒重，对夺取高产具有重要意义。

二、甜高粱栽培技术

（一）高粱丰产栽培技术

1. 播前准备

（1）轮作倒茬

高粱对土壤的适应能力较强，黏土、沙土、盐碱土、旱坡和低洼地等都可种植。但要争取高产、稳产，土壤条件必须良好。

高粱对前作要求不严格，但以豆类、牧草、大豆、棉花、玉米和蔬菜等为良好茬口。高粱不宜连作，连作一般减产 6%~22%。因高粱吸肥力较强，消耗养分多，连作后土壤较紧实板结，保水能力差，容易受旱，病虫害严重。

高粱茬地种小麦，会使小麦生育期延长，成穗数减少，千粒重下降。高粱根浸液会抑制小麦发芽和根系生长。高粱茬以种大麦或豌豆为好。

（2）土壤耕作

种植高粱的地须伏耕或秋耕，耕深 25cm 左右。伏耕晒垡，结合翻地施入有机肥。秋末冬初进行冬灌，精细平整；若须补施化肥做基肥，土地平整后用机具深施 8~10cm。晚秋作物茬地可先灌水后秋翻。播种前整地保墒。

（3）播前灌溉

未冬灌的地，应做好春灌工作。壤土和黏土灌水量为 $1200\sim1350m^3/hm^2$，盐碱地 $1500m^3/hm^2$ 左右。要灌足、灌透、灌匀，保证质量。

（4）施足基肥

高粱是高产作物，每生产 100kg 籽粒，需氮 2~4kg、磷（P_2O_5）1.5~2.0kg、钾（K_2O）3~4kg。在一定范围内，施基肥量增加，产量相应增加，但若基肥超过适宜数量，增产率下降。除有机肥外，须施用一定数量氮、磷化肥做基肥，一般占到化肥总量的60%左右，如保肥力差的沙性土壤应占 50%左右。土壤含磷较少，施磷肥能大幅度提高产量。

2. 播种

（1）选种及种子处理

高粱杂交种增产显著，各地区应因地制宜大力推广。选用优良品种，应保证良种的质量标准，播前应做好种子清选工作，选用大粒种子。播前将种子晾晒 3~5d，以提高发芽率和出苗率。为防止高粱黑穗病等，应做好药剂拌种。

（2）播种

①播种时期。适宜播种期是在地表5cm地温稳定在12℃以上。适宜播期为4月下旬至5月上旬，地膜覆盖栽培可适当提前5d左右。播种过早，地温低，容易“粉种”或霉烂，特别是白粒种；播种过晚，产量减少，有些地区籽粒不能充分成熟，易遭霜害。

②提高播种质量。高粱播量为15~22.5kg/hm^2，地膜覆盖栽培为12~15kg/hm^2。高粱根茎短，顶土能力弱。播种深度因品种、土质、墒情等情况而定，一般为3~5cm。合理密植受品种特性、土壤肥力和栽培管理水平等因素影响，应灵活掌握，一般株型紧凑、叶片较窄短、中矮秆的早熟品种适于密植，而叶片着生角度和叶片面积较大，对水肥要求高的高秆晚熟品种宜稀；土壤肥沃、水肥充足宜密，土壤瘠薄、施肥水平低宜稀。一般适宜密度8万~12万株/hm^2，常规品种7.5~9万株/hm^2，高秆甜高粱、帚用高粱为6.5万~7.5万株/hm^2。一般采用机械条播，有宽窄行（60+30cm）播种和等行距（60或45cm）播种两种方式，种肥应以氮肥为主，氮、磷结合，如用磷酸二铵，施用量为30~45kg/hm^2，若能施入120~150kg/hm^{2}腐熟的羊粪或油渣，则效果更好。

3. 田间管理

（1）苗期管理

从出苗至拔节前为幼苗期，一般为40~50d。苗期是生根、长叶和分化茎节的阶段，是形成营养器官、积累有机物质的营养生长时期。此期要求根系发达，叶片宽厚，叶色深绿，茎基部扁宽。

植株现行后应及时检查苗情，如发现有断行漏播现象，应及时补种。

高粱出苗前后如遇雨，会造成地面板结，应及时用轻型钉齿耙耙地，疏松表土，提高地温，减少水分蒸发，促使出苗和生长。

3片叶时间苗，4~5片叶时定苗。间苗后于3~4片叶时进行第一次中耕，5~6片叶时进行第二次中耕。

高粱苗期需水较少，耐旱能力较强，应采用蹲苗的方法，控制茎叶生长，促进根系生长，培育壮苗。蹲苗时应加强中耕或使其地下茎节局部暴露进行晒根。蹲苗时间一般为45d左右，应在拔节前结束。

对弱苗、晚发苗、补栽苗应酌情施氮肥，促其快长。土壤肥沃、施基肥和种肥充足的地，一般不施苗肥。

高粱苗期主要虫害有地老虎、蝼蛄和蚜虫等，应及时防治。

（2）拔节至抽穗期管理

①重施拔节肥，轻施孕穗肥

高粱不同生育时期对N、P、K元素的吸收量和吸收速度是各不相同的。苗期吸收的N占全生育期总量的12.4%，P为6.5%，K为7.5%；拔节至抽穗开花，吸收N占全生育期总量的62.5%，P为52.9%，K为65.4%；开花至成熟，吸收N占全生育期总量的25.1%，P为40.6%，K为27.1%。高粱对N、P、K的大量吸收在拔节以后。高粱追肥的最大效应时期是在拔节期（穗分化始期），其次是孕穗期。一般在第一次灌水前结合开沟培土重施拔节肥，施肥量约占追肥总量的2/3，主要起到增花、增粒的作用。第二次轻施孕穗肥，其作用是保花、增粒，延长叶片寿命，防止植株早衰。

拔节期体内硝态氮含量与产量呈正相关，硝态氮含量为900~1300mg/kg，且无机磷在60mg/kg以上的，单产可超过7.5t/hm²。若拔节前植株地上部全氮量低于1.5%，氮、钾比例大于1∶2.5，应追施氮肥。

②灌水

高粱在整个生育过程中，总的需水趋势是：两头少、中间多。高粱在拔节至抽穗期间，对水分要求迫切，日耗水量最大，此时干旱会使营养器官生长不良，而且严重影响结实器官的分化形成，造成穗小、粒少。据沈阳农学院（1977）试验，高粱在拔节至开花期需水量占总需水量的60%左右，尤其是挑旗、孕穗时对水分最敏感，这时干旱会造成“卡脖旱”，减产严重。

③中耕培土

拔节至抽穗期，气温升高、土壤板结、失水严重，应中耕松土、保蓄水分、消灭杂草，为根系生长创造条件。对徒长的高粱，拔节后应通过深中耕切断其部分根系，抑制地上部分生长，促进新根发生，扩大对水分的吸收面，使之壮秆并形成大穗，提高经济产量。拔节后结合中耕开沟培土，促进节根发生，防止倒伏。

④喷施矮壮素

高粱拔节前，若生长过旺，可喷施矮壮素，促进茎秆粗壮，防止倒伏，增加根重，延长叶片功能期，促进成熟，提高产量。

⑤防治病虫害

拔节至孕穗期蚜虫往往连续危害。当田间有10%的植株有蚜虫时，应立即防治。

(3) 开花至结实期管理

高粱开花至成熟期，生长中心转移到籽粒成熟过程，是决定粒重的关键时期。要注意养根护叶，防止植株早衰或贪青，力争粒大饱满，早熟高产。

在开花期和灌浆期，当土壤水分低于田间持水量70%时，应及时灌水，灌量为750~900m^3/hm^2。

抽穗后植株若有脱肥现象，可用磷酸二氢钾溶液等进行叶面喷施，以促进成熟、增加粒重。

多数杂交高粱成熟时，叶片往往保持绿色。对贪青晚熟的植株，在蜡熟中、后期应打去底叶，保持植株通风透光，促进早熟，但打去底叶的数量不宜过多，以植株保持5~6片绿叶为宜。

田间若发现黑穗病，应及时拔除病株，随即埋掉。

4. 收获与贮藏

蜡熟末期，籽粒干物质积累量达最高值，水分含量在20%左右，穗下部背阴面籽粒呈蜡质状，应立即收获。

收获后的高粱穗，一般不宜马上脱粒，应充分晾干，否则不易脱净，工效低，破碎率高，品质降低，影响产量。

高粱籽粒的安全贮藏水分含量在北方为13%，在南方为12%左右。贮藏期间要按贮粮规程定时检查贮粮水分、温度变化，并及时通风，以防霉烂变质。

(二) 饲用型甜高粱栽培技术

1. 选地与整地

甜高粱根系非常发达，耐旱、耐盐碱、耐瘠薄，适应性强，对土壤要求不严。但由于甜高粱籽粒较小，顶土能力弱，整地要精耕细耙。播种时墒情要好，以利出苗。

2. 施底肥

播种前施足底肥，每公顷施农家肥60000kg左右，化肥纯N105~135kg（尿素225~300kg），$P_2O_5$90~120kg（普通过磷酸钙600~750kg）。

3. 播种期

甜高粱播种期基本与玉米相近，4月中下旬播种较为适宜。播种过早幼苗易遭晚霜冻害，过晚影响产量。

4. 播种

不论是覆膜栽培还是露地平作，均采用单行人工穴播机或点播器精量播种。每穴 2~3 粒种子，播种深度 2.5~3cm，播量 7.5~12kg/hm^2（1.5 万~2.5 万粒）。

5. 种植模式

饲用型甜高粱适应性强，抗旱、耐盐碱、耐瘠薄，在≥10℃有效积温 2600℃的灌溉农业区和旱作区均可种植，栽培方式依据当地自然条件和生产水平，可采用以下三种模式：

（1）全膜双垄沟灌栽培

选用幅宽 120cm、厚度 0.008mm 地膜，大垄宽 80cm，小垄宽 40cm，垄高 10cm，穴距 15cm，每公顷 11.1 万穴左右。

（2）全膜平作栽培

选用幅宽 140cm、厚度 0.008mm 地膜，采用 40cm 等行距种植，每幅地膜种植 4 行，穴距 22cm，每公顷 11.25 穴左右。

（3）露地平作栽培

采用 50cm 等行距种植，穴距 18cm，亩穴数 11.1 万穴左右。

6. 田间管理

（1）破板结

甜高粱播后出苗前如遇降水形成板结，不利于幼苗出土，应及时破除板结。

（2）间苗、定苗、除蘖

早间苗可以避免幼苗互相争夺养分与水分，减少地力消耗，有利于培养壮苗。甜高粱间苗在 2~3 叶时期进行，拔除弱苗，保留壮苗，4~5 叶期定苗。甜高粱分蘖能力强，分蘖过多影响主茎生长，在苗期至拔节期应多次掰除分蘖。

（3）除草、培土

全膜覆盖种植后有少量杂草长出顶起地膜，应及时人工拔除；露底栽培甜高粱幼苗期生长势弱，又是杂草出苗季节，应通过中耕松土进行除草，同时结合中耕进行培土。4~6 叶期结合定苗进行第一次培土；当植株长到 70cm 高时结合追肥进行大培土，培土植株茎基部。

（4）灌水

甜高粱耐旱性强，但为了获得高产，仍须依当地气候条件和植株发育阶段适

时灌水。苗期一般无须灌溉，拔节以后，应根据降水情况和植株长势浇 3～4 次水。

（5）追肥

在拔节期根据田间长势，追施 1～2 次肥料，每公顷每次施纯 N72～105kg（尿素 150～225kg）。

7. 病虫害防治

蚜虫。甜高粱糖度高，易受蚜虫危害。发生蚜虫，应及早防治。甜高粱对有机磷农药过敏，可用溴氰菊酯、氯氰菊酯或苦参碱等农药防治。

螟虫。发现有螟虫危害心叶时，选用溴氰菊酯、氰戊菊酯进行防治。甜高粱抽穗后，螟虫上升到穗部为害，可用上述农药对穗部进行重点喷雾。

8. 收获

饲用型甜高粱在孕穗至抽穗茎秆含糖量和植株营养积累达到最大值时，是适宜的收获期。

参考文献

[1] 孙鹏程，黄琛杰，李娜．大数据时代下农业经济发展的探索［M］．北京：中国商务出版社，2023.

[2] 于战平，刘兵，曲福玲．区域农业发展经济学［M］．天津：南开大学出版社，2023.

[3] 孙涛．互联网时代的农业经济发展研究［M］．北京：中国华侨出版社，2023.

[4] 魏然杰，古宁宁，余复海．农作物栽培与配方施肥技术研究［M］．长春：吉林科学技术出版社，2023.

[5] 姜正军，苏斌．乡村振兴院士行丛书·现代种植新技术［M］．武汉：湖北科学技术出版社，2023.

[6] 曾劲松，丁小刚，赵杰．现代农业种植技术［M］．长春：吉林科学技术出版社，2023.

[7] 黄新杰，石瑞，阚宝忠．种植基础与农作物生产技术［M］．长春：吉林科学技术出版社，2023.

[8] 马振琴，徐武刚，张炫炜．大数据时代下农业经济发展的探索［M］．长春：吉林科学技术出版社，2022.

[9] 黄国勤．长江经济带农业绿色发展理论与实践［M］．北京：中国农业出版社，2022.

[10] 刘羽平，张丽云．农业经济建设与发展研究［M］．长春：吉林人民出版社，2022.

[11] 陈新平，陈轩敬，张福锁．长江经济带农业绿色发展挑战与行动［M］．北京：科学出版社，2022.

[12] 康振海．河北农业农村经济发展报告（2022）乡村产业兴旺［M］．北京：社会科学文献出版社，2022.

［13］袁龙江，刘静．黄河流域农业产业高质量发展规划方略——基于西北地区县域经济的考察［M］．北京：经济管理出版社，2022.
［14］金琳，金阳．农业研发投入与农业经济增长问题研究［M］．延吉：延边大学出版社，2022.
［15］潘启龙，刘合光，陈珏颖．城镇化对我国农业发展的影响机理与对策研究［M］．北京：中国经济出版社，2022.
［16］娄向鹏．品牌农业·娄向鹏看世界农业［M］．北京：机械工业出版社，2022.
［17］张彦丽．生态经济发展新动能研究［M］．济南：山东大学出版社，2022.
［18］李谨．农作物绿色高产高效栽培与病虫害防控［M］．天津：天津科学技术出版社，天津出版传媒集团，2022.
［19］张明龙，张琼妮．农作物栽培领域研究的新进展［M］．北京：知识产权出版社，2022.
［20］马占飞，孔宪萍，邓学福．农作物高产理论与种植技术研究［M］．长春：吉林科学技术出版社，2022.
［21］徐岩，马占飞，马建英．农机维修养护与农业栽培技术［M］．长春：吉林科学技术出版社，2022.
［22］艾玉梅．大田作物模式栽培与病虫害绿色防控［M］．北京：化学工业出版社，2022.
［23］谭启英．互联网+时代背景下农业经济的创新发展［M］．北京：中华工商联合出版社，2021.
［24］黄守宏．中国经济社会发展形势与对策（2020）确保实现脱贫攻坚目标促进农业丰收农民增收［M］．北京：中国言实出版社，2021.
［25］沈东珍，曹利霞，姜福兴．展望当代中国低碳经济下农业经济的发展研究［M］．北京：新华出版社，2021.
［26］魏赛．中国农业科学院农业经济与发展研究所研究论丛：农业面源污染及综合防控研究［M］．北京：经济科学出版社，2021.
［27］郭顺义，杨子真．数字乡村数字经济时代的农业农村发展新范式［M］．北京：人民邮电出版社，2021.
［28］孙芳，丁玎．农业经济管理学科发展百年政策演进、制度变迁与学术脉络［M］．北京：经济管理出版社，2021.

[29] 范纯增．技术、制度与低碳农业发展［M］．上海：上海财经大学出版社，2021.

[30] 郝文艺．都市农业发展策略研究［M］．哈尔滨：哈尔滨工程大学出版社，2021.

[31] 马文斌．农业科技人才培养模式及发展环境优化［M］．长春：吉林人民出版社，2021.

[32] 王恩杰．农作物栽培与管理［M］．成都：电子科学技术大学出版社，2021.

[33] 王长海，李霞，毕玉根．农作物实用栽培技术［M］．北京：中国农业科学技术出版社，2021.

[34] 唐湘如．作物栽培与生理实验指导［M］．广州：广东高等教育出版社，2021.

[35] 程广燕，彭华，陈兵．农业农村产业振兴发展研究丛书：奶业振兴中国奶业发展启示［M］．北京：研究出版社，2021.

[36] 刘明娟．中国农业微观经济组织变迁与创新研究［M］．安徽师范大学出版社，2021.

[37] 李进霞．近代中国农业生产结构的演变研究［M］．厦门：厦门大学出版社，2021.

[38] 黄子珩．农业供应链金融的发展趋势与风险治理研究［M］．北京：中国商业出版社，2021.

[39] 韩军喜，吴复晓，赫丛喜．智能化财务管理与经济发展［M］．长春：吉林人民出版社，2021.

[40] 宋爽．数字经济概论分社［M］．天津：天津大学出版社，2021.